세계사 지식in 사전

세계사
지식in 사전

유쾌한 지식의 가지에서 세계사의 뿌리를 찾는다!

조병일 | 이종완 지음

연암서가

지은이

조병일 서울대 중문과와 동 대학원 중문과를 졸업하였다. 지은 책으로는 〈모택동 전기〉(공저), 〈세계사 오류 사전〉이 있고, 〈중국 어업 협정 관련 법전〉을 번역했다.

이종완 고려대 노문과를 졸업했다. 주간신문사 취재 기자를 거쳐 현재는 세계사 관련 저서의 기획 및 저작 활동을 하고 있으며, 지은 책으로는 〈세계사 오류 사전〉이 있다.

세계사 지식in 사전

2011년 2월 10일 초판 1쇄 인쇄
2011년 2월 15일 초판 1쇄 발행

지은이 | 조병일 · 이종완
펴낸이 | 전명희
펴낸곳 | 연암서가
등 록 | 2007년 10월 8일(제396-2007-00107호)
주 소 | 경기도 고양시 일산동구 장항동 591-15 2층
전 화 | 031-907-3010
팩 스 | 031-912-3012
이메일 | yeonamseoga@naver.com

ISBN 978-89-94054-11-7 03900
값 13,000원

유쾌한 지식의 가지에서
세계사의 뿌리를 찾는다!

　이 책은 〈세계사 오류 사전〉에 이은 두 번째 세계사 시리즈물이다.

　〈세계사 오류 사전〉이 세계사의 진실을 찾아가는 여정을 담았다면, 이 책은 세계사의 다양한 테마와 소재를 담고 있다. 세계사를 움직인 정치적 인물과 사건 이외에도 위대한 발명이나 발견, 그리고 그 이면에 감추어진 통한의 뒤안길까지 광범위한 스펙트럼을 이루고 있다.

　우리가 익히 알고 있는 세계사의 흐름은 표면적인 역사에 지나지 않는다. 역사라는 거대한 바다에 떠 있는 작은 돛단배라고나 할까. 바다가 존재하기 위해서는 내륙에서 흘러나오는 수많은 강물이 필요하다. 바다를 지원하는 강물 또한 냇물이나 지류의 지원 없이는 강의 생태를 보존할 수가 없다. 이 책은 소제목에서 드러나듯이 바로 이런 역사의 지류, 세계사의 작은 물줄기를 담고 있다. 바다의 질 좋은 자양분은 이런 작은 물줄기에서 비롯되는 것이 아닌가.

사실 우리는 역사의 큰 물줄기에만 집착해 왔다. 절대 권력, 통치자, 혁명, 황제 등의 낱말은 우리의 귀에 너무나 익숙하다. 그러나 이 책에서 강조하고 있는 사소한 발명이나 단순한 발견, 어원 따위가 우리 역사에 얼마나 큰 영향을 미쳤는지를 알게 되면 역사를 보는 시각이 달라질 것이다.

역사는 우리 인간에 대한 끊임없는 성찰의 광장이다. 화려하고 웅대한 광장이 있는가 하면, 참담하고 비통한 역사의 광장이 존재한다. 우리는 이러한 역사의 물줄기를 끊임없이 기어오르는 한 마리의 연어와 같다. 과연 우리는 그런 역사의 물줄기를 거슬러 올라가면서 무엇을 얻을 것인가. 동서고금의 시간과 공간을 자유롭게 넘나들면서 역사 여행을 하는 것이야말로 현대 지식인으로서의 유쾌한 즐거움이 아닐 수 없다.

필자는 이 책이 단순한 역사의 '입담거리'나 '통설'로 그치는 것을 원치 않는다. 비록 그 내용이 빈약하기 이를 데 없지만, 그 짧은 내용 속에는 역사의 큰 줄기가 존재하기 때문이다. 그래서 주석과 박스 부분을 활용해 그 시기와 연대를 한눈에 알 수 있도록 했다. 또한 독자의 이해를 돕고자 참고문헌을 두어 지식 세계를 강화했다.

독자 여러분은 이 책을 통해 풍부한 읽을거리와 숨어 있는 역사의 이면을 발견하기 바란다. 그래서 지적 쾌감을 느꼈다면 이 또한 필자의 더없는 바람이 될 것이다.

2011년 1월
이 종 완

차례

머리말 5

ㄱ

갈릴레이 | 갈릴레이는 왜 목성의 위성을 '메디치의 별'로 불렀을까? 16

감자 | 아일랜드의 감자에는 통한의 역사가 담겨 있다 20

갑골문자 | 갑골문자는 왜 동물 뼈에 새겨졌을까? 23

게릴라 | 게릴라의 원조는 스페인에서 시작되었다 26

고대 올림픽 | 고대 올림픽 참가자는 왜 알몸으로 참가했을까? 29

골프 | 골프의 최초 발상지는 중국이다? 32

공자 | 공자 · 노자 등에 '자(子)'를 붙이는 이유는? 36

과거 시험 | 중국의 과거 시험장에도 커닝이 있었다 40

그레고리력 | 달력에서 1582년 열흘이 감쪽같이 사라졌다 43

그리스 시인 | 고대 그리스 시인은 왜 장님이 되었을까? 46

금과 은 | 고대 바빌로니아는 금과 은의 교환 비율을 어떻게 정했을까? 48

ㄴ

낙하산 | 낙하산이 비행기보다 먼저 발명되었다 52

네로 | 악마의 숫자 666은 네로 황제이다? 55

넬슨 | 바다의 사나이 넬슨 제독은 평생 배멀미로 고생했다 59

노스트라다무스 | 예언자 노스트라다무스는 가짜 화장품을 만들었다 61

뉴턴 | 뉴턴은 경쟁자를 매장한 명예욕의 화신이었다 63

ㄷ

단두대 | 단두대의 기원은 프랑스 혁명이 아니다 68

단테 | 단테는 왜 3이라는 숫자에 집착했을까? 72

돈키호테 | 소설 〈돈키호테〉는 왜 금서(禁書)가 되었나? 74

돔 구장 | 최초의 돔 구장은 로마의 콜로세움이다 78

동방견문록 | 〈동방견문록〉에 나오는 황금의 나라는 어디일까? 81

동성애자 군대 | 고대 그리스 테베에는 동성애자로 구성된 군대가 있었다 85

돼지고기 | 이슬람교도는 왜 돼지고기를 먹지 않을까? 87

디오게네스 | 디오게네스는 고향에서 가짜 돈을 만들었다 89

ㄹ

라마단 | 이슬람의 라마단은 왜 매년 바뀌는 것일까? 94

러시아 정교회 | 러시아 정교회는 술이 만들어 준 국교였다 97

런던탑 | 런던탑의 까마귀가 사라지면 영국은 망한다? 100

로제타석 | 천재 언어학자가 4천년 이집트의 수수께끼를 풀다 103

루이 14세 | 태양왕 루이 14세는 최고의 발레 무용수였다 106

루터 | 종교개혁가 루터의 아내는 수녀였다 109

ㅁ

마리 앙투아네트 | 마리 앙투아네트는 단두대 앞에서도 품
위를 잃지 않았다? 114

마술피리 | 모차르트의 〈마술피리〉는 프리메이슨의 의식
을 반영한 오페라이다 117

만년필 | 계약을 망친 보험 외판원이 만년필의 역사를 바꾸었다 120

만리장성 | 만리장성의 벽돌은 밥풀로 붙여진 것이다? 123

만우절 | 만우절은 왜 4월 1일이 되었을까? 126

맨해튼 섬 | 맨해튼 섬을 통째로 사들이는 데는 24달러에 불과했다 128

면죄부 | 구텐베르크는 돈을 벌기 위해 '면죄부'를 찍어냈다 131

모나리자 | 모나리자의 얼굴에는 왜 눈썹이 없을까? 135

모세상의 뿔 | 미켈란젤로의 모세상에는 왜 뿔이 달려 있을까? 138

모헨조다로 | 인류 최초의 수세식 화장실은 모헨조다로에 있었다 140

목화 조면기 | 남북전쟁을 일으킨 주범은 목화 조면기였다 143

문어 | 게르만 민족은 왜 문어를 먹지 않을까? 146

미국 황제 | 샌프란시스코에는 미국의 초대 황제가 있었다 149

미라 | 이집트인들은 미라를 어떻게 만들었을까? 153

밀로의 비너스 | 밀로의 비너스는 황금비율로 만들어졌다 156

ㅂ

바벨탑 1 | 바벨탑은 실제로 존재한 건축물이었다? 160

바벨탑 2 | 알렉산드로스 대왕은 왜 바벨탑의 재건을 포기했을까? 163

바이킹 | 러시아 건국의 주인은 바이킹이다 165

번지점프 | 번지점프는 성인이 되기 위한 전통 의식이다 168

베르사유 궁 | 베르사유 궁에는 화장실이 없다? 171

베살리우스 | 최초의 해부학자는 시체 절도범이었다 174

베토벤 | 베토벤은 왜 〈영웅교향곡〉을 나폴레옹에게 바치지 않았나? 177

보이콧 | 보이콧은 아일랜드인의 보이콧으로 쫓겨났다 180

비키니 | 비키니는 원자폭탄을 실험한 섬에서 따왔다 183

ㅅ

사마천 | 사마천은 왜 궁형(宮刑)을 택했을까? 186

삼장법사 | 〈서유기〉의 모델 삼장법사는 위대한 번역가였다 189

설교 대행소 | 중세 유럽에는 설교를 대신해 주는 대행소가 있었다 192

성공회 | 영국 성공회는 이혼 금지에 반발하여 탄생했다 194

성모 마리아 | 성모 마리아는 왜 파란색 옷을 입고 있을까? 197

성유물 | 토마스 아퀴나스의 시신은 왜 냄비에 삶아졌을까? 199

소금 | 고대 로마 병사의 월급은 소금이었다 202

소년 십자군 | 소년 십자군은 노예로 팔리거나 비참한 최후를 맞이했다 205

소크라테스 | 소크라테스는 영원한 백수였다? 207

수에즈 운하 | 최초의 수에즈 운하는 페르시아 제국이 만들었다 210

수염세 | 수염을 깎지 않는 자에게는 세금을 징수하라 213

스핑크스의 코 | 스핑크스의 코는 왜 사라졌을까? 216

신분 증명제 | 최초의 신분 증명제는 고해성사에서 시작되었다 219

십자군 | 십자군 원정길에는 매춘부도 동행했다 221

ㅇ

아담의 사과 | 아담의 사과는 밀턴의 〈실낙원〉에서 처음 등장했다 226

아라비안나이트 | 〈아라비안나이트〉는 왕의 분노를 풀기 위해 탄생했다 229

아마존 | 아마존의 기원은 스키타이 유목 민족이었다 232

알렉산드로스 | 알렉산드로스의 유언에는 철학이 담겨 있다 235

알렉산드리아 | 알렉산드리아 도서관의 책은 어떻게 모았을까? 238

에디슨의 전구 | 에디슨의 전구를 만든 것은 동양의 부채였다 241

에펠탑 | 철거 위기에 놓인 에펠탑을 구한 것은 라디오였다 244

엘리자베스 | 엘리자베스 여왕은 왜 평생 독신으로 살았을까? 246

연 | 인류 최초의 비행 도구는 '연'이었다 249

오케스트라 | 오케스트라는 고대 그리스에서 시작되었다 252

올림픽 | 올림픽은 왜 1,500년 동안 중단되었을까? 255

용병 | 중세 유럽은 용병들의 천국이었다 257

와인 | 로마에서 와인을 마시는 여성은 사형에 처해졌다 260

외과의사 | 중세 유럽의 외과의사는 이발사였다 262

우편 | 중세 유럽의 민영 우편은 푸줏간에서 시작되었다 265

유목 제국 | 거대 유목 제국을 탄생시킨 것은 '재갈'과 '고삐'였다 268

이반 4세 | 코끼리도 예의를 갖추지 않으면 대가를 치르게 하라 271

이상한 나라의 앨리스 | 꼬마친구의 부탁으로 〈이상한 나라의 앨리스〉가
   태어났다 274

1달러 지폐 | 1달러 지폐에는 왜 피라미드가 그려져 있을까? 278

일부다처제 | 이슬람 남성은 네 명의 아내를 가질 수 있다? 281

잉카 제국 | 잉카 제국은 왜 멸망했을까? 284

ㅈ

자유의 여신상 | 자유의 여신상의 모델은 조각가의 어머니다 288

장미 문장 | 왜 영국 왕실의 문장에는 장미가 그려져 있을까? 290

전족 | 중국 여자에게 발은 생명보다 더 소중하다? 293

점성술사 | 점성술사의 달력에는 예언이 담겨 있다 296

점자 | 브라유 점자는 어린 아이가 발명했다 299

정조대 | 19세기 유럽에는 남성용 정조대가 있었다 302

조르다노 브루노 | 내 몸이 화형에 처해져도 나의 이론은 변함이 없다 305

좌파·우파 | 좌파·우파라는 말은 어떻게 생겨났을까? 308

July | 7월은 왜 July가 되었을까? 310

중세 대학 1 | 12세기 유럽 대학에는 등록금 인하 투쟁이 있었다 313

중세 대학 2 | 초기 유럽의 대학에서는 교수가 학생에게 충성 서약을 했다 317

ㅊ

청바지의 유래 | 청바지는 텐트용 천막에서 시작되었다 322

초야권 | 결혼을 앞둔 신부는 영주에게 '처녀'를 바쳐야 한다? 325

최초의 병원 | 최초의 병원은 순례자를 위한 숙박소였다 328

최초의 세계대전 | 인류 최초의 세계 대전은 카탈로니아 전투이다 330

7대 불가사의 | 고대 '7대 불가사의'는 어떻게 선정되었을까? 334

ㅋ

커피 | 로마 교황이 커피에게 세례를 내리다 340

커피하우스 | 보험회사는 커피하우스에서 탄생했다 344

코페르니쿠스 | 코페르니쿠스의 지동설은 찻잔 속의 태풍
이었다? 348

클레오파트라 | 클레오파트라는 문학과 외국어에도 뛰어난 만능
탤런트였다 352

ㅌ

타지마할 | 타지마할은 최고의 건축가가 참여한 글로벌 프로젝트이다 356

통조림 | 통조림은 나폴레옹이 현상 공모한 발명품이다 360

ㅍ

파나마 운하 | 파나마 운하가 건설된 것은 한 장의 우표 때문이었다 364

파르테논 신전 | 파르테논 신전에는 직선이 없다 367

파스퇴르 | 파스퇴르와의 의리를 위해 자살을 선택하다 371

프랑스의 상징 | 프랑스의 상징은 왜 닭이 되었을까? 374

프린스 오브 웨일스 | 영국의 황태자를 왜 '프린스 오브 웨일스'라고 할까? 377

플라톤 | 플라톤의 꿈은 레슬링 선수였다? 379

피라미드 | 피라미드는 왜 정사각뿔로 만들어졌을까? 382

ㅎ

학사모 | 학사모는 왜 사각으로 만들었을까? 386

함무라비 법전 | 탈리오 법칙의 원조는 함무라비 법전이다 388

향신료 | 중세 유럽인은 왜 향신료에 열광했을까? 391

허니문 | 허니문은 신부를 훔쳐 도망치는 약탈혼에서 시작되었다 395

헤어스타일 | 중국의 지배는 헤어스타일에 따라 좌우되었다 397

홍차 | 미국 독립운동의 씨앗은 '홍차'였다 399

환관 | 환관은 출세의 지름길이었다? 402

흑사병 | 흑사병을 물리치기 위해 기발한 방법이 동원되었다 405

희망봉 | 희망봉의 원래 이름은 '폭풍의 곶'이었다 409

찾아보기 412

갈릴레이

· ·

갈릴레이는
왜 목성의 위성을 '메디치의 별'로 불렀을까?

당신은 어찌하여 타인의 눈으로만 보고 자신의 눈으로는
관찰하거나 보려고 하지 않는가.
갈릴레이 Galileo Galilei, 이탈리아 천문학자

이탈리아의 명가(名家)를 말할 때 메디치 가문을 빼놓을 수 없다.
면죄부를 판매한 교황 레오 10세, 영국 왕 헨리 8세와의 갈등으
로 영국 국교회 분리의 빌미를 제공한 교황 클레멘스 7세가 메디
치 출신이다.

유럽의 르네상스를 주도했던 피렌체의 부흥은 이 지역에서 명
성을 떨친 메디치 가문과 깊은 연관이 있다. 메디치가는 피렌체
에서 금융업으로 성공하여 정계로 뛰어들었으며, 후손들은 개인
재산을 시정에 헌납하고 학문과 예술 진흥을 장려하였다. 메디치
가의 영역은 여기서 그치지 않는다. 레오나르도 다빈치, 미켈란
젤로, 마키아벨리 등 르네상스를 대표하는 지성들이 메디치 가문
의 적극적인 후원으로 각종 연구와 다양한 저작 활동을 펼쳤다.[1]

이탈리아의 천문학자인 갈릴레이도 마찬가지다. 메디치가의

절대적인 후원을 받고 있던 갈
릴레이는 어느 날 자신이 만든
망원경으로 하늘을 관찰하던 중
목성 주위에서 네 개의 위성을
발견하였다.[2] 이 위성의 발견은
'모든 천체가 지구를 중심으로
돈다'는 기존의 우주체계를 뒤바
꾸는 엄청난 사건이었다. 최초
의 발견자가 된 갈릴레이는 이

위성들을 자신을 후원하는 페르디난도 공에 대한 보답으로 '메
디치의 별'이라고 이름 지었다. 그 후 갈릴레이는 메디치가의 궁
정인으로 들어가 그 동안의 생활고에서 벗어나 다양한 실험과 저
술 활동을 할 수 있게 되었다.

그렇다면 갈릴레이는 왜 목성의 위성을 '메디치의 별'이라고
불렀을까? 후대의 사람들은 갈릴레이가 메디치가의 은공에 보답
하는 '선물'이라고 여기고 있지만, 여기에는 또 다른 이유가 숨어
있다.

---

1 미켈란젤로는 어릴 때부터 예술적 재질이 뛰어나 일찍이 메디치가의 눈에 띄
어 수양아들이 되었다. 그는 로마와 피렌체를 오가며 메디치가와 교황의 사역
에 평생을 봉사하며 독신으로 살았다.

2 1610년 갈릴레이가 발견한 네 개의 목성 이름은 이오, 유로파, 가니메데, 칼리
스토이다. 이 이름은 18세기까지 '메디치의 별'로 불렸는데, 이 위성의 발견은
코페르니쿠스의 지동설을 지지하는 증거가 되었다. 목성의 위성은 지금까지
16개가 발견되었다.

반대자들의 공격을 피하기 위해
메디치 가문을 이용했다

갈릴레이는 평소 과학의 실제는 '자신의 눈으로 본다'는 것이 가장 훌륭한 증거라고 생각했다. 갈릴레이가 발견한 목성의 위성은 유럽의 과학자들에게 단연 화제의 대상이 되었는데, 당시 갈릴레이는 자신이 발견한 행성들이 과학자들에게 별 어려움 없이 받아들여지리라고 생각했다. 그러나 예상과는 달리 갈릴레이를 공격하는 반대자가 생겨났고, 갈릴레이의 입지는 점점 좁아질 수밖에 없었다. 갈릴레이가 당시에 쓴 저서인 〈별들의 사자(使者)〉는 과학자와 성직자로부터 집중적인 공격을 받았다. 갈릴레이는 이 책에서 '달은 미끈하지도 않고 완전한 구형도 아니며, 깊은 구렁과 바다, 그리고 산이 존재한다'고 적었다.

그런데 이런 혁신적인 내용이 유럽의 모든 대학과 종교재판소에서 논쟁에 휘말리게 되었다. 갈릴레이가 이 행성을 '메디치의 별'이라고 명명한 데는 자신의 주장과 연관이 있었다. 즉 갈릴레이는 그의 적들에게 대항하기 위해 메디치가의 명성을 이용한 것이다. 실제로 토스카나의 대공 코시모 데 메디치가 갈릴레이의 '선물'을 받아들인 이상, 갈릴레이가 발견한 이 위성에 대해 공격하는 사람은 거의 없었다. 또한 갈릴레이는 자신은 절대적인 확신을 가지고 있으므로, 다른 과학자들이 메디치가의 이름을 공격하는 것은 있을 수 없는 일이라고 선언했다. 이는 앞으로 전개될지도 모를 반대자들에 대한 갈릴레이의 자기 방어이며 경고였다.

망원경의 최초 발명자는 갈릴레이가 아니다

최초로 망원경을 만든 사람은 1608년 네덜란드인 리페르세이(Hans Lippershey)다. 당시 네덜란드에서 망원경을 만들어 벨기에에서 판매한다는 이야기는 베네치아에 살던 갈릴레이에게까지 전해졌다. 갈릴레이는 곧바로 같은 모양의 망원경을 만들어서 천체를 관찰하여 새로운 사실을 알아냈다. 갈릴레이의 공적은 망원경을 만들었다는 사실보다는 처음으로 망원경을 천체 관측에 사용하여 그때까지 눈으로는 관측되지 않던 천체와 우주의 세계를 망원경으로 탐색했다는 데 있다. 갈릴레이가 1609년 최초로 만든 망원경의 통은 납이었고, 대물렌즈는 평볼록, 접안렌즈는 평오목렌즈였으며 배율은 3배였다. 그 후 갈릴레이는 배율 20배의 망원경을 만들어 목성이 원반 모양을 하고 있고, 달 표면에 요철이 있는 사실도 밝혀냈다.

더 읽어 볼 책

외르크 마이덴바우어, 〈발견과 발명으로 보는 과학의 역사(2004)〉

이종호, 〈세계를 속인 거짓말(2002)〉

아일랜드의 감자에는
통한의 역사가 담겨 있다

신대륙에서 온 것 중에 악마의 저주와 함께 온 것은 담배이고,
신의 혜택과 함께 온 것은 감자이다.
괴테 Johann Wolfgang Goethe, 독일의 작가

아메리카 대륙의 감자가 유럽에 전해진 것은 콜럼버스와 피사로 등이 활약하던 대항해 시대이다. 그 후 감자는 가난한 계층을 중심으로 유럽 전역에 보급되어 18세기 인구 증가에 공헌한 일등 식품이 되었다. 기아로부터의 해방과 더불어 감자 재배는 소농민이나 농촌 하층민의 경제적인 자립을 가능하게 만들었다.

17세기 영국의 식민지 아래 있던 아일랜드 농민에게도 감자는 매우 중요한 식품이었다. 아일랜드 농민들은 밀가루를 원했지만, 밭에서 자라는 밀은 언제나 영국인 지주들의 몫이었다. 경작지가 없는 가난한 아일랜드 사람들은 하는 수 없이 칼로리가 높은 감자를 경작하여 굶주림을 해결했다.

아일랜드 인구는 감자를 주식으로 삼으면서 폭발적으로 늘어났다. 1730년에 약 150만 명이었던 인구가 불과 1백여 년 뒤에

는 놀랍게도 850만 명으로 증가했다. 그런데 1845년 아일랜드에서 근래 보기 드문 대기근이 발생했다. 밀은 풍작을 이루었고 목축업도 전혀 피해가 없었지만, 유독 감자만이 대흉작이었다. 아일랜드 동부 지역에서 감자의 줄기마름병이 생긴 것이다. 이 줄기마름병은 순식간에 아일랜드 전역을 휩쓸었고, 영국 크롬웰의 침략 이후 감자에만 의존하며 가까스로 생명을 유지했던 아일랜드 농민들은 살아갈 방도를 잃어버렸다. 그 무렵 1백만 명이 굶주림으로 죽었고, 2백만 명 이상이 아일랜드를 떠났다.[1] 이때 고향을 떠난 아일랜드 사람들은 대거 미국으로 이주했다. 다민족 국가인 미국 사회에서 주요 민족 가운데 하나인 아일랜드계는 이처럼 감자의 대기근으로 인해 미국으로 이주한 사람들이다.

감자는 고향을 떠난 아일랜드 사람들과 함께 다시 북미 대륙으로 전해졌다. 남미 안데스가 원산지인 감자는 그때까지만 해도

---

[1] 1845년의 감자의 대기근으로 아일랜드의 인구는 1845년 850만 명에서 1901년에는 440만 명으로 크게 줄어들었다.

북미 대륙에는 전해지지 않던 농작물이었다. 남미 대륙의 감자는 이렇듯 멀리 유럽으로 건너가 수세기 동안 한몫을 한 뒤 다시 북미 대륙으로 건너가게 되었다.

더 읽어 볼 책
에릭 두르슈미트, 〈날씨가 바꾼 전쟁의 역사(2006)〉
전수미, 〈감자(2004)〉

갑골문자는
왜 동물 뼈에 새겨졌을까?

현재 알려져 있는 가장 오래된 한자는 상(商)나라 말기에 사용된 갑골문자(甲骨文字)이다.[1] 고대 중국의 은나라에서는 왕들이 '정인 (貞人)'이라고 불리던 점쟁이들에게 점을 치게 해 정치에 이용했다.

정인들은 보통 거북의 등, 특히 배 껍질(甲), 소의 어깨뼈 등에 구멍을 파서 그곳을 불로 지진 뒤 그 뼈가 갈라지는 금을 보고 점을 쳤다. 한자에서 점을 뜻하는 '복(卜)'자는 이렇게 해서 금이 그어진 모양을 본떠 만든 것이다.[2] 정인들은 점을 쳐서 얻은 점괘

---

1 상(商)나라는 중국 고대의 왕조로, 수도의 이름을 따라 은(殷)이라고 했다. 상왕 조는 20세기에 들어서 그 수도에 해당하는 은허(殷墟)의 발굴이 진행됨에 따라 실제로 존재했던 왕조였음이 판명되었다.

2 훗날 이 '복(卜)'자 아래에 입을 뜻하는 '구(口)'를 더해 '점(占)'자를 만들었다. 즉 입으로 점을 보았기 때문에 생겨난 말이다.

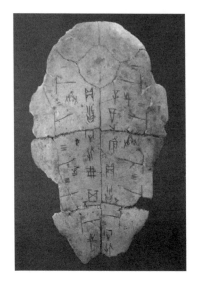

를 그 뼈에 새겨 넣었는데, 여기에 적은 문자들이 바로 갑골문자이다. 갑골문자는 이처럼 뼈에 새겨 놓았던 글이기 때문에 붙여진 이름이다.

그런데 그들은 왜 동물의 뼈에 조각칼을 쓰면서까지 무리하게 문자를 새겨 넣은 것일까?

거북은 중국 고대로부터 용과 봉황, 기린과 더불어 영험한 동물로 여겨져 왔다. 따라서 갑골문자는 신의 뜻을 묻고 또 그 뜻을 전달하는 내용을 적기 위한 신성한 문자로 받들었다. 점을 치는 데 쓰인 갑골 역시 신성한 기록으로서 매우 소중히 간수했고, 또한 동물의 뼈에 문자를 새기면 오래도록 보존할 수 있다고 믿었다.

현재까지 발굴 정리된 갑골편의 수는 5만여 점에 이르고 여기에 쓰인 문자의 수도 4,500여 자에 달한다. 이중 겨우 30%만이 현재 해독된 상태이다.

갑골문자는 약재로 쓰이는 용골에서 처음 발견되었다

갑골은 일찍이 수나라 때부터 하남성에서 발견되기 시작했다. 무늬 모양이 새겨진 갑골을 본 그 지역 사람들은 이를 '용의 뼈(龍骨)'라 여기고 이것을 가지고 약재를 만들어 약방에 팔았다. 갑골문자가 학술적인 가치를 인정받은 것은 청나라 때인 1899년에 이르러서였다. 당시 국자감에서 금문(金文) 연구에 종사하던 왕의영(王懿榮)은 어느 날 학질에 걸려 약을 지으러 한약방에 갔다. 그런데 그는 한약방에서 약재로 쓰이는 용골 위에 문자가 새겨져 있는 것을 발견하고 이 문자가 자신이 연구하고 있던 금석문(金石文)보다 훨씬 이전의 문자라는 사실을 밝혀냈다. 갑골문자는 당시만 해도 실존하는 문자가 아니라 전설의 문자로 알려져 있었다. 그러나 왕의영의 뜻하지 않은 발견으로 갑골문자의 존재를 확인했고, 이는 3천여 년 전의 은나라 역사를 밝히는 중요한 열쇠가 되었다.

더 읽어 볼 책

김언종, 〈한자의 뿌리(2001)〉

신승하, 〈중국사학사(2000)〉

게릴라

....

게릴라의 원조는
스페인에서 시작되었다

스페인의 궤양(潰瘍)이 나를 파괴했다.

나폴레옹 Napoleon Bonaparte, 프랑스 황제

유럽의 지배자가 된 나폴레옹은 1808년, 대군을 이끌고 인접국
인 스페인을 점령했다. 그 해 5월 2일, 프랑스군의 만행에 견디
다 못한 마드리드 시민들은 돌과 몽둥이를 들고 일제히 일어섰
다. 그러나 마드리드의 폭동은 곧 프랑스군에 의해 진압되었고,
그 보복으로 수많은 시민들이 학살을 당했다.[1] 무기를 소지하고
체포된 사람은 군사재판 후 즉시 처형되었고, 마드리드 폭동 후
여덟 명 이상의 집회는 금지되었다.

　이 사건 이후 나폴레옹은 스페인 국왕을 퇴위시키고 자신의 형
을 스페인 왕에 앉혔다. 이를 보다 못한 스페인 청년들이 전국에

---

1 이 사건에 대한 분노와 고발을 화폭에 담은 것이 스페인 화가 고야의 〈1808년
　5월 3일〉이다.

서 무기를 들고 산악지대로 숨어들어 프랑스군과 소위 '작은 전쟁'을 벌였다. 여기서 말하는 '작은 전쟁'이란 스페인어 '게릴라(guerilla)'를 뜻하는 말이다.

　마드리드의 저항은 곧 스페인 전역에 퍼졌고, 스페인의 민중봉기도 점차 확산되었다. 그 해 말 30만의 대군을 이끌고 재차 침입한 나폴레옹은 스페인 전역을 정복했다. 그러나 이 정복은 표면적인 것에 불과했다. 프랑스군은 정규전과 달리 언제 어디서 스페인의 게릴라 부대가 출몰할지 알 수 없었기 때문에 늘 골치를 앓았다. 결국 프랑스군을 끊임없이 괴롭히던 스페인 게릴라 부대는 영국군과 함께 1813년에 프랑스군을 내몰았다. 훗날 나폴레옹은 스페인의 게릴라 부대를 가리켜 '스페인의 궤양(潰瘍)'이

빨치산, 유격전의 유래는 어디에서 시작되었나?

유격전은 중국의 마오쩌둥(毛澤東)이 사용한 용어이다. 중국 공산당의 무장 저항조직의 별동대로, 국공 내전과 대일 전쟁을 치르면서 비정규적인 전법을 지칭한 데서 비롯되었다.

우리가 흔히 말하는 빨치산(파르티잔, partisan)은 프랑스어의 '파르티(parti)'에서 비롯된 말이며, 당원·동지·당파 등을 뜻하는 말이다. 또한 게릴라전에 종사하는 인간의 집합체 조직을 뜻하기도 한다. 이 말은 1818년 나폴레옹의 러시아 원정 때 자국의 군대를 도왔던 러시아 농민을 프랑스군이 호칭한 데서 비롯되었다. 게릴라전, 유격전, 빨치산전은 각각 발생지와 대상은 다르지만, 오늘날에 와서는 특별한 경우를 제외하고는 이 세 가지를 구분하여 사용하지 않는다.

나를 파괴했다'는 유명한 말을 남겼다. '작은 전쟁'을 뜻하는 게릴라라는 말은 이 같은 스페인의 저항이 전 세계로 알려지면서부터 고유명사로 정착되었다.

더 읽어 볼 책

안영옥, 〈스페인 문화의 이해(2000)〉

김상운, 〈세계를 뒤흔든 광기의 권력자들(2005)〉

고대 올림픽 참가자는
왜 알몸으로 참가했을까?

올림픽 경기에서 우승하는 것보다
평생을 두고 국법을 잘 지켜 명성을 얻는 사람이 더 훌륭하다.
플라톤 Platon, 고대 그리스 철학자

고대 올림픽 경기에 참가한 선수들은 모두 옷을 벗고 알몸으로
출전했다. 이들이 옷을 벗은 이유는 단순한데, 무엇보다 경기하
기에 편했기 때문이다. 현대 스포츠에 출전하는 선수들의 옷이
점차 작아지거나 몸에 밀착된 스타일로 변하고 있는 것과 같은
이유다. 또 다른 설은 올림픽에 여자의 참가를 금지하기 위해 옷
을 벗었다는 이야기도 전해 내려온다.

그러나 초기 올림픽에 참가한 선수들은 알몸이 아니었다. 〈일
리아스〉 제23장에는 권투 선수들을 묘사한 장면이 있는데, 경기
에 참가한 이들은 국부만 천 조각으로 가리고 넓적다리를 드러내
놓았다고 기록하고 있다. 그들은 경기 도중 자신도 모르게 천 조
작이 흘러내려 국부가 드러나면 수치스럽게 여겼다고 한다. 올림
픽을 알몸으로 경기를 치른 최초의 기록으로는, 오르시포스라는

남자 달리기 선수이다. 달리기 도중에 허리에 찬 옷을 땅에 떨어
뜨린 그는 옷을 줍다가는 기록이 늦어질 것 같아 그대로 알몸으
로 달려 승리를 거두었다. 이 일이 있은 뒤로 경기에 참가한 선수
들은 모두 벌거벗은 상태로 경기를 하게 되었다. 더욱 흥미로운
것은 이처럼 발가벗은 남자의 모습을 보고 부끄러워한 여성은 단
한 사람도 없었다는 사실이다. 그 당시는 여성들에게 경기 참여
는 물론 참관도 허락되지 않았기 때문이다. 근대 올림픽이 열린
뒤에는 제2회 파리 대회 때부터 사상 처음으로 여자 선수가 출전
하였다.[1]

---

1 파리 대회의 여자 테니스 단식에서 영국의 샤르토 쿠퍼가 우승해 올림픽 첫 여
 성 금메달리스트가 됐다.

고대 올림픽도 순수한 아마추어 경기가 아니었다

고대 올림픽 경기도 현대의 프로 스포츠 못지않게 금전적인 이해관계가 얽혀 있었다. 폴리스는 제전이 시작되기 전에 부유한 시민의 기부금으로 우수한 선수의 훈련을 돕고, 각종 경기의 승리자에게는 세금 면제나 연금 및 상금 수여가 이루어졌다. 당시에는 올림피아 제전 이외에 연간 300개의 작은 경기가 열렸는데, 여기에 참가한 선수는 여러 경기 대회에 전전하며 상금을 벌어들였다. 또한 다른 도시에 매수되어 국적을 속이는 부정도 있었다. 선수들이 각종 부정을 무릅쓰면서까지 우승을 하려고 했던 것은 폴리스의 명예를 위해서였지만, 선수 개인에게도 많은 돈과 명예가 걸려 있기 때문이었다.

각 폴리스에서는 우승을 독려하기 위해 승리자에게 막대한 특전을 부여했다. 승리자의 우승을 기념해 동상을 세워 주기도 하고, 아테네에서는 상금과 더불어 평생 공짜 식사도 제공했다. 또한 다른 경기에도 초대되어 막대한 돈을 벌 수 있는 직업 선수로서 자리를 굳힐 수도 있었다. 타소스 섬의 테아게네스는 올림픽에서 두 번 우승한 만능선수로, 그가 평생 받은 상이 1,400개라는 전설 같은 이야기도 전해지고 있다.

더 읽어 볼 책

마르코 카타네오, 〈유네스코 세계고대문명(2004)〉

김복희, 〈고대 올림픽의 세계(2004)〉

골프의 최초 발상지는 중국이다?

골프는 용사(勇士)처럼 플레이하고
신사(紳士)처럼 행동하는 게임이다.
데이비드 로버트 포건 David Robert Pogan, 미국의 프로골퍼

골프는 세계 최초의 구기(球技)로 오랜 역사를 자랑하는 유서 깊은 스포츠다. 그러나 다른 스포츠와는 달리 골프는 그 창시자나 기원에 대한 정확한 기록이 없다.

현재 일반적으로 널리 알려진 골프 기원설은 스코틀랜드라는 것이 상식으로 되어 있다. 스코틀랜드의 양치기 소년들이 양떼를 돌보면서 스틱으로 돌을 치며 즐기던 놀이가 골프로 발전되었다는 것이다. 또 다른 설은 고대 로마인들 사이에서 널리 행해지고 있던 '파가니카(Paganica)'이다. 이것은 스코틀랜드를 정복한 로마 병사들이 야영지에서 쉬던 중 한쪽 끝이 구부러진 막대기로 새털로 된 공을 치며 즐겼던 놀이인데, 오늘날 스코틀랜드에 남아 골프가 됐다는 것이다.

여하튼 골프의 기원은 확실하지 않지만, 골프가 스코틀랜드 지

방에서 꾸준히 발전돼 왔 다는 것만은 분명하다.

'골프(Golf)'란 스코틀랜 드의 오래된 언어로 '치 다'인 '고프(Gouft)'가 그 어 원이다. 그리고 스코틀랜 드 지방의 지형이 골프장 으로는 적격이었다. 스코 틀랜드 북쪽 해안에는 링 크스(Links)라고 불리는 기 복이 많은 초원이 있었다. 멋진 잔디와 잡목이 우거

진 작은 언덕으로 이어진 지형은 골프 코스로 매우 적합했다. 더 군다나 이곳은 공유지여서 서민들이 자유롭게 이용할 수 있었다. 스코틀랜드 사람들은 잔디를 깎아 평탄하게 된 곳을 그린(Green) 이라고 불렀고, 그린과 그린을 연결하는, 양떼들이 밟아 평탄해 진 넓은 길을 페어웨이(Fair way)라고 불렀다. 이때의 그린이 바로 오늘날 퍼팅 그린이 됐고, 양떼의 길은 페어웨이가 됐다. 이러한 목동들의 놀이는 처음에는 서민들의 놀이로 성행했다가 골프 금 지령이 내려진 후로는 특권층인 왕족만이 할 수 있게 되었다.[1]

현대의 골프 용어는
스코틀랜드에서 시작되었다

그러나 최근에 와서 골프의 발상지가 중국이라는 새로운 설이 등장해 눈길을 끌고 있다. 본래 중국에서는 골프를 '츠이완(推丸)'이라 불렀는데, 943년에 간행된 남당(南唐)의 사서에 이 사실이 쓰여 있다. 〈환경(丸經)〉에 기록된 바에 따르면 골프 경기자들은 서로 예의를 존중하고 상대방의 입장에서 플레이를 생각할 정도로 신사의 경기였다고 한다. 게다가 지난 1991년 중국 난주의 서북 사범대학의 링홍링(凌弘嶸) 교수는 오스트레일리아의 한 학회지에 '골프의 원조는 중국'이라는 글을 발표해 관심을 끌었다. 그의 주장에 따르면 '츠이완'이라는 작은 공을 막대기로 쳐서 멀리 있는 구멍에 빠뜨리는 경기로, 기본 규칙은 골프와 무척 유사하다. 현재 중국에 남아 있는 골프에 대한 기록은 스코틀랜드의 왕 제임스 2세가 골프 금지령을 내린 1457년보다 무려 5백여 년이 앞서고 있다.

한편 원(元)나라 때의 '추환도벽화(推丸圖壁畫)'에도 오늘날 골프 형태의 경기를 하는 모습이 그려져 있다. 이것은 작은 언덕이 있는 들판과 그 사이로 해저드에 해당하는 냇물이 흐르는 가운데 네 명의 사나이가 경기를 펼치고 있는 그림이다. '츠이완'은 본래

---

1 제임스 2세는 '12세 이상 50세까지의 모든 국민들에게 골프를 금지한다'고 골프 금지령을 선포했다. 이는 스코틀랜드 국민이 골프에 너무 몰두해 영국과의 전쟁에서 국가 방위에 필요한 무예 연습과 신앙 생활을 게을리 하기 때문이었다.

중국 대륙에서 행해진 '보타구(步打球)'라는 경기가 발전한 것이다. 이 경기가 언제부터 시작되었는지는 분명하지 않지만, 943년 고대 문헌에 등장해 최고(最古)의 기록으로 남아 있다.

더 읽어 볼 책

류난영, 〈재미있는 중국이야기(2007)〉

최복림, 〈골프와 인생(2003)〉

공자
....

공자 · 노자 등에
'자(子)'를 붙이는 이유는?

사람이 멀리 내다보고 생각하지 않으면
바로 앞에 슬픔이 닥치는 법이다.
공자 孔子, 중국의 사상가

중국에서 대학자의 성 뒤에 붙는 자(子)는 그 시대에 큰 공적을 이루었거나 사람들에게 존경을 얻어 붙여지는 호칭이다. 제자백가처럼 큰 학파를 이룬 사상가에게 붙여지지만, 손자(孫子)와 같이 군사 같은 한 분야에 대하여 큰 업적을 이룬 사람에게도 '자'의 호칭을 붙여 준다. 중국 인물 가운데 스승(master)을 뜻하는 '자'라는 존칭을 부여받은 경우는 공자 · 노자 · 장자 · 증자 · 맹자 · 순자 · 관자 · 한비자 등 몇 사람에 지나지 않는다.

그러나 각 학파의 추종자가 다른 학파의 사상가를 부를 때는 '자'의 칭호를 붙이지 않았다. 즉 유가학파의 사람들은 도가의 노자나 법가의 한비자, 묵가의 묵자에 대해 호칭할 때 그 사람의 이름을 바로 쓰고 '자'를 넣어서 호칭하지 않았다. 그 예로 유가학자는 묵적(墨子)이라든가 장주(莊子)라든가 한비(韓非子)로만 불

렀다.[1]

유가의 경우 논어를 보면, 공자를 지칭할 때 성씨를 붙이는 것도 불경으로 여겼다. 그래서 공을 빼고 '자왈(子曰)'이란 말을 쓰고 있다. 우리가 선생님을 호칭할 때 성씨를 붙이지 않고 선생님으로 부르는 것도 여기에서 유래한 것이다.

공자는 사생아로 태어났다?

공자는 중국의 역대 위인들 중에 최고의 덕망을 가진 학자로 꼽히지만, 그에게는 논란도 끊이지 않고 있다. 논란의 중심은 그의 철학적 사상보다는 출생에 맞춰져 있다. 문헌상 기록에 나타난 공자의 출생에 대해서 '야합이생(野合而生)'이라는 말을 쓴다. 이 말은 남녀가 은밀하게 통하여 아이를 낳았다는 뜻이다. 다시 말해 공자의 부모가 정식으로 결혼하지 않은 동거 상태에서 공자가 태어났다는 것이다.

---

1 제자백가 중 종교성이 짙었던 묵가의 후학들은 묵적을 '묵자'라고 부르는 것도 모자라, 묵자 앞에 '자'자를 넣어 자묵자(子墨子)라는 극존칭을 썼다.

최적의 〈사기탐원(史記探源)〉에는 "숙량흘과 안정재는 니구(尼丘)에서 치성을 드렸고, 야합(野合)하여 공자를 낳았다"고 기록하고 있다. 공자가 야합으로 태어났다는 것은 공자의 부모인 숙량흘과 안정재가 혼인할 당시 두 사람의 나이 차이가 많았음을 지적한 것이다.

공자가 태어날 당시 숙량흘의 나이는 고령의 노인이었으나 어머니 안 씨는 성년을 채 넘기지 못하였다. 일반적인 부부의 결합으로 보기에는 두 사람의 나이 차이가 너무 컸기 때문에 그들의 결합을 '야합'으로 간주할 수밖에 없다는 것이다. 그러나 이에 대한 반론도 제기되고 있다.

양옥승은 〈사기지의(史記志疑)〉를 통해 당시 공자의 아버지가 경제적인 사정으로 혼례 절차를 다소 소홀히 여겼음을 지적하면서, 이에 불만을 품은 주위 사람들이 간소화된 혼인 과정을 구실 삼아 유언비어를 퍼뜨렸을 가능성을 제기했다.

고대 성(性) 문화를 연구하는 학자들은 '야합' 현상이란 본래 고대로부터 이어지고 있는 혼인 방식의 일종이라고 보고 있다. 당시에는 야합의 풍속이 허용되었으며, 자연스러운 섭리였다는 것이다. 그래서 반문명적이며 퇴폐적으로 보는 오늘날의 관점과는 달리 다산(多産)과 풍요를 상징하는 풍속으로 받아들였다.

우리나라에도 '자(子)'를 붙인 스승이 있었다

우리나라에서 '자'의 반열에 오른 인물은 퇴계(退溪) 이황(李滉)이다. 조선 영조 때의 실학자 성호(星湖) 이익(李瀷)은 '우리 동방 사람이 존경할 분으로는 퇴계보다 앞설 이가 없으므로 이자(李子)라 부른다'고 단언했다. 이익은 후학을 위하여 이황 등의 저서에서 중요한 것을 뽑아 〈이자수어(李子粹語)〉를 편찬했다. 이 책에서 눈여겨봐야 할 것은 이황을 이자(李子)로 쓴 점이다. 또한 조선 후기의 학자이며, 노론의 영수인 송시열(宋時烈)의 문집인 〈송자대전(宋子大全)〉에서도 '자'의 호칭이 보인다. 책명을 〈송자대전〉이라 한 것은 송시열을 공자·주자에 버금가는 성인으로 존칭한 데서 비롯된 것이다.

더 읽어 볼 책
박철화, 〈관계의 언어(2002)〉
양훼이, 〈중국역사 오류사전(2005)〉

중국의 과거 시험장에도 커닝이 있었다

고대 중국에서 신분이 낮은 사람이 고급 관리가 되는 길은 과거 시험에 합격하는 것이었다. 그래서 신분 상승을 꿈꾸는 많은 젊은이들이 과거 시험에 도전했다. 고대에는 아직 학문이 민간에 보급되지 않아 과거 응시자 수도 후대만큼 많지 않았지만, 그래도 최후의 진사시험 급제자는 백 명에 한두 명 꼴에 지나지 않았다. 송(宋)대에 들어서면서 과거 급제자 수가 많아지는데, 과거의 응시하기 위해 지방에서 상경하여 대기하는 사람의 수가 항상 6~7천 명에 이르고 시험 시기가 되면 그 수가 두 배로 증가했다.

그런데 이런 과거 시험장에서도 커닝이 성행하였다. 응시자들은 1만 개가 넘는 방에 따로 감금된 채 주어진 주제에 대해 3일 간에 걸쳐 논문을 작성했다. 응시자들이 과거장에 들어설 때는 커닝을 방지하기 위해 문에서 두 차례에 걸친 엄격한 신체검사와

소지품 검사를 받았다. 부정한 물건을 지니고 있는 응시자를 적발한 병사에게는 은 세 냥의 포상을 주기도 했다. 그러나 응시자들의 커닝 수법도 다양해서 이를 적발하는 것은 매우 어려운 일이었다. 그 한 예로 응시자는 속옷에 사서(四書)와 오경(五經)의 본문과 주석을 빽빽이 적어 넣기도 했다. 이들은 일단 시험장 안에 들어오기만 하면 커닝은 쉽게 이루어질 수 있었다. 당시의 시험은 독방에서 홀로 치러졌기 때문에 시험관에게 들키지 않고 커닝이 가능했던 것이다.

또한 붓 뚜껑 안에 예상 답안지를 몰래 적어가서 커닝하는가 하면, 대리시험도 있었고, 채점관이 뇌물을 받고 부정 합격시킨 사례도 있었다. 과거 시험은 워낙 장기간에 걸쳐 치러졌으므로 여기에 드는 비용도 만만치 않았다. 응시자는 몇십 년간 공부에

만 전념해야 했으므로 집안이 넉넉하지 않으면 도중하차하는 경우도 많았다. 뿐만 아니라 채점하는 관료들이 많은 수험자들의 답안지를 짧은 시간 안에 채점하다 보니 우수한 문장가를 놓치는 경우도 비일비재했다.

더 읽어 볼 책

미야자키 이치사다, 〈중국의 시험지옥, 과거(2000)〉

달력에서 1582년 열흘이 감쪽같이 사라졌다

> 달력은 지나간 날과 다가올 날에 딱지를 붙여 주고
> 순서대로 일을 정리해 주는 '의도적인 발명품'이다.
> **E. G. 리처즈** E. G. Richards, 〈시간의 지도, 달력〉의 저자

유럽인들은 1582년 10월 5일, 아침에 일어나자마자 깜짝 놀랐
다. 달력에 있던 열흘이 감쪽같이 사라졌기 때문이다. 그들은 분
명 10월 4일 잠자리에 들었는데 다음날 일어나 보니 달력은 10
월 15일로 변해 있었다. 이게 대체 어찌된 일일까?

1582년 전까지만 해도 대개의 유럽 국가는 율리우스력(歷)을
사용하고 있었다. 율리우스력이란 기원전 46년에 로마 황제 카이
사르가 알렉산드리아의 천문학자 소시게네스에게 역법의 연구를
명령하여 이집트력을 모델로 한 '태양력'이다.[1] 이 역법은 1년을
365일과 매년 생기는 여섯 시간의 오차를 조정하기 위해 4년마

---

1 카이사르의 정책 가운데 가장 오래 남은 문화적 사업이 바로 '역법의 개정'이
  었다. 당시 로마에서 사용되고 있던 역은 기원전 7세기에 만들어진 '태음력'으
  로 1년이 355일로 되어 있었다.

다 윤년을 두었다. 이 역은 개정자의 이름을 따서 율리우스력이라 불렸다.

그런데 이 율리우스력은 이전의 역법에 비해 매우 정확했음에도 불구하고 1천 년에 8일의 오차가 생겼다. 이 오차를 조정하기 위해 교황 그레고리우스 13세는 새로운 역법을 도입하는 칙령을 내렸다. 이것이 바로 그레고리력이다. 그레고리우스 13세의 초기에는 율리우스력을 쓰고 있었는데, 율리우스력에서는 오랫동안 누적된 역법상의 오차로 원래는 3월 21일이어야 할 춘분이 달력에서는 3월 11일로 옮겨져 있었다. 그런데 춘분은 기독교에서 부활절을 정할 때 기준이 되는 날이었으므로, 이 10일 간의 오차는 매우 골치 아픈 문제가 아닐 수 없었다.

사라진 열흘을 찾기 위해 폭동을 일으키다

결국 교황은 각 교회와 의논한 끝에 1582년 10월 4일 다음날을 10월 15일로 한다는 새 역법을 공포하였다. 그러나 갑작스런 날짜 변경은 많은 유럽의 국가에 저항을 불러일으켰다. 독일 프

랑크푸르트 시민들은 교황이 자신들의 삶에서 시간을 빼앗으려
한다고 생각해 사라진 10일을 되찾기 위해 폭동까지 일으켰다.

물론 고립된 시골 마을에 살던 농부들은 이런 사실조차 알 수
없었다. 일부 국가에서는 몇 해 동안 이러한 변화를 인정하지 않
아서 엄청난 혼란이 조성되었다. 그럼에도 불구하고 그레고리우
스 13세는 '신의 뜻'을 앞세워 밀고 나갔다. 그에게는 새로운 달
력을 강행해야 할 다른 이유가 있었다. 점점 번창하는 신교를 누
르기 위해서는 권력 기반의 강화가 필요했고, 새로운 역법은 교
황의 힘을 집중시켰다. 가톨릭 국가들은 즉각 그레고리력을 채택
했지만 신교국은 이를 외면했다. 영국은 1752년까지, 러시아 등
동방정교 국가들은 20세기 초반까지 율리우스력을 사용했다.[2]

더 읽어 볼 책
E. G. 리처즈, 〈시간의 지도, 달력(2003)〉
예영, 〈달력 속 살아있는 세계사(2007)〉

---

2 우리나라가 그레고리력을 채용한 시기는 갑오개혁 이듬해인 1895년이다.

그리스 시인
....

고대 그리스 시인은 왜 장님이 되었을까?

고대 그리스 초기의 시인들은 대부분이 장님이었다. 제우스의 딸들인 뮤즈보다 노래를 더 잘한다고 알려진 타미리스(Thamyris)도

장님이었다. 그의 거만한 자랑에 화가 난 뮤즈는 그 분풀이로 타미리스를 장님으로 만들었고, 데모도커스 역시 뮤즈의 의해 장님이 되었다. 호메로스는 뮤즈가 그들의 시력을 앗아갔지만, 그 대신 아름다운 노래를 부를 수 있도록 선물을 주었다고 적었다.

다프니스, 테이레시아스, 스테시코러스 등의 시인도 노래를 부를 수 있도록 허락을 받기 전에는 장님이 되었다. 이들의 시력을 빼앗아간 데는 그만한 이유가 있었다. 그들을 장님으로 만든 것은 뮤즈가 아니라 그리스의 왕들이었다. 그리스 왕들은 적국의 상대자를 칭송하는 시인들을 못마땅하게 여기고 시기했다. 고대 그리스 왕들은 시인들의 눈을 빼앗아감으로써 그들을 자기 곁에 묶어두었던 것이다.

더 읽어 볼 책
이바르 리스너, 〈서양(2005)〉

금과 은
....

고대 바빌로니아는
금과 은의 교환 비율을 어떻게 정했을까?

황금은 제우스의 아들이다.
그러나 사람은 이 황금에 의해 좀먹고 타락하고 만다.
핀타로스 Pintarose, 고대 그리스 시인

화폐가 생기기 이전에 금이나 은은 중요한 물물 거래 수단이었
다. 고대 그리스의 역사가 플루타르코스는 철이 그리스에서 제일
으뜸인 화폐 금속이라고 기록했다. 이탈리아에서는 구리를, 스
페인 남부 말라가 지방에서는 주석을 화폐로 사용했다. 기원전
2500년, 바빌로니아에서는 금과 은을 화폐를 대용하는 금속으로
사용했다.

고대 이집트에서는 금이 '영원한 생명'을 상징하는 귀중한 금
속이었다. 당시 나일 강과 에티오피아에서 얻어지는 금의 생산량
이 세계 금 생산량의 절반을 차지하고 있을 정도였다. 고대 이집
트 유적에서도 그들이 얼마나 금에 집착했는지는 쉽게 알 수 있
는데, 1922년에 발굴된 투탕카멘 왕의 묘에서는 110킬로그램이
나 되는 대량의 금이 발견되었다.[1] 그에 비해 메소포타미아에서

는 주로 서아시아, 투르크
은이 화폐로 이용되었다.

이집트와 메소포타미아
사이의 교역이 왕성해지
면서 이집트의 '금'과 메
소포타미아의 '은'에 대한
교환 비율을 결정할 필요
가 생겼다. 함무라비 왕 시대의 금과 은의 교환 비율은 1대 6이
었다. 그러나 각각의 산지가 많이 떨어져 있고 유통량도 불확실
했기 때문에 정확하게 두 금속의 교환 비율을 정하는 일은 불가
능했다. 그래서 바빌로니아의 신관은 금과 은의 교환 비율을 정
하는 방법을 고안해냈다. 이들에게 금은 '태양신'을 상징하고 있
었고, 은은 '달의 여신'을 상징하고 있었다. 그들은 해와 달의 회
전 주기에 착안하여 금과 은의 교환 비율을 만들었다. 즉 1년 동
안 달이 태양에 13.5번 찼다가 기울기 때문에 금과 은의 교환 비
율을 1대 13.5로 정한 것이다. 그로부터 서아시아의 금과 은의
교환 비율은 1대 13.5가 되었다.

더 읽어 볼 책
클라우스 뮐러, 〈돈과 인간의 역사(2004)〉

---

1 투탕카멘은 이집트 제18왕조 제12대 왕으로 18세에 요절했다. 그는 이집트 역
  사에 알려진 것이 거의 없었으나 '왕가의 계곡'에 있는 왕의 무덤이 발굴되면
  서 20세기에 가장 주목받는 이집트 왕이 되었다.

낙하산이 비행기보다 먼저 발명되었다

레오나르도 다빈치는 헬리콥터와 더불어 낙하산 원리 연구에 관심을 가진 최초의 인물로 알려져 있다. 그는 1617년 네모난 천을 장대 네 개에 팽팽히 묶어 최초의 낙하산을 실험했다. 그러나 다빈치가 낙하산을 실험했다는 기록만 전해질 뿐 그가 실제로 낙하산을 만들어 상공에서 무사히 착륙했다는 기록은 없다.

현대의 낙하산은 비행기가 나타나기 이전에 출현했다. 1687년경 프랑스 루이 13세의 사절로 태국에 간 루베르는 우산을 몸에 달고 높은 탑에서 뛰어내려 비행하는 곡예를 보았다. 그는 자신이 본 것을 〈역사 이야기〉라는 저서에서 이렇게 기록했다.

"그는 두 개의 우산만으로 몸을 지탱한 채 탑 위에서 뛰어내렸다. 그는 우산 자루를 자신의 허리띠에 단단히 붙들어 매고 바람이 부는 방향에 따라 땅, 나무, 지붕, 때로는 강으로 날아갔다. 그

는 태국 왕을 대단히 기쁘게 했으며, 태국 왕은 그에게 궁전에 머물게 하였고 위대한 칭호를 내렸다."

그로부터 약 1백 년 후, 이 책을 읽은 프랑스인 르노르망은 똑같은 실험을 하여 대성공을 거두었다. 그는 양손에 파라솔을 하나씩 들고 2층에서 뛰어내린 후에 낙하산을 직접 제작했다. 그는 몽펠리에 관측 탑에서 자신이 발명한 낙하산에 동물을 매달아 밑으로 날려 보낸 후 자신도 직접 뛰어내렸다.

르노르망은 1783년 자신이 만든 낙하산에 '파라슈트'라는 이름을 붙였다. 낙하산을 최초로 탄 사람은 프랑스의 앙드레 자크 가르느랭(Garnerin)으로 1797년에서 1804년까지 여러 차례에 걸쳐 하강 실험에서 성공을 거두었다. 그가 가장 높이 올라간 고도는 8천 피트 상공이었다. 가르느랭의 디자인에 삼각 천을 포함하여 탈출구를 만든 것이 오늘날의 낙하산 모양이 되었다. 따라서 가르느랭은 실용적인 낙하산을 발명한 최초의 사람으로 역사에 기록되었는데, 이는 인류 최초의 비행을 앞둔 1세기 전의 일이었다. 원래 낙하산의 시조는 중국으로 보는 견해가 있으나, 현대의 낙하산 같은 의미라기보다는 상공에서 무사히 착륙했던 도구로 알려져 있다.[1]

더 읽어 볼 책

오빌 라이트, 〈우리는 어떻게 비행기를 만들었나(2003)〉

피에르 제르마, 〈세계의 최초들(2000)〉

---

[1] 사마천의 〈사기(史記)〉에 따르면, 중국의 전설적인 황제 순(舜)이 자기를 죽이려 하는 아버지를 피해 높은 곡물 창고로 도망치자 아버지가 창고에 불을 질렀고, 순은 커다란 원추형의 밀짚모자를 몸에 묶고 뛰어내려 무사히 땅에 닿았다고 전해진다.

악마의 숫자 666은 네로 황제이다?

지혜가 여기 있으니 총명한 자는 그 짐승의 수를 세어 보라.
그 수는 사람의 수니 666이니라.
〈요한계시록〉 13장에서

기독교 문화권에서 숫자는 종교적 의미와 깊은 관련이 있다. 3은 삼위일체를 나타낸다고 해서 중세부터 신성한 숫자로 여겨져 왔다. 또 7은 신의 숫자로, 7이 세 번 연속된 777을 가장 성스러운 숫자의 조합으로 여겼다. 3과 7처럼 좋은 의미로 해석되는 숫자 이외에 흉한 숫자로 지목되는 경우도 있었는데, 666이 가장 대표적으로 흉한 숫자였다.

성경의 〈요한 계시록〉에서 666이 '짐승의 수'로 지목된 뒤 기독교에서는 이 숫자를 '악마의 숫자'로 여겼다. 그렇다면 이 666은 누구를 지칭하는 것일까?

지난 수세기 동안 많은 학자들이 이 숫자의 해석을 풀기 위해 많은 노력을 기울였다. 대부분 학자들은 이 숫자가 역사상 구체적인 인물을 가리킨다고 생각했고, 그 역사적 인물로 로마의 '네로 황제'를 지목했다. 그 근거로 제시된 것이 게마트리아(Gematriculator) 해석법이었다.[1] 즉 '네로 황제'를 히브리어로 표기하면 '네로-카이사르(Nero-Caesar)'가 된다. 이 알파벳의 자음 첫 글자를 숫자로 환산한 게마트리아 해석법으로 풀이하면, 히브리어 자음의 숫자를 모두 합한 수가 666이기 때문이었다. 계시록이 쓰일 당시 기독교 최대의 적이었던 네로를 '짐승'으로 표현했지만, 그때는 이름을 직접 거론할 수 없어 666으로 나타냈다는 것이다. 한때는 666이라는 악마의 숫자가 이슬람의 '마호메트'로 여긴 적도 있었다. 그래서 마호메트라는 이름을 악마의 숫자와 일치시키기 위해 '마오메티스'로 바꾸기도 했다.

한편 일부 학자들은 666을 근본적으로 불완전한 존재라고 여기고 있다. 가장 완전한 숫자인 777에서 모두 하나가 모자란 것이 셋이나 모여 있기 때문이다. 따라서 '악마의 숫자'는 불완전한 것, 좀 더 구체적으로 말하자면 신이 아니라 인간을 뜻한다.

---

[1] 게마트리아(Gematria) 해석법은 히브리어의 알파벳이 나타내는 숫자로써 그 단어가 지닌 뜻을 풀어 성서를 해석하는 방법이다.

네로 황제는 기독교를 탄압하지 않았다

로마 대화재가 일어난 것은 네로가 황제로 즉위한 지 꼭 10년이 되던 해였다.[2] 초기 기독교는 아직 민중의 신망을 얻고 있지 못한 종파로 마술을 일삼는다는 혐의를 받고 있었다. 로마 대화재 이후 체포된 방화범들 중에는 광신적인 기독교 극단주의자들이 상당수 있었다. 그들이 처형된 이유는 '기독교 신자'라는 이유 때문이 아니라 어디까지나 사회의 안전을 위협한 '방화범'이었기 때문이었다. 그리고 당시 로마 이외 어느 곳에서도 기독교 신자들이 체포되거나 박해받았다는 기록은 없다. 즉 기독교 박해는 로마 시내에 거주하는 신자에게만 국한했고 또 단 한 차례로 끝났다.[3]

사실 네로 황제는 엄밀히 말해 기독교 박해와는 관련이 없고 그의 모습은 역사적으로 지나치게 왜곡되어 왔다. 네로가 죽은 지 오랜 세월이 흐른 다음 원로원 출신의 타키투스는 네로에 대한 기록을 남겼는데, 바로 여기서부터 네로가 왜곡되기 시작했다. 네로가 포악한 황제로 평가받기 시작한 것은 기독교가 유럽

---

2 역사가들의 연구에 의하면 네로는 로마에 불을 지르지 않았다고 한다. 역사가인 타키투스(Tacitus)는 로마 대화재가 발생한 지 불과 수년 후에 쓴 책에서 불이 일어난 바로 그 시간에 네로는 화재 현장에서 80킬로미터나 떨어진 별장에 머물고 있었다고 기록했다. 네로는 불이 타는 지옥 같은 광경을 신이 나서 바라보기는커녕 도시로 급히 달려가서 필사적으로 불길을 잡으려고 애썼다고 한다.
3 당시 네로가 기독교 신자들을 처형한 숫자는 최대 300명을 넘지 않을 것으로 역사가들은 추정하고 있다.

에서 국교로 자리 잡기 시작하면서부터였다. 그 이전에는 기독교 신자들을 학살했던 사실은 네로의 평가에서 문제로 삼지도 않았다. 네로에 대해 많은 연구를 했던 독일의 작가 반덴베르크는 "기독교가 국교로 자리 잡은 4세기가 되어서야 초기 기독교의 순교자들을 둘러싼 이야기들이 나오기 시작했다. 네로가 로마에 불을 지르고 나서 기독교인들에게 죄를 덮어씌웠다는 이야기도 이때부터 나오게 된 것이다."

흉흉한 민심을 수습하기 위해서 희생양이 필요했던 것은 예나 지금이나 그리 다르지 않다. 당시 기독교인들은 불행하게도 거기에 말려들었고, 그것이 오늘날 네로를 기독교 박해의 원흉으로 몬 계기가 되었다. 후대의 기독교는 초기 순교자들의 삶을 미화하기 위해 역사적 신빙성이 빈약한 야사와 같은 사료들을 기본으로, 로마 제국 말기부터 중세를 거쳐 지금까지 네로를 악마처럼 취급해 오고 있는 것이다.

더 읽어 볼 책
이시이 마레히사, 〈성서를 알면 세계가 보인다(2005)〉
필리프 반덴베르크, 〈네로 광기와 고독의 황제(2003)〉
귄터 클라인, 〈역사의 지배자(2002)〉

바다의 사나이 넬슨 제독은
평생 배멀미로 고생했다

내 임무를 다 할 수 있게 해준 신께 감사드린다.

넬슨 Horatio Nelson, 영국의 해군제독

넬슨 제독은 13세에 해군에 입대해 스페인과 프랑스 해군을 상대로 연전연승했던 영국의 맹장이다. 그는 당시 무적함대로 불리

던 스페인 해군 함대 일곱 척과 교전을 벌여 완승을 거두었고, 1798년과 1805년 프랑스 해군과의 연이은 해전에서도 승리해 나폴레옹 몰락을 가져왔다.

그런 '바다의 사나이' 넬슨도 배멀미 때문에 늘 괴로워했다. 35년을 거친 바다와 함께 산 그는 배멀미

를 극복하기 위해 온갖 식이요법을 다 써 보았지만, 아무 소용이 없었다. 그는 전투에서는 선두에 나서서 지휘를 하는 맹장이었으나, 전투가 끝나고 나면 배멀미로 인한 고충을 남몰래 삼켜야 했다.

더 읽어 볼 책
앤드루 램버트, 〈넬슨(2005)〉

예언자 노스트라다무스는
가짜 화장품을 만들었다

화장을 통해 비로소 여성의 아름다움이 완성된다.

보들레르 Charles Baudelaire, 프랑스의 시인

예언자 노스트라다무스(Nostradamus)의 원래 직업은 의사였다. 그는 16세기 페스트가 전 유럽에 창궐했을 때 쥐를 없애고 시체를 화장하는 등 많은 공헌을 했다. 이 훌륭한 페스트 퇴치 방법으로 당시 프랑스 국왕인 샤를 9세에게 총애를 받아 왕비를 비롯한 귀족 여성들과 친분을 쌓기 시작했다.

　당시 프랑스 궁전에는 매일 밤 무도회와 연주회가 열렸고, 귀족 여성들 사이에는 아름다움을 뽐내기 위해 갖은 치장의 노력을 아끼지 않았다. 노스트라다무스와 친하게 지냈던 왕비는 무도회에서 다른 여성들보다 더 예뻐 보이고 싶은 욕망에 그에게 화장품을 만들어달라고 부탁했다. 노스트라다무스는 왕비의 제안을 거절하지 못하고 화장품을 만드는 데 전력을 쏟았다.

　1552년 노스트라다무스는 〈화장과 얼굴을 아름답게 하는 비

법 개론〉에서 화장품을 만드는 데 들어간 재료를 소개했다. 이 책에는 화장품 제조법을 상세히 설명하고 있는데, 놀랍게도 그가 쓴 재료에는 수은과 납도 포함되어 있었다. 뿐만 아니라 고래의 정액이나 박쥐의 피, 달팽이 점액을 주성분으로 하여 만든 아주 괴상한 비법도 소개되어 있다. 당시 혐오의 대상이었던 주근깨를 처리하는 방법으로 노스트라다무스는 마법사의 혼합물을 권하기도 했다. 마법사의 혼합물이란 우유 2파인트에 살무사 한 마리를 으깨 넣고 황산염 1온스를 여기에 첨가시켜 증류시킨 것이다. 노스트라다무스가 만든 이 화장품은 프랑스의 귀족 여성들 사이에서 불티나게 팔렸다. 그러나 여성들은 화장품에 들어 있던 수은에 중독되어 상당한 후유증에 시달리기도 했다.

더 읽어 볼 책
베아트리스 퐁타넬, 〈치장의 역사(2004)〉

뉴턴은 경쟁자를 매장한 명예욕의 화신이었다

뉴턴이 발견한 것은
자신의 천재성을 과시하기 위한 것에 지나지 않는다.
라이프니츠 Gottfried Leibniz, 독일의 수학자

미적분은 수학과 자연과학뿐만 아니라 사회과학 분야에서도 널리 활용되는 분야이다. 이 미적분은 각자 독자적으로 연구한 두 과학자에 의해 거의 동시에 발견되었다. 바로 영국의 뉴턴(Newton)과 독일의 라이프니츠(Leibniz)다.

뉴턴은 근대 과학의 큰 봉우리이며 물리학의 창시자이다. 그러나 뉴턴은 자신의 배경을 이용해 권력을 남용한 명예욕의 화신이기도 했다. 뉴턴은 현대적 미적분을 최초로 발견한 라이프니츠를 축출하기 위하여 영국 최고의 과학 클럽인 왕립학회의 회장 직분을 악용하였다. 이와 같은 행위는 말로는 공정한 절차를 역설하면서 실상은 그의 권력을 이용하여 경쟁자를 매장시키려는 의도를 가진 사악한 행위였다.

라이프니츠가 미분학을 발명한 것은 1675년이었다. 이는 뉴턴

이 발명한 '유체의 역학'과 같은 것으로, 그 후 그는 적분학과 자기의 발명을 세상에 알렸다. 그런데 여기서 커다란 문제가 생겼다. 영국에서 뉴턴은 이미 10년 전, 즉 1666년에 미분 적분학을 발명했던 것이다. 따라서 '라이프니츠는 뉴턴의 발명을 훔쳤음에 틀림없다'라는 말까지 나왔다. 뉴턴이 회장으로 있는 왕립학회는 이 문제를 심사하기 위한 보고서의 서문에서 "자기주장을 펴도록 라이프니츠를 증인으로 세우는 것은 부당하다"고 기술하고 있다.[1] 겉으로는 공정해 보이는 이 왕립학회의 위원회가 낸 종합보고서에는 뉴턴을 전적으로 옹호하고 라이프니츠를 표절자로 고발하였다. 이 보고서의 서문부터 거의 모든 문장은 뉴턴 자신에 의해서 작성된 것이다.

---

[1] 1703년 왕립학회의 회장이 된 뉴턴은 회원들에 의해 '종신 독재자'로 추대되었으며, 왕립학회를 자신의 소유물로 만들었다. 왕립학회의 주요 운영기구를 자신의 친구와 동료들로 채웠고, 왕립학회와 회원들의 이름을 자신이 관련된 논쟁의 칼과 방패로 사용했다.

왕립학회를 이용해 라이프니츠를 축출하다

이에 반해 라이프니츠는 뉴턴과 같은 영향력이나 힘 있는 자리를 차지하지 못했다. 그는 심한 류머티즘으로 고통 받았으며, 1676년부터 죽기 전까지 도서관 사서, 판사, 정치 고문 등을 지냈을 뿐이었다. 뉴턴과 그의 추종자들은 라이프니츠를 끊임없이 공격했고, 라이프니츠의 성과물은 빛을 잃기 시작했다.

종국에 이르러서 두 사람은 극히 대조를 이룬다. 뉴턴은 과학에 업적을 남긴 사람으로서는 최초로 기사 작위를 받았다. 그리

뉴턴은 연금술사였다?

1936년 런던에서 열린 경매에서 영국의 리밍턴 백작이 가보로 내려오는 방대한 양의 자료를 경매에 내놓았다. 그 중에는 바로 뉴턴이 손수 작성한 원고도 있었다. 뉴턴의 조카가 리밍턴 백작 집으로 시집간 후로 그 원고들이 대대로 백작 가에 전해져 내려왔던 것이다. 그때 그 원고를 낙찰 받은 사람은 유명한 경제학자 케인스(Keynes)였다.

케인스는 자신이 구입한 원고를 보고 매우 놀랐다. 그것은 수학이나 물리학에 관한 것이 아니라 바로 연금술에 관한 내용이었기 때문이었다. 이로써 뉴턴이 연금술에 무척 심취해 있었다는 것이 세상에 밝혀졌다. 사실 뉴턴은 1660년대부터 지속적으로 연금술에 흥미를 가지고 있었다. 1686년 〈프린키피아(Principia)〉를 쓴 후에 집필한 연금술 관련 기록들이 그의 전체 연금술 기록 중 절반 정도를 차지하고 있었다. 뉴턴이 물론 철광석으로 금을 만들 수 있다고 믿지는 않았지만, 금이 '발효' 될 수만 있다면 다른 물질로 변할 수 있다고 주장했다.

고 1727년 사망했을 때에는 국장(國葬)의 예우를 받았으며, 지금도 웨스트민스터 성당의 가장 좋은 자리에 묻혀 있다. 반면 뉴턴과 대결에서 패배한 라이프니츠는 자신이 있던 궁정에서도 신임을 잃고 말았다. 라이프니츠는 많은 계획에서 실패를 거듭하고, 약 40년 동안 봉사한 궁정에 단 한 명의 친구도 없는 상태에서 1716년 하노버에서 숨을 거두었다. 그의 한 친구는 회고록에서 라이프니츠가 "조국의 영광스러운 인물로 정당한 예우를 받기는 커녕 도둑놈처럼 매장되었다"고 기록했다. 이들이 죽은 뒤에도 미적분 논쟁은 가라앉지 않았고, 심지어 영국과 독일 양국의 국민 감정까지 개입하여 격렬하게 지속되었다.

오늘날의 역사학자들은 라이프니츠의 미적분의 발명은 뉴턴의 연구를 훔친 것도 아니었으며 누구에게서도 배우지 않고 혼자서 발명했음을 밝혀냈다. 미적분 발견은 뉴턴이 빨랐으나 이에 대한 발표는 라이프니츠가 빨랐다는 것이 정설로 되어 있다.

더 읽어 볼 책
박민아, 〈뉴턴 & 데카르트(2006)〉
하인리히 찬클, 〈과학의 사기꾼(2006)〉
헬 헬먼, 〈과학사 속의 대논쟁(2000)〉

단두대
....

단두대의 기원은 프랑스 혁명이 아니다

콜럼버스는 신대륙에 자신의 이름을 붙이지 못했고,
기요틴은 단두대에 자신의 이름이 붙여지는 것을 막지 못했다.
빅토르 위고 Victor Hugo, 프랑스 작가

많은 사람들이 단두대의 기원을 프랑스 혁명 때로 알고 있으나,
이는 잘못 알려진 사실이다. 이미 16세기에 단두대는 스코틀랜
드에서 '메이든(Maiden)'이라는 명칭으로 이용되고 있었다. 메이
든은 보통 사람의 신체 모양의 관처럼 생겼으며, 그 관을 덮는 뚜
껑 안쪽에는 사람을 찌르도록 고안된 쇠꼬챙이가 박혀 있었다.
관의 뚜껑은 밧줄이 달린 도르래와 연결되어 있어 밧줄을 완전히
풀면 관 뚜껑이 덮이고 희생자는 끔찍한 모습으로 처형된다. 이
메이든은 그 견본이 에딘버러 고고학박물관에 소장되어 있다.

1792년 4월 25일 프랑스에서 단두대로 첫 번째 희생자가 나온
이후, 단두대는 프랑스 혁명 기간 동안 프랑스 국민들 사이에서
미신적인 상징물이 되어 버렸다. 남자들은 몸에 단두대 문신을
하고 다녔고, 여자들은 단두대 모양의 귀고리를 장신구로 애용했

으며, 접시와 컵에도 단두대 문양이 새겨졌다. 또한 아이들은 장난감 단두대로 쥐의 목을 베며 놀았고, 귀족 여인들까지도 인형의 목을 베면 그 안의 손수건에 적셔두었던 붉은색 향수가 나오는 것을 즐겨 가지고 있기도 했다.

단두대에는 '프랑스의 절단기' 등과 같은 많은 별명이 따라다녔다. 그러나 이런 엽기적인 형틀에 대한 애정은 곧 시들해졌다.

일반 대중의 생각과는 달리 단두대의 이슬로 사라져간 사람들 가운데는 귀족보다 평민의 수가 훨씬 많았다. 보통 귀족 한 명에 평민 네 명의 비율로 단두대의 희생양이 되어갔다. 결국 혁명 지도자들의 이전투구로 인해 프랑스 혁명은 종교재판처럼 부패하고 참혹한 살인극으로 변질되고 만 것이다.

▌기요틴 박사는 단두대로
▌처형되지 않았다

프랑스 혁명 당시 목을 자르는 도구로 사용된 단두대는 누가 발명한 것일까? '길로틴'이라 불리는 이 단두대는 많은 사람들이 발명자인 기요틴(Guillotin)의 이름을 따온 것으로 알고 있으나, 그는 발명자가 아니라 제안자였다. 파리대학 해부학 교수였던 기요틴은 "죄인의 사회적 신분이나 위치에 상관없이 같은 종류의 위법 행위는 같은 종류의 형벌로 처벌하여야 한다"면서 사형수가 고통 없이 죽을 수 있도록 이 단두대 사용을 추천한 것이다.

18세기 후반의 프랑스는 혁명이 한창 진행되던 시기로 거의 매일같이 사형이 집행되고 있었다. 당시에는 단두대가 사용되기 전이라 형리(刑吏)가 낫으로 사형수의 목을 베었는데, 간혹 형리의 실수로 처참한 광경이 벌어지곤 했다. 이를 지켜본 기요틴은 국민회의에 죄수의 고통을 덜 수 있는 기계의 사용을 제안했다. 그것이 바로 단두대로 잘 알려진 '길로틴'이다.

단두대의 진짜 발명자는 지금까지도 누구인지 밝혀지지 않고 있다. 더군다나 기요틴 박사가 자신이 제안한 길로틴에 의해 처형되었다는 것도 사실과는 다르다. 기요틴은 단두대에서 처형되지 않았고 1814년 어깨에 난 종기 때문에 사망했다. 기요틴은 사망하기 전까지도 자신의 이름이 단두대의 별명으로 불리는 것을 강력히 반발했다.[1] 그의 가족은 프랑스 법정에서 단두대가 자신의 성씨(姓氏)로 부르는 것은 부당하다고 소송을 제기했다. 이 재판은 몇 년에 걸쳐 진행되었으나 결국 원고측이 패소했으며, 이를 계기로 훗날 기요틴의 자손은 성을 바꾸었다. 프랑스에서는 20세기 후반까지 사형 집행에 길로틴을 사용했는데, 너무 잔혹하다는 이유로 1981년에 폐지되었다.

더 읽어 볼 책
김상운, 〈세계를 뒤흔든 광기의 권력자들(2005)〉
구드룬 슈리, 〈피의 문화사(2002)〉

---

1 처음에는 단두대의 이름을 이 기계를 고안한 앙투안 루이의 이름을 풍자해 '루이젯', '루이종'으로 불렀다가 훗날 '길로틴'이라 불리게 되었다. 당시 기요틴과 갈등을 일으켰던 국회 출입기자들이 그를 조롱하여 그런 이름을 붙이게 된 것이다.

단테는
왜 3이라는 숫자에 집착했을까?

역경에 처했을 때
행복한 나날을 그리워하는 것만큼 고통스러운 일은 없다.
단테 Alighieri Dante, 이탈리아의 시인

단테에게 '3'의 숫자는 특별한 의미를 지니고 있다. 단테의 그 유명한 작품 〈신곡〉을 이해하려면 그 내용에 앞서 3이라는 숫자의 의미를 생각해야 한다. 이륜 자전거가 자체 힘으로는 서 있을 수 없듯이 숫자 3은 완성의 숫자이자 가장 완벽한 구조를 의미한다.

단테는 〈신곡〉에서 지옥과 연옥 그리고 천국의 3편으로 나누었으며, 각 편당 33곡에 3연체 운율까지 완벽한 균형을 맞추고 있다. 단테는 삼위일체설(三位一體說)을 신봉하였는데, 3과 3의 제곱인 9를 작품 구석구석에까지 골고루 집어넣었다.[1] 신곡에서 지옥여행은 9일이 걸리며, 연옥은 9층으로 되어 있다.

---

[1] 삼위일체설은 성부, 성자, 성령의 위격이 각각 존재하지만, 세 위격 모두 하나의 하느님이라는 주장이다. 320년대 니케아 공의회, 450년대 칼게돈 공의회를 거침으로써 확고한 교리로 자리 잡았다.

단테를 떠올리면 그의 영원한 연인 베아트리체를 빼놓을 수 없다. 단테가 처음 그녀를 만난 것은 아홉 살 때였다. 그녀가 처음으로 인사해 준 것이 아침 9시. 그녀와 재회하고 그가 처음으로 소네트를 쓰기 시작한 것이 그녀와 처음 만난 지 9년 후, 베아트리체가 죽은 것이 월요일의 9일이다. 이 어찌 우연으로만 여길 수 있을까?

최근의 연구에 의해 단테의 최초 작품으로 알려진 것이 〈신생(新生, 1292~93)〉이다. 이 작품에서 단테는 아홉 살 때 베아트리체와 처음 만났는데 그때부터 9년 뒤에 피렌체 거리에서 우연히 재회하여 그녀가 머리를 숙여 인사했다고 적혀 있다. 그러나 이렇다 할 교류도 없이 그녀는 1290년 세상을 떠났다. 그녀를 실제 인물로 보느냐, 또는 〈신곡〉의 '천국편' 중에서 시인을 인도하는 구원(久遠)의 여성상으로 보느냐에 대해 여러 가지 해석이 있다. 실제 설의 모델로서는 당시 피렌체에 살았던 은행가 시모네 데이바르디에게 출가한 포르티나리의 딸, 비체였다고 한다.[2] 단테는 1277년(열두 살)부터 아버지의 뜻에 의해 약혼자로 정해져 있던 도나티의 딸 젬마와 결혼해 네 자녀를 두었다.

더 읽어 볼 책
김병걸, 〈문예사조 그리고 세계의 작가들(1999)〉

---

2 비체는 단테와 같은 나이이고 스물네 살 때 사망했다.

돈키호테
....

소설 〈돈키호테〉는
왜 금서(禁書)가 되었나?

운명은 더 훌륭한 성공을 준비하고 있는 법이다. 그러므로 오늘 실패한 사람이 내일에 가서는 성공하는 법이다.

세르반테스 Miguel de Cervantes, 스페인의 작가

금서(禁書)는 한 시대를 가늠할 수 있는 가장 첨예한 척도다. 주류 질서 혹은 지배 세력이 제작, 배포, 소지, 독서를 금지시켰기 때문이다. 한 사회가 당연시하는 질서나 가치 등에 의문을 표하고 이의를 제기하는 일은 사회 기득권자들에게는 중대한 위협이다.

그래서 금서의 성격은 각 시대 주류 질서의 성격에 따라 달라진다. 중세 이후 서양에서는 주로 신의 권위에 도전하는 내용, 가톨릭 교리에 어긋나는 내용의 책들이 교황청으로부터 금서 처분을 받았다. 시민혁명의 열풍에 휩싸인 18세기 이후에는 근대적 시민 사상을 담은 책들이, 1940년대 파시즘 정권이 들어선 국가에서는 전체주의에 대한 비판적 입장을 담은 책들이 금서 목록에 올랐다.

금서 일화 중에 눈길을 끄는 것은 스페인의 작가 세르반테스

(Cervantes)다. 1640년에 발간된 세르반테스의 〈돈키호테〉는 스페인에서 금서 리스트에 올랐는데, 그 이유는 책 안에 쓰인 한 문장 때문이었다.

"성의 없는 자선사업은 아무 가치가 없다."

▌세르반테스가 〈돈키호테〉를
▌발표한 것은 58세 때였다

세르반테스처럼 기구한 생애를 보낸 작가도 드물다. 그는 노예 생활도 했으며, 여러 차례 구속되었고, 말단 병사로 참전에 큰 부상을 입기도 했다. 그가 처음으로 빛을 본 소설, 〈돈키호테〉를 발표했을 때는 우리 나이로 환갑을 앞둔 58세 때였다.

가난한 외과의사의 아들로 태어난 세르반테스는 마드리드에서 잠시 공부한 것 외에는 학교 교육을 거의 받은 적이 없다. 21세 때 그는 이탈리아로 건너가 추기경의 신하가 되었다가 23세가 되면서 병졸로 전직했다. 1571년 역사상 유명한 레판토 해전에 참가해 가슴에 큰 상처를 입었고, 이때 다친 왼손은 평생 사용할 수 없었다. 1575년에는 스페인으로 귀국하던 도중, 당시 지중해에 횡행하던 해적들에게 습격을 당해 5년 동안 알제리에서 노예 생활을 하였다.

11년간의 외국 생활을 보내고 귀국한 그를 기다리고 있는 것은 실업이라는 혹독한 현실이었다. 겨우 해군의 식량 징발인이 되었지만, 이듬해 1월에는 스페인 '무적함대'의 식량 징발에 나섰다가 영국 원정길에서 궤멸에 가까운 타격을 입었다. 그 후 세르반테스는 스페인 남부 그라나다에서 징세를 담당하는 세금 수금원이 되었는데, 그가 공금을 맡기고 있던 은행이 파산하고 상사가 행방을 감춰 버리는 바람에 투옥되기도 했다. 1605년 명작 〈돈키호테〉 제1부를 출판해 세상의 갈채를 받았으나, 여전히 궁핍한 생활은 사라지지 않았다. 세르반테스는 1616년 4월 23일

마드리드에서 사망하였는데, 이 날은 공교롭게도 셰익스피어의
사망일과 같다.

더 읽어 볼 책
김지원, 〈책 속에 숨어 있는 99가지 책 이야기(1996)〉

최초의 돔 구장은
로마의 콜로세움이다

콜로세움이 있는 한 로마는 흥할 것이며,
콜로세움이 무너지는 날 로마도 멸망할 것이다.
브레다 Breda, 8세기 수도사

콜로세움의 정식 명칭은 '플라비우스 원형극장'이다. 이는 플라
비우스 왕조 때 세워진 것으로 베스파시아누스 황제가 착공하여
80년 그의 아들 티투스, 도미티아누스 황제로 이어지면서 4층까
지 완성됐다. 콜로세움은 세 황제를 거치기는 했지만 건축 기간
은 5년밖에 걸리지 않았다. 이는 간결한 설계와 뛰어난 시공 기
술, 수많은 노예 노동력 덕택이다. 이런 짧은 공사 기간은 불가사
의한 일로, 오늘날의 기술로도 이 정도 규모라면 5년은 족히 걸
릴 것이다.

고대 로마 권력의 상징인 콜로세움은 5만 명의 관중을 수용할
수 있고, 입석까지 포함하면 7만 명이 들어갈 수 있다. 웬만한 도
시 인구를 모두 수용할 수 있는 크기인데도 관중들이 밖으로 빠
져나가는 데는 15분이 넘지 않도록 설계되었다고. 콜로세움에서

는 검투사의 시합과 맹수들의 서커스 등이 펼쳐져 로마 시민들의 오락장으로서 많은 사랑을 받았다. 이 경기장은 직경의 긴 쪽은 188미터, 짧은 쪽은 156미터에 달하며 둘레는 527미터의 타원형이고, 외벽은 높이 48미터의 4층으로 구성되어 있다. 콜로세움이라는 명칭은 근처에 네로의 거상이 있었던 데에 유래한다.[1]

콜로세움이 최초의 돔구장이라고 불리는 것은 구경꾼들을 궂은 날씨로부터 보호하기 위해 거대한 천막인 벨라리움으로 덮여 있었기 때문이다.[2] 4층에 나무 봉을 매달아 천막으로 하늘을 덮

---

[1] 콜로세움의의 명칭은 네로 황제의 거대한 동상 '콜로소(colosso)'에서 따온 것으로 거대하다는 뜻의 라틴어 '콜로수스(colossus)'에서 유래한 것이다.

[2] 현대 돔 구장의 효시는 1965년 개장된 미국 휴스턴의 애스트로돔이다. 로마의 콜로세움에서 아이디어를 얻었다는 이 돔 구장은 196미터 강철 스팬 하나로 직경 216미터의 거대한 지붕을 지탱하도록 설계되었다.

콜로세움은 동물 서커스 장이었다?

콜로세움에서 가장 인기 있었던 행사는 동물 서커스였다. 이 동물 서커스가 어느 정도로 인기가 있었는지는 플루타르크가 콜로세움에서 벌어진 동물 쇼를 기록할 정도였다. 사람들이 동물 위로 올라가 춤을 추거나 체조를 하기도 하고 동물들이 직접 뒷발로 일어서거나 물속에서 곡예를 했다는 기록도 있다. 바다표범이나 사슴, 영양, 원숭이, 개 등도 조련을 받아 갖가지 쇼에 등장했다. 투기장에 끌려 나온 사자는 토끼를 사로잡아도 죽여서는 안 된다고 가르쳤기 때문에 아기 사자를 다루듯이 상처를 내지 않도록 그저 이빨로 살짝 몰고만 있어야 했다. 곰이 가마에 올라타면 네 마리의 코끼리가 자기 등에 이 가마를 태웠다. 표범, 곰, 이리 역시 이처럼 길들여 쇼에 내보냈던 것이다.

특히 코끼리 공연은 인기가 많았다. 당시 발행된 책에는 코끼리들이 무릎을 꿇고 않는 모습, 무리를 지어 춤을 추는 모습, 긴 코로 투기장의 모래 위에 그리스어나 라틴어 문자를 쓰는 모습 등이 묘사되어 있다.

어 돔 구장의 형태를 갖추고 있다. 콜로세움은 칸마다 창문 위에 천막을 치는 데 쓰이는 꽂을대 용도의 돌이 세 개씩 튀어나와 있다. 이 꽂을대에 나무 깃대를 꽂아 삼각 돛 모양의 천막으로 하늘을 가렸다. 천막을 치는 일은 고도의 기술을 필요로 하는 작업이었으므로 나폴리 만의 미세눔 해군기지에서 파견된 특수요원들이 상주하면서 작업을 담당했다.

더 읽어 볼 책
신상화, 〈물의 도시 돌의 도시 영원의 도시 로마(2004)〉
마르코 카타네오, 〈유네스코 세계고대문명(2004)〉
니젤 로스펠스, 〈동물원의 탄생(2003)〉

〈동방견문록〉에 나오는
황금의 나라는 어디일까?

동방의 섬나라엔 황금으로 된 절이 있다고 한다.
나는 그것을 향해 항해를 계속할 것이다.
콜럼버스 Christopher Columbus, 이탈리아 탐험가

마르코 폴로의 〈동방견문록〉은 15세기 이후 많은 탐험가들의 대
항해와 지리상의 발견을 촉발하는 결정적인 계기가 되었다.[1] 신
대륙을 발견한 콜럼버스도 이 〈동방견문록〉을 읽고 황금을 찾아
항해를 시작했다. 이 책에 서술되어 있는 동방에 관한 이야기는
당시 유럽 사람들의 호기심과 모험심을 자극했고, 나중에는 정복
전쟁으로까지 비화되었다.

콜럼버스는 마르코 폴로의 〈동방견문록〉을 읽고 황금에 대한

---

1 흔히 우리에게 〈동방견문록〉이라는 제목으로 알려져 있는 이 책은 서구에서는
〈*Travels of Marco Polo*〉라고 하고, 중국에서는 〈마가파라유기(馬可波羅游記)〉
라고 부른다. 〈동방견문록〉이라는 제목은 일본에서의 용례를 채용한 것이다.
사실 이 책의 원제목은 〈*Divisament dou Monde*〉인데, 우리말로 옮기면 〈세계
의 서술〉이 된다.

환상을 갖게 되었다. 그는 "황금만큼 멋진 것은 없다. 그것을 가진 자는 이 세상의 그 어떤 소망도 이룰 수 있다"고 할 정도로 황금에 집착했다. 그 후 스페인 원정대가 남아메리카를 정복했는데, 그들 역시 항해의 목적은 황금을 찾는 것이었다. 결국 멕시코의 아즈텍 제국과 페루의 잉카 제국은 지칠 줄 모르고 황금을 탐하는 사람들에 의해 정복되었다.

마르코 폴로는 〈동방견문록〉에서 일본을 '지팡구(Zipangu)'라고 부르며 그곳을 황금의 나라로 묘사했다. 그는 당시 원나라에서 "저 멀리 섬나라엔 황금으로 된 절이 있다고 한다"[2]라고 했는데, 이 말이 와전되어 "동방에는 금이 산더미로 쌓여 있다"고 알려지게 되었다. 당시 마르코 폴로가 처음 사용한 지명은 '지팡구'인데 이는 일본의 중국음인 '지펑궈'가 변해서 된 것이다. 오늘날 일본

---

2 마르코 폴로가 말한 이 절은 금각사(金閣寺)다. 금각사는 무로마치 막부의 강력한 힘과 부를 나타내기 위해 지은 절로, 이 절의 건물 표면에 금을 입혀서 금각사라고 불린다.

을 뜻하는 저팬(Japan)은 여기에서 비롯된 것이다. 그렇다면 마르코 폴로는 왜 일본을 '황금의 섬'으로 소개한 것일까?

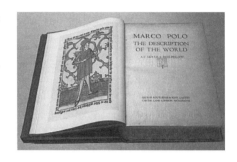

당시 일본이 약간의 금을 중국에 수출하고 있었던 것은 〈송사(宋史)〉의 일본전(日本傳)에 나와 있다. 그러나 유럽에서는 그리스 로마 시대부터 '극동에는 떠오르는 태양 아래 황금 섬이 있다'는 전설을 믿고 있었다. 마르코 폴로는 이런 전설을 〈동방견문록〉에 소개하여 유럽의 탐험가들에게 환상을 심어 준 것이었다.

▌ 마르코 폴로의 〈동방견문록〉은 어떻게 만들어졌나

많은 사람들이 이 책의 저자는 마르코 폴로라고 알고 있으나, 원저자는 루스티켈로(Rustichello)이다. 1290년 중국에서 고향으로 돌아온 마르코 폴로는 고향 사람들에게 자신이 동방에서 겪었던 경험담을 들려주었다. 그런데 그의 이야기를 믿는 사람은 거의 없었고, 도리어 그를 허풍쟁이로 몰았다. 그러던 중 마르코 폴로는 베네치아와 제노바 전쟁 때 포로로 잡혀 제노바 감옥에 투옥되었다. 어둡고 습기 찬 감옥에서 수감자들의 유일한 낙은 서로에게 이야기를 전해 주고 또 듣는 것이었다. 이때 마르코 폴로는 자신이 중국 원나라에서 겪었던 이야기를 같은 수감자들에게 상세히 들려주었다.

마르코 폴로는 어느새 감옥에서 가장 재미있는 이야기꾼이 되었고, 누군가 그의 이야기를 책으로 만들어내는 것이 어떻겠냐는 제안을 하였다. 마르코 폴로의 이야기를 듣는 사람 중에는 루스티켈로도 있었는데, 그는 마르코 폴로의 이야기를 정리해 한 권의 책으로 만들어냈다. 이것이 바로 〈동방견문록〉이다. 이 책은 좀 과장된 점이 있긴 하지만, 당시의 서아시아 중앙아시아 중국 등에 관한 기사가 풍부하게 수록되어 있었다.

그러나 이 책에는 몇 가지 이해가 가지 않는 점이 있다. 마르코 폴로는 17년이란 긴 세월 동안 몽골 제국에 있었다고 했는데, 만리장성이나 당시 중국의 진귀한 관습 중의 하나인 여성의 전족(纏足), 중국의 연중행사, 한자의 구조 등의 관한 기록은 어디에서도 찾아볼 수 없다. 그래서 훗날 역사학자들은 과연 마르코 폴로가 정말 중국에 갔었는지 의문을 품고 있다.

더 읽어 볼 책
로빈 브라운, 〈마르코 폴로의 동방견문록(2006)〉
이강혁, 〈스페인 역사 100장면(2003)〉
양승윤, 〈바다의 실크로드(2003)〉

고대 그리스 테베에는
동성애자로 구성된 군대가 있었다

고대 그리스에서 중년 남성과 미소년의
플라토닉 사랑은 그리스 문화를 이루는 중심 기둥이었다.
와일드 Oscar Wilde, 아일랜드의 작가

그리스의 강자 스파르타가 결정적으로 쇠퇴하게 된 이유는 테베
와의 전쟁 때문이었다. 기원전 379년부터 테베는 점점 강성해지
며 스파르타의 패권을 위협했고, 이에 스파르타는 지속적으로 테
베를 공격하였으나 별다른 성과를 얻지 못했다. 기원전 371년 스
파르타는 그리스의 패권을 놓고 에파미논다스가 이끄는 테베 군
과 레욱트라 평원에서 부딪혔다.[1]

이 전쟁에서 가장 혁혁한 공을 세운 부대는 테베의 신성대(神聖

---

1 스파르타 전사가 역사상 패배한 전투는 테베의 에파미논다스에게 당한 레욱트
라 전투뿐이었다. 이 전투에서 스파르타의 귀족 출신 장교 7백여 명 가운데 4백
명 이상이 전사했고, 스파르타 시민 병사 1천 8백 명 중 1천 명이 전사했다. 이
전투를 계기로 스파르타는 큰 타격을 입어 세력이 크게 쇠퇴하게 되고 테베가
그리스의 패권을 잡았다.

隊)였다. 이 특수 군대는 테베가 특별히 만든 정예 부대였는데, 모두 동성연애자로 구성된 커플들이었다. 그들이 특히 용감할 수 있었던 것은 연장자는 연하의 애인 앞에서, 또 연하의 남성은 연장자 애인 앞에서 용감하게 혼신의 힘을 다해 싸웠기 때문이었다. 또 위험이 닥칠 때면 서로 애인을 위해 필사적으로 싸웠으므로 이들의 용맹은 아무도 꺾을 자가 없었다.

고대 그리스 세계에서는 부녀자가 집에 있었기 때문에 사교의 대상이 될 수 없었다. 그런 사정으로 성년 남자들은 나이가 들어가면서 미소년을 흠모하는 일이 흔했고, 때로는 그것이 육체관계로까지 발전하게 되었다. 고대 그리스 병사들은 여자와 동침할 경우 쾌락을 얻는 데 그치지만, 남자끼리 동침하면 마음의 생명을 얻을 수 있다고 믿었다. 그래서 전쟁터에 어린 소년을 데리고 가서 군사 기술을 전수하는 한편 자신의 애인으로 삼았다

더 읽어 볼 책
배리 스트라우스, 〈살라미스 해전(2006)〉
나카자토 유키, 〈전쟁 천재들의 전술(2004)〉

이슬람교도는 왜 돼지고기를 먹지 않을까?

이슬람교는 유목과 유랑 생활을 하는 지역에 많이 퍼져 있는데, 그들에게 돼지는 결코 경제적인 동물이 되지 못했다. 돼지는 곡물이 부족한 사막 지형에서는 인간과 경쟁 관계에 있는 동물로 인식되어 왔다. 또한 돼지는 체온 조절을 하자면 물이 필요한데 마실 물도 부족한 사막에서 사육하기에는 적당한 가축이 아니었다. 게다가 유목민들에게 돼지는 젖을 생산하지도 못하고, 먼 거리를 몰고 다니기에도 힘들며, 무더운 사막에서 돼지를 사육하려면 많은 비용을 들여야 했다.

그러나 무엇보다도 이슬람교에서 돼지고기를 먹지 않는 것은 그들의 경전인 '코란'에 명기되어 있기 때문이다. 코란은 돼지고기를 먹고 싶어 하는 인간의 욕망을 효율적으로 억제하기 위해 돼지고기의 식용을 금기사항으로 만들었다. 워낙 돼지고기가 맛

있기 때문에 사람들의 입맛을 유혹하므로 이를 막기 위해 종교적 금기로 정해 둔 것이다.

이처럼 이슬람교도들의 돼지 식용금지는 환경적인 이유에서 출발했다. 중동 지방은 사람들이 살아가기도 척박한 이 지역에서 돼지를 기르는 것은 너무 사치스러운 행동으로 여겼던 것이다.

더 읽어 볼 책
이희수, 〈이슬람(2002)〉

디오게네스는
고향에서 가짜 돈을 만들었다

돈은 모든 일의 원동력이다.
디오게네스 Diogenes, 그리스 철학자

그리스 철학자 디오게네스는 예상치 못한 기행(奇行)을 벌인 인물로 잘 알려져 있다. 그는 국가제도와 결혼제도를 강력하게 부인했고, 근친상간을 정당화하는 희곡을 쓰기도 했다. 디오게네스가 일광욕을 하고 있을 때 알렉산드로스 대왕이 그를 찾아와 나누었던 일화는 꽤 유명하다.

알렉산드로스가 앞으로 그리스를 정복하고 싶다는 야망을 펼치면서 디오게네스에게 당신의 소원이 무엇인지 묻자, 디오게네스는 "햇빛을 가리지 마시오"라고 말했다. 이 말을 들은 대왕은 크게 웃으며 말했다. "내가 알렉산드로스가 아니라면, 다른 사람이 아닌 바로 디오게네스가 되고 싶구나." 이 말에 디오게네스는 그냥 넘어가지 않았다. "폐하만 아니라면 그 어떤 사람이 되어도 좋겠습니다."

　디오게네스는 물질적인 부나 명예에 대해서는 무척 날카롭게 공격했다. "갖가지 편견으로 점철된 가짜 화폐를 폐지하고, 인습의 낙인도 지워 버려야 한다. 장군이니 왕이니 귀족이니 하는 낙인들, 명예니 지혜니 행복이니 부니 하는 낙인들, 그런 거짓된 것들이 도대체 무슨 소용이란 말인가."

　사실 디오게네스는 위조 화폐에 대하여 남다른 감정을 가질 이유가 있었다. 디오게네스는 흑해 남쪽 연안에 있는 시노페(그리스의 식민 도시)에서 환전상인 히게시스의 아들로 태어났다. 만사에 빈틈이 없었던 그는 어려서부터 부모의 가업에 큰 힘이 되어 주었다. 그런데 어느 날, 부친이 시노페 당국으로부터 위탁받은 공금을 다시 주조하여 가짜 돈을 만든 것이 들통나 버렸다. 그래서 그의 부친은 체포되어 옥살이를 하게 되었고, 디오게네스까지도 고향에서 추방을 당하였다. 그 뒤로 디오게네스는 고향을 떠나 아테네로 가서 안티스테네스의 제자가 되었으며, 간소하고, 욕심 없고, 자유로운 삶을 살았다.

디오게네스가 죽자 사람들은 그 위에 돌기둥을 세우고 거기에 그의 상징이기도 한 대리석으로 된 개를 장식했다. 위폐범이라는 낙인이 찍혀 추방당했던 디오게네스의 고향 시노페 시에서도 그의 기념비를 세워서 그를 칭송했다. 그는 죽기 전에 다음과 같은 유언을 남겼다.

"형제들에게 폐가 되지 않도록 내 시신을 강에 던져라. 아니면 들짐승이 먹을 수 있도록 땅에 묻지 말고 산에 버리거나 구더기 밥이 되도록 도랑에 버려 달라."

더 읽어 볼 책
프랑수아즈 케리젤, 〈디오게네스의 햇빛(1999)〉
조재선, 〈세계 역사를 뒤흔든 인물 오류사전(2003)〉

라마단
....

이슬람의 라마단은 왜 매년 바뀌는 것일까?

라마단(Ramadan)은 아랍어로 '더운 달'을 뜻하는 9월을 의미한다. 천사 가브리엘이 마호메트(Mahomet)에게 코란을 가르친 신성한 달로 여겨, 이슬람교도는 이 기간 일출에서 일몰까지 의무적으로 금식하고, 날마다 다섯 번의 기도를 올린다.[1] 다만 여행자 병자 임신부 등은 금식이 면제되는 대신, 후에 별도로 수일간 금식해야 한다. 이러한 습관은 유대교의 금식일(1월 10일) 규정을 본떠 제정한 것인데, 624년 바두르의 전승(戰勝)을 기념하기 위하여 이 달로 바꾸었다.[2]

이 기간에는 해가 떠 있는 동안 음식뿐만 아니라 담배, 물, 성관계도 금지된다. 단식의 의미는 가난한 자의 배고픔을 이해하고 단식을 통하여 절약된 양식과 물질을 가난한 자에게 희사하여 공동체 속의 분배의 정의를 실천함에 있다.

---

1 마호메트가 이슬람력 9월을 금식의 달로 정한 이유는 이 달 중에 '코란'이 내려
졌기 때문이라고 한다. 이 첫 계시가 내린 밤을 '결정의 밤'이라고 하는데, 학
자들은 대체로 9월 27일로 보고 있다.

2 이스라엘 백성들이 이집트에서 벗어난 것을 기념하여 모세의 명에 따라 금식
을 하는 것을 보고 마호메트는 이 날 하루를 금식일로 정했다.

라마단의 마지막 10일간은 최고로 헌신하는 시간으로, 이슬람 교도들은 그 기간 사원 안에서 머물게 된다. 보통 스물이곱 번째 되는 날을 '권능의 밤'이라고 하여 밤새워 기도한다. 라마단이 끝난 다음날부터 '이드 알피트르(Eid-al-Fitr)'라는 축제가 3일 동안 열려 맛있는 음식과 선물을 주고받는다.

라마단은 일정한 시기가 정해진 것이 아니라 해마다 조금씩 빨라진다. 이슬람력은 윤달이 없이 열두 개의 태음력으로 이루어져 있기 때문에 태양력보다 11~12일이 적다. 이슬람력은 달의 공전 주기를 반영한 음력의 일종으로, 한 달의 길이는 29~30일이다. 따라서 일 년의 길이는 양력보다 10일 또는 11일이 짧으며 라마단은 매년 양력을 기준으로 할 때 10일 정도 빨리 시작된다. 해마다 라마단이 다가오면 최고 종교 지도자가 초승달을 육안으로 관찰한 후 라마단의 시작 날짜를 공포한다. 같은 이슬람 국가라도 교리에 따라 하루 정도 차이가 나기도 한다. 많은 이슬람교도들은 각자의 지역에서 달의 모양을 관찰한 결과를 토대로 라마단을 시작하지만, 지역에 관계없이 메카에서 초승달이 보이는 날짜를 따르는 신자들도 있다.

더 읽어 볼 책
이희수, 〈이슬람(2002)〉

러시아 정교회는
술이 만들어 준 국교였다

9세기 이전 러시아는 오랫동안 통일도 되지 않고 여러 민족이 뒤섞여 살고 있었다. 그 후 북쪽의 스칸디나비아 인들이 러시아에 내려와 이들을 통일시키고 키예프를 중심으로 통일된 나라를 만들었다. 이것이 오늘날 러시아의 기원이다.

러시아가 기독교를 받아들인 것은 945년에 키예프를 통치한 올가 여왕 시대 때였다. 올가 여왕은 콘스탄티노플 대주교로부터 세례를 받고 러시아의 개종을 위하여 노력하였다. 그러나 그의 아들은 어머니의 정책을 반대하여 이슬람교를 받아들이려고 하였다. 이처럼 국교를 둘러싸고 다양한 논쟁이 진행될 무렵 올가의 손자인 블라디미르는 러시아에 적합한 국교를 세우기 위해 세계 각국에 사신을 파견해 각 종교를 조사해 오라는 지시를 내렸다. 유대교를 조사하고 온 사신은 유대인이 아니면 유대교 신자

가 될 수 없다고 했고, 가톨릭 교회를 조사하고 온 사신은 가톨릭의 예식이 너무 단조롭다고 말했다. 그런데 블라디미르는 이슬람에 다녀온 사신으로부터 귀가 솔깃한 소리를 들었다.

"이슬람교도에게는 내세에서 마호메트가 미녀 70명을 주신다고 합니다."

이슬람교의 금주(禁酒)가
러시아 국교의 장애였다

이 말을 들은 블라디미르는 러시아의 국교를 이슬람으로 정하려고 했다. 그러나 그는 사신으로부터 이슬람 계율이 무척 까다롭다는 소리를 전해 들었다. 이슬람의 여러 계율 중에서 무엇보다 그의 마음에 들지 않았던 것은 음주를 금지한다는 조항이었다.

"술은 러시아인의 기쁨이다. 우리는 술을 마시는 것이 낙이다."

러시아인에게 술은 필수품이었다. 매서운 겨울을 넘기기 위해서는 술이 절대적으로 필요했던 것이다. 게다가 어렵게 건국한 국가가 자칫 금주령으로 인해 백성들로부터 원망을 사면 통치하는 데도 어려움이 따를 것은 자명한 일이었다. 그때 마지막으로 콘스탄티노플에서 정교회의 소피아 성당을 보고 돌아온 사신이 이렇게 말했다.

"우리는 그 곳이 천상인지 지상인지 분간할 수 없었습니다. 지상에서는 이보다 더 웅장한 광경을 볼 수 없을 정도로 너무 아름다웠습니다."

그래서 블라디미르는 정교회를 국교로 삼게 되었다. 이처럼 러시아 정교회는 왕권을 바탕으로 성장하였고 화려한 건물과 장엄한 예식을 자랑하였다. 하지만 왕권이 타락하면서 러시아 정교회 역시 그 책임의 일부를 지게 되었다. 20세기 초 볼셰비키 혁명은 러시아의 황제를 무너뜨렸고, 동시에 정교회도 몰락시켰다. 왕권의 몰락과 함께 정교회도 몰락한 것이다.

더 읽어 볼 책
이무열, 〈한 권으로 보는 러시아사 100장면(1998)〉
가일스 밀턴, 〈수수께끼의 기사(2003)〉

런던탑
....

런던탑의 까마귀가 사라지면
영국은 망한다?

영국의 런던탑은 11세기부터 17세기까지 약 500년 동안 국왕을 배신한 자를 가차없이 처벌하던 악명 높은 곳이었다. 중세 시대 이곳에서 자행되던 처형 방법은 실로 잔혹하기 이를 데 없었다. 1483년 리처드 3세가 어린 조카들인 에드워드 3세의 두 아들을 이곳에 가두었다가 비밀리에 죽였다. 이 탑의 반대편 템스 강 쪽에는 유명한 처형자의 문(Traitors Gate)이 있고 내성으로 들어서면 화이트 타워(White Tower)와 헨리 8세의 두 부인인 앤 볼린과 캐서린 하워드가 처형된 잔디밭이 있다. 추기경 토머스 월시는 이곳에 유폐되자 헨리 8세에게 보낸 편지에서 자신이 고통 없이 죽을 수 있게 해달라고 애원했을 정도로 고문 수법이 잔혹했다. 월시의 편지는 지금도 런던탑에 전시되어 있다.

런던탑 마당에는 이 탑의 귀하신 몸인 까마귀가 있는데, 찰스

2세 때부터 이 탑에는 희한한 전설이 전해져 오고 있다.

"런던탑에 살고 있는 까마귀가 사라지게 되면 탑이 붕괴되고 영국도 멸망해 버린다."

이런 전설을 믿고 있었던 찰스 2세는 런던탑에 있는 까마귀들이 제국의 몰락을 지켜 주는 성조(聖鳥)로 여겼다. 그래서 까마귀들이 날아가지 못하도록 날개를 잘라 죽을 때까지 런던탑에 살게 했다. 까마귀들은 오래도록 런던탑에서 '행운의 심벌'로 살아왔는데, 제2차 세계대전 때는 독일군 폭격에 놀라 그만 모두 죽고 말았다. 현재 런던탑에 살고 있는 까마귀들은 제2차 세계대전이 끝난 후 영국 정부가 1946년에 다시 풀어놓은 것이다.

성 안에는 항상 여섯 마리 이상의 큰 까마귀가 사육되고 있으며, 날개 잘린 큰 까마귀를 돌보는 것도 관리인의 중요한 임무 중 하나이다. 영국 정부는 런던탑의 까마귀가 죽으면 새로운 까마귀를 사육해 지금까지 명맥을 유지하고 있다.[1]

더 읽어 볼 책
모리타 지미, 〈요정과 전설의 섬 브리튼으로의 여행(2002)〉
나쓰메 소세키, 〈런던탑(2004)〉

---

[1] 영국 정부는 지난 2006년 유럽에 조류 인플루엔자(AI)가 확산되고 있을 때 런던탑 까마귀의 안전을 보호하기 위해 대형 새장을 설치했다.

천재 언어학자가
4천 년 이집트의 수수께끼를 풀다

과학의 힘만으로는
이집트의 상형문자를 해독할 수 없다.

드 사시 De Sacy, 프랑스의 동양학자

1799년 이집트 정복에 나선 나폴레옹 군대는 로제타 강(나일 강의 입구)에서 인류 문명의 비밀을 밝혀 줄 위대한 돌을 발견하였다.[1] 단단하고 결이 고운 검은 빛의 현무암에는 각기 다른 세 가지 글자가 새겨져 있었다. 이집트의 상형문자와 일반 문자, 그리고 그리스 문자였다. 그리스 문자를 번역해 보니 기원전 196년에 이집트 신관(神官)들이 프톨레마이오스 5세의 공덕을 찬양한 글이었다. 프랑스 원정대는 직감적으로 이 의문의 돌이 인류 문명의 열쇠를 풀어 줄 것이라고 예상했다.

---

1 이집트 로제타(Rosetta) 마을에서 프랑스 나폴레옹 원정대의 한 병사가 참호를 파다가 이 돌덩어리를 발견하였다. 발견된 장소의 이름을 따서 로제타석이라고 한다. 로제타석은 프랑스군이 1801년 알렉산드리아 전투에서 영국군에 패해 빼앗겨 현재 대영박물관에 보관되어 있다.

그런데 한 가지 난처한 문제가 생겼다. 돌 위에 새겨진 그리스 문자는 해독이 가능했으나 그림 문자의 뜻은 해석이 불가능했다. 언어, 역사, 고고학을 연구하는 학자들은 이집트 상형문자가 뜻 글자라고 못 박고 거기서부터 실마리를 찾으려고 했다. 그러나 이 문자를 해독하기 위해 20년이 넘도록 고고학자들이 달라붙었지만, 이 글자에 담긴 비밀은 풀리지 않았다. 그로부터 23년이 지난 후 로제타석에 새겨진 그림 문자는 프랑스 천재 언어학자 샹폴리옹(Champollion)에 의해 풀렸다.

샹폴리옹은 어렸을 때부터 머리가 아주 뛰어나 그를 가르칠 사람이 없었다. 그는 어렸을 때부터 도서관과 연구소에 파묻혀 인도의 산스크리트어와 아랍어, 페르시아어, 시리아어, 중국어 등 여러 언어에 능통했다. 이 천재 소년의 뛰어난 지능에 탄복한 한 학자는 이집트 원정길에 갔다가 가져온 유물들을 그에게 보여 주었다.

이집트의 찬란한 문화를 밝혀 줄 위대한 유산

어린 소년은 파피루스와 돌에 새겨진 상형문자를 보자, 그 비밀의 열쇠를 푸는 것이 자신의 평생 과업이 될 것이라고 여기고 이집트 상형문자를 푸는 데 온 힘을 쏟았다. 샹폴리옹은 로제타석의 사본과 그 뒤 필라에서 발견된 오벨리스크의 이집트어 텍스트를 그리스어 문장과 꼼꼼히 비교해 갔다.

1822년 샹폴리옹은 마침내 상형문자를 푸는 기초 원리를 발표했다. 이집트 상형문자가 기존 학자들이 알고 있던 표의문자(表意文字)가 아니라 표음문자(表音文字)임을 밝혀낸 것이다. 4천 년간 이어진 수수께끼의 실마리가 풀리는 순간이었다. 1822년 9월 14일 샹폴리옹은 27개나 되는 파라오(왕)의 이름을 해독함으로써 이집트 상형문자의 음가(音價)를 모두 밝혀냈다.

　그리스 로마와 짧은 유럽의 역사밖에 모르던 유럽 사람들에게 수천 년이나 앞선 이집트 문화가 던진 충격은 매우 컸다. 유럽이 아직 원시적인 떠돌이 사냥 생활을 하고 있을 때 이집트는 통일 왕국을 이루고 찬란한 문화를 꽃피웠던 것이다. 샹폴리옹의 이집트 문자 해독 이후 찬란한 문명을 이루었던 이집트 역사의 비밀이 서서히 드러나기 시작했다.

더 읽어 볼 책
하인리히 찬클, 〈과학사의 유쾌한 반란(2006)〉
앤드류 로빈슨, 〈문자 이야기(2003)〉

태양왕 루이 14세는
최고의 발레 무용수였다

위대한 무용가란 자신의 테크닉이 아닌,
그 안의 열정에 의해서 위대함이 평가된다.
마사 그레이엄 Martha Graham, 미국의 무용가

베르사유 궁의 주인 루이 14세는 '짐은 국가다'라는 말로 잘 알려진 절대군주의 대표적 인물이다. 그는 발레에 대한 열정이 대단했고, 정작 자신도 17세기의 유명한 무용수이기도 했다.

루이 14세가 발레와 인연을 맺게 된 것은 5세 때, 왕위에 즉위하면서부터였다. 5세에 왕위에 오르긴 했으나, 허수아비에 불과한 자신의 처지를 일찌감치 깨달은 루이 14세는 매일 무용 수업을 받는 것으로 소일거리를 삼았다. 하루에 세 시간에서 다섯 시간 정도 무용 연습을 했다. 그 뒤 정식으로 궁정 무용을 통해 발레를 배운 그는 1656년에는 2개월 동안 무려 일곱 편의 가면극과 발레에 출연하기도 했다. 1670년 무용을 그만두기까지 루이 14세는 무려 스물여섯 편의 발레에서 주역 무용수로 활동했다.

또한 루이 14세는 발레를 정치적으로 이용한 왕이기도 했다.

그는 베르사유에 호화찬란한 대 궁전을 짓고 귀족과 왕족들을 불러들여 매일 사치스러운 연회와 공연을 열었다. 그는 왕권을 위협할 수 있는 귀족과 왕족들을 유흥에 빠지게 하고 왕의 절대적 힘을 보여 주기 위해 끊임없이 무도회를 열었다. 귀족들에게는 사치와 낭비에 젖게 하여 세력을 약화시키고 자신에게 주어진 왕권은 더욱 강화시키려는 의도였던 것이다.

화려한 무도회를 열어
귀족 세력의 힘을 약화시켰다

각종 연회와 공연에 참가한 귀족들은 점점 가난해졌고, 그럴수록 왕에게 잘 보이려고 비굴한 모습을 보였다.

루이 14세는 무도회를 여는 것에 그치지 않고 자신이 직접 출연하기도 했다. 그는 화려하게 장식한 큰 태양이 수놓인 엄청난 무대 의상을 입고 등장해 직접 귀족과 왕족들 앞에서 춤을 추곤 했다. 이런 강렬한 인상이 그를 태양 같은 절대 권력을 휘두르는 왕으로 인식되어 후대에 '태양왕'이란 별명을 얻게 되었다. 더욱이 그는 춤을 잘 추기도 했지만 진심으로 춤을 사랑했다. 권력 과시의 수단으로 진정한 춤을 즐기면서 한편으로는 음악 아카데미보다 먼저 왕립 무용 아카데미를 세우고, 체계적인 발레 교육을 위해 적극 투자했다.[1] 오늘날의 극장 형태인 프로시니움 아치형 무대를 만들어 발레를 궁중 무도회장에서 극장으로 옮겨 공연한 것도 이 무렵부터였다. 극장이 생기면서 시민들도 발레를 볼 수 있는 시대가 온 것이다.

더 읽어 볼 책

제환정, 〈불멸의 춤, 불멸의 사랑(2002)〉
수잔 오, 〈발레와 현대무용(2004)〉

---

1 루이 14세는 '왕실음악 무용 아카데미'를 1672년에 설립하여 발레 테크닉을 개발시키고, 발레 용어들을 정리하여 학문적으로 정착시켰다.

종교개혁가 루터의 아내는 수녀였다

성직자는 훌륭한 인물로서 한 여인의 남편이어야 한다.
그러나 기독교 권력에 탄압을 받은 탓에 결혼을 하는 데는
큰 용기가 필요하다.

마틴 루터 Martin Luther, 독일의 종교개혁가

교회의 부패를 공박한 마틴 루터의 95개 조항은 프로테스탄트
개혁을 촉진시켰다. 그의 사상과 저술에서 비롯된 종교개혁 운동
은 개신교를 낳았으며, 사회 경제 정치 사상에 커다란 영향을 끼
쳤다. 그리고 기존 로마 가톨릭에서 금지한 성직자의 결혼을 촉
발하는 계기도 되었다.

16세기 종교개혁의 열풍은 독일뿐 아니라 유럽 전체를 휩쓸었
다. 이런 격변을 치르는 가운데 유럽 여성의 지위는 예전보다 상
당히 나아졌다. 중세 가톨릭 교회는 여성을 '악마의 친구'로 치부
했으나, 개신교는 여성을 '가정에서 남편의 신앙심 깊은 동료'로
여겼다. 이런 인식을 심어 준 사람이 바로 종교개혁가 루터 부부
였다.

루터는 가톨릭으로부터 파문당한 이듬해 〈결혼에 관하여〉란

글을 발표했다. 성직자는 당연히 독신이어야 한다는 어리석은 법규에서 하루빨리 벗어나라는 주장을 담은 글이었다.

성직자의 독신 생활이 당연한 일로 여겨지던 당시로선 그야말로 충격적인 주장이었다. 사실 중세 가톨릭은 성직자의 혼인을 철저히 금지했지만, 성직자 중에는 '첩'을 둔 자가 매우 많았고 연애를 하다가 아기가 생겨 고초를 겪는 자도 흔했다.

성직자에게 정식 결혼이 허용되지 않는 것은 '신 앞에 평등'을 가르치는 기독교 정신에 반대된다는 것이 루터의 생각이었다. 또한 루터는 성적 욕망을 무리하게 억제하고 독신을 강요하기 때문에 더 쉽게 타락에 빠진다고 생각했으며, 수도원도 폐지해야 한다고 주장했다. 이런 생각을 가지고 있던 루터는 42세의 나이인 1525년 6월 네 명의 증인 앞에서 결혼식을 올렸다. 그의 아내는 당시 24세의 수녀인 카타리나 폰 보라(Katharina von Bora)였다.

수녀원에서 도망친 여인과
결혼식을 올리다

수녀원은 본래 신앙 생활을 원하는 여성들이 가는 곳이었다. 하지만 그 무렵 유럽의 수녀원은 여성들의 은둔 장소 혹은 유배지나 다름없었다. 가난해서 생계를 이을 수 없거나 가족에게 버림받은 처녀, 혼기 놓친 노처녀, 남편 잃은 과부 등 수녀원에 모여드는 여성들은 별별 사람이 다 있었다. 카타리나도 그중 하나였다. 작센의 몰락한 귀족 집안에서 태어나 어려서 어머니를 잃은 카타리나는 열 살 때 새어머니를 맞은 다음 수녀원으로 보내졌다. 당시 수녀원은 이탈을 허용하지 않았을 뿐만 아니라 수녀의 탈출을 돕는 자는 사형에 처할 수도 있었다.

루터는 어느 날 밤 무려 열두 명의 수녀들을 마차에 태워 탈출시키는 데 성공했다. 열두 명의 수녀 가운데 세 명은 부모에게 돌려보내고 여덟 명은 결혼을 시켰다. 그리고 마지막 남은 수녀 카타리나를 자신의 아내로 맞이했다.

카타리나는 신앙심 깊은 남편에게 협조하고 위안을 주는 충실한 아내였다. 그는 집안을 따스하게 가꾸고 루터가 좋아하는 포도주와 맥주를 항상 빚어 놓았으며, 딸 셋 아들 셋을 낳아 키웠다. 그중 딸 둘은 어려서 죽었다. 루터 역시 아내 카타리나를 사랑했다. 루터가 자신의 결혼 생활을 얼마나 만족스럽게 여겼는지는 그의 글에서 알 수 있다.

"거룩한 결혼 생활은 하나님의 말씀 다음으로 귀한 보물이다. 경건하고 쾌활하며 하나님을 경외하며 가정을 잘 관리하는 아내야말로 세상에서 가장 고귀한 하나님의 선물이다."

카타리나는 종교개혁 시대에 등장한 새로운 여성상의 모범이요, 두 사람이 일군 가정은 종교개혁으로 새롭게 태어난 프로테스탄트 가정의 모델이라 할 만하다. 독일 프로테스탄트들은 가장 행복한 가정의 모습으로 루터가 아이들과 함께 크리스마스 트리를 둘러싸고 성탄 찬송을 부르는 장면을 꼽고 있다.

더 읽어 볼 책
파울 슈레켄바흐, 〈마르틴 루터(2003)〉
패트릭 콜린슨, 〈종교개혁(2005)〉

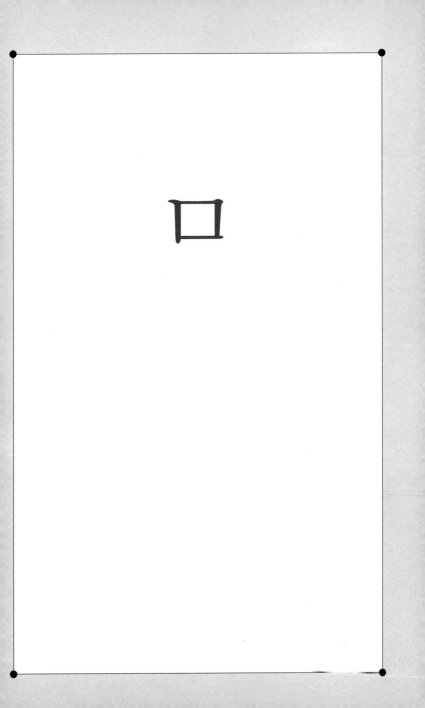

마리 앙투아네트

마리 앙투아네트는
단두대 앞에서도 품위를 잃지 않았다?

나는 사형을 언도받았다. 그러나 그것은 부끄러운 죽음이 아니다.
부끄러운 죽음이란 오직 범죄자에게만 내려지는 것이다.
마리 앙투아네트 Marie Antoinette, 프랑스 루이 16세의 왕비

루이 16세의 왕비 마리 앙투아네트는 국가 경제를 어렵게 하고
프랑스 혁명의 원인을 제공한 인물이다. 그녀는 멋진 옷을 차려
입고 머리를 손질하는 것으로 하루의 대부분을 보냈다. 프랑스
패션의 선봉장인 왕비가 걸친 옷은 곧바로 도시의 거리에서 유행
을 선도하였다. 당시 프랑스는 왕실의 모든 것이 일반 국민들에
게 공개되었는데, 왕비가 옷을 갈아입는 것과 화장하는 모습까지
도 공개되는 바람에 왕실 앞은 왕비를 보려는 사람으로 항상 붐
볐다.

특히 마리 앙투아네트는 프랑스 혁명이 일어나기 전에 가난한
사람들이 먹을 빵이 없어 굶어 죽어가고 있다는 말을 듣고 "그러
면 케이크를 먹으면 되지"라고 말한 것으로 더 유명해진 인물이
다. 정말로 그녀가 이런 말을 했는지는 분명하진 않으나, 그녀의

차갑고 냉혹한 성격 때문에 후
세에 지어낸 말이라는 게 정설
이다. 하지만 그녀는 정말 매혹
적이고 눈이 부실 정도로 아름
다웠으며, 프랑스 사람들이 가
장 사랑하고 싶어 했던 여성이
었다.

1789년 프랑스 혁명 발발 이
후 혁명군에 의해 포로 신세가
된 루이 16세 일가는 8월 13일
에 탕플 감옥에 모두 투옥되
었다. 1793년 1월 21일 루이
16세가 먼저 처형되었으며, 그해 8월 1일에 마리 앙투아네트는
콩세르주리 감옥으로 이감된 뒤, 10월 초에 공개 재판을 받았다.
마리 앙투아네트는 반혁명의 혐의로 3일 간 받은 심문 내내 의연
하고 담대한 모습을 보여 사람들을 감탄시키기도 했다. 그녀는
프랑스 혁명으로 사형을 선고받고 형장의 이슬로 사라지는 순간
에도 왕비로서 품위를 잃지 않으려고 무던히 애썼다.

사형 집행이 있던 날, 그녀는 평소 아끼던 구두를 신은 채 단두
대로 올라가던 중 그만 중심을 잃고 한 병사의 발을 밟고 말았다.
그러자 그녀는 다시 우아한 자태로 서서 이렇게 사과의 말을 건
넸다.

"어머나, 괜찮으세요? 미안해요, 일부러 그런 게 아니에요!"

괴테는 마리 앙투아네트의 비극을 예언했다

1770년 5월, 50대의 마차를 거느리고 오스트리아의 황녀 앙투아네트는 라인 강변의 국경 마을 스트라스부르에 도착했다. 이곳에서 신부 인도식이 거행되기 때문이었다. 당시 괴테는 스트라스부르의 대학생으로 이 결혼식을 지켜보고 있었다. 그런데 결혼식을 목격하던 괴테는 아주 나쁜 조짐을 느꼈다. 그들의 결혼식은 그리스 신화의 〈왕녀 메디아〉의 이야기를 테마로 한 것이었다. 〈왕녀 메디아〉의 신화 내용은 메디아라는 여인이 자신을 젖혀놓고 왕녀를 아내로 맞이하려는 이어슨에게 복수를 꾸민다는 내용이었다. 이때 이미 괴테는 마리 앙투아네트의 신변에 불행한 운명이 다가올 것이라고 조심스럽게 예감했다고 한다.

국민의 손에 의해서 단두대 앞으로 끌려 나가 목숨을 잃은 비극의 왕비 마리 앙투아네트. 그녀는 왕권주의의 위대한 성녀도 아니었고, 혁명의 '매춘부'도 아니었다. 그녀는 특별히 선을 베풀 힘도 악을 행할 의지도 없는 그저 평범한 여인일 뿐이었다.

더 읽어 볼 책
슈테판 츠바이크, 〈마리 앙투아네트 베르사유의 장미(2005)〉

모차르트의 〈마술피리〉는
프리메이슨의 의식을 반영한 오페라이다

프리메이슨은 나에게 그들을 위한 레퀴엠을 의뢰했지만,
이 곡은 곧 나를 위한 곡이 될 것이다.

모차르트 Wolfgang Amadeus Mozart, 오스트리아 작곡가

모차르트는 불과 12세 때 오페라 작곡을 시작해 일생 동안 20여 곡의 가극을 남겼다. 그의 3대 걸작 오페라라고 하면 보통 〈피가로의 결혼〉, 〈돈 조반니〉 그리고 〈마술피리〉[1]를 꼽는다. 〈마술피리〉는 그가 죽기 두 달여 전에 완성된 작품으로서 모차르트 예술의 집대성이라고 할 수 있다.

모차르트가 〈마술피리〉를 작곡했던 18세기 무렵에는 '프리메이슨(Freemason)'[2]이라는 비밀결사가 전 유럽에 퍼져 활동하고 있었다. 특히 모차르트의 음악은 자유, 평등, 박애로 대표되는 프리메이슨의 정신에 큰 영향을 받았다. 1784년 모차르트는 비밀결

---

1 〈마술피리〉는 1791년 5월부터 시작하여 9월 28일에는 최후의 서곡을 완성했으며, 이틀 후인 9월 30일 빈 교외에 있는 비덴 극장에서 모차르트의 지휘로 초연되었다.

사 단체인 프리메이슨에 가입한 후 같은 단체 사람의 죽음을 애도하기 위해 〈프리메이슨 장송 음악(K.V. 477)〉을 작곡했다. 〈마술피리〉 역시 프리메이슨의 의식에서 영감을 받아 작곡한 오페라로 알려져 있다.

당시 프리메이슨은 고전 음악 전체의 정신적 배경이 되었다. 모차르트 이외에도 하이든, 리스트 등 많은 작곡가들이 프리메이슨에 가입해 활동했다.

모차르트가 죽은 해에 발표한 오페라 〈마술피리〉는 음악과 비밀 의식을 혼합시킨 초대작이다. 오페라 전체에 가득 흐르고 있는 이국적인 신화와 의식, 그리고 이미지들은 〈세토스〉라는 소설에서 차용된 것이다. 그런데 모차르트는 이 오페라에서 프리메이슨 내부의 비밀스런 의식과 상징을 상당히 많이 표현하고 있다. 프리메이슨 조직의 비밀은 매우 엄격하여 외부 사람들은 조금도 눈치 챌 수 없는 것이 많았다. 예를 들면, 비밀결사 의식에는 '노크 세 번'이라는 신호가 상당히 중요하다. 세 번의 노크는 의식이 열리는 무대에 입장하는 신호가 되기도 하고, 정령을 불러내는 주문을 상징하는 것으로 바닥과 벽을 손이나 발로 치는 것을 의미한다. 그런데 모차르트는 참가 의식의 노크 세 번을 〈마술피리〉

---

2 프리메이슨(Freemason)은 로지(Lodge, 작은 집)라는 집회를 단위로 구성되어 있던 중세의 석공 길드에서 비롯된 비밀결사집단이다. 1717년 영국 런던에서 몇 개의 로지가 대로지를 형성한 것이 그 시초이며, 18세기 중엽 유럽 전역으로 확산되었다. 이들은 서로 얽매이지 않고 자유롭게 일한다는 의미에서 프리메이슨이란 이름으로 불리게 되었다.

에서 그대로 악보로 사용하여 입장 신호로 하고 있다. 더욱이 가사에서는 프리메이슨에 참가할 때의 여러 가지 주의 사항과 지켜야 할 마음가짐을 노래하고 있고, 죽음과 재생을 기본으로 한 중요한 입단 의식조차 등장인물의 노래에 그대로 재현하고 있다. 모차르트는 프리메이슨의 의식을 오페라의 소재로 사용하고 스스로 단원이었다는 것을 인정한 탓에 죽기 직전까지 각종 시비에 휘말렸다.

공교롭게도 모차르트는 〈마술피리〉를 완성하고 난 뒤 몇 달 뒤에 사망했다. 또 〈마술피리〉 작곡에 협력했다고 알려진 두 명도 같은 시기에 변사했다. 이런 이유 때문에 후대의 학자 중에는 모차르트가 프리메이슨의 비밀요원에 의해 수은 중독으로 사망했다는 설을 낳게 되었다.

더 읽어 볼 책
로빈스 랜던, 〈1791, 모차르트의 마지막 나날(2006)〉
기류 미사오, 〈뒤바뀐 세계사의 진실(2004)〉

계약을 망친 보험 외판원이
만년필의 역사를 바꾸었다

손으로 글씨를 쓰는 것은 사람을 마음으로 부르는 것이다.

괴테 Johann Wolfgang Goethe, 독일의 작가

만년필이 등장하기 전까지는 펜촉에 깃털이 달린 필기구를 사용하였다. 이 필기구는 문서를 작성할 때 여간 불편한 것이 아니었다. 글을 쓸 때마다 일일이 펜촉에 잉크를 찍어야 했고, 필기구뿐만 아니라 반드시 잉크를 지참해야 했다. 산업혁명이 한창이던 19세기 초 영국에서 금속제 촉 내부에 잉크를 저장하여 강제로 펜 끝으로 잉크가 흘러나오게 만든 만년필이 고안되었다. 그러나 이 만년필 역시 잉크가 자주 흘러나오는 결함을 안고 있었다.

  1883년 뉴욕에서 보험 세일즈를 하고 있던 루이스 워터맨(Lewis Waterman)은 어느 건물주를 간신히 설득하여 빌딩 부지의 중요한 계약을 따냈다. 그는 건물주가 계약서에 서명하도록 당시에 많이 쓰던 깃털 펜을 건네줬다. 그런데 건물주가 서명하려는 순간 펜에서 잉크가 떨어져 계약서가 엉망이 됐다. 당황한 워터맨은 다

른 종이를 가져오려 했지만 그 건물주는 불길한 징조라 며 계약을 취소했다. 건물주 는 경쟁 회사에서 보험을 체 결했고, 화가 머리끝까지 치 민 워터맨은 잉크가 떨어지 지 않는 펜을 만들겠다고 결 심했다. 그는 모든 일을 저버 리고 시골 농장에 들어가 오 직 만년필 개조에만 온 힘을

기울였다. 그래서 만들어진 것이 현대식 만년필이다. 잉크가 새 지 않으면서 금방 종이에 쓸 수 있는 유명한 모세관식 유출의 워 터맨 만년필은 이렇게 탄생했다.

1884년 워터맨은 이 만년필의 특허를 취득하고 뉴욕에서 만년 필 제조회사를 설립했다. 처음에는 연 생산 2백 개에 불과했지만 급속하게 생산 규모를 확대해 3년 후에는 하루 1천 개를 생산하 게 되었고, 유럽에도 대량으로 수출하기 시작했다. 이후 워터맨 만년필은 날개 돋친 듯 팔려나가면서 필기구의 역사를 바꿨다. 워터맨이 개발한 현대식 만년필은 글 쓰는 일을 어디에서나 간편 하게 해결할 수 있다는 점에서 문화의 대중화를 이끈 디자인으로 평가받았다.

1900년대 초반 워터맨 만년필은 세계사를 기록하는 펜으로서 확고한 위상을 지켰다. 1919년 6월 베르사유 조약 때도 워터맨

만년필이 사용되었다. 세계에서 처음으로 대서양 횡단에 성공한 찰스 린드버그도 워터맨 만년필로 비행일지를 작성했다.

더 읽어 볼 책

백정군, 〈열정의 중심에 서라(2005)〉

왕연중, 〈엉뚱한 발상 하나로 세계적 특허를 거머쥔 사람들(2000)〉

만리장성의 벽돌은 밥풀로 붙여진 것이다?

만리장성을 오르지 않고서는 대장부라고 할 수 없다.
마오쩌둥 毛澤東, 중국의 정치가

만리장성은 기원전 7세기경 춘추전국시대에 방성을 쌓은 데서 시작되었다. 초 · 진 · 연나라에서도 북방 흉노족의 침입을 막기 위해 방성을 쌓기 시작했는데 이때 쌓은 장성의 길이는 총 3천 리에 달했다. 만리장성은 진시황이 처음부터 쌓기 시작한 것으로 알고 있지만, 사실 진시황은 기존에 있었던 성을 증축하고 개축한 것이다.

중국을 최초로 통일한 진시황에 이르러서는 30만의 군사와 수백만의 농민을 징발하여 대량의 벽돌을 쌓아 연결함으로써 현재 장성의 원형을 만들었다. 이때 장성의 길이는 1만 2,700리였으며 미터법으로 따지면 6,400킬로미터가 된다.[1] 후에 한나라가 북쪽 흉노를 막기 위해 장성을 더 쌓아 연장하였으며, 명나라에 이르러서는 몽골의 재침입에 대비하여 장성의 확장에 힘을 썼다.

현재 남아 있는 장성의 대부분은 명나라 때 만들어진 것이다.

그렇다면 이 만리장성은 어떻게 지금까지 무너지지 않고 버티고 있는 것일까? 그 비결은 바로 밥풀에 있다. 성을 증축할 때 찹쌀 죽을 쒀서 돌 사이에 발라 세웠던 것이다. 20세기 들어서 만리장성을 보수하던 노동자들은 벽돌에 붙어 있는 접착 물질을 발견했고, 잘 지워지지 않는 이 물질을 파악하기 위해 연구소로 보냈다.

연구소측은 시약 반응과 분광 분석을 통해 의외의 사실을 밝혀냈다. 문제의 물질이 바로 찹쌀과 동일하다는 결과가 나온 것이

---

1 지도상에 나타난 만리장성의 총 연장은 약 2,700킬로미터이나, 실제는 중간에 갈라져 나온 가지를 모두 합하여 약 6,400킬로미터이다.

달에서 육안으로 만리장성을 볼 수 있을까?

'달에서도 유일하게 보이는 지구의 인공 건축물은 만리장성이다' 라는 말이
있다.[2] 중국인들이 가장 자랑스럽게 여기는 건축물의 하나가 바로 만리장성
이다. 과연 이 말처럼 달에서도 만리장성을 눈으로 확인할 수 있을까?

중국 최고의 과학연구기관인 중국과학원의 한 연구팀은 "우주에서 육안으
로 만리장성을 볼 수는 없고, 위성의 원격탐지 기능에 의해서만 만리장성의
영상을 얻을 수 있다"는 결론을 내렸다. 중국과학원 광전자(光電子)연구원
다이창다(戴昌達)에 따르면, 일반인이 평면에서 10미터 크기의 물체를 알아
볼 수 있는 극한 거리는 36킬로미터. 이는 지상 100킬로미터 높이의 우
주에서도 같은 크기의 물체를 인식할 수 있다는 인식과 크게 차이가 나는
거리. 만리장성의 대부분 구간은 그 너비가 2미터 안팎이고, 주요 관문의
성루를 제외한 일반 망대(望臺)와 봉화대라고 하더라도 너비가 5~6미터 정
도라는 사실을 놓고 보면 우주비행사가 우주에서 육안에만 의지해 만리장
성을 인식할 수는 없다는 것이다. 이는 3명의 중국 우주비행사들에 의해서
도 확인되었다.

다. 결국 중국이 최고로 자랑하는 이 위대한 건축물의 기초는 밥
풀인 셈이다.

더 읽어 볼 책

쓰루마 가즈유키, 〈중국 고대사 최대의 미스터리 진시황제(2004)〉

정재승, 〈과학 콘서트(2003)〉

---

2 이 말은 미국의 인기 퀴즈쇼인 제퍼디(Jeopardy)에서 인용되면서 일반 사람들
에게 널리 퍼졌다. 게다가 1969년 아폴로 11호로 달 착륙에 성공한 닐 암스트
롱이 달에서 만리장성이 보인다고 했지만, 이는 그의 말이 잘못 와전된 것으로
판명됐다.

만우절
....

만우절은 왜 4월 1일이 되었을까?

거짓말을 한 그 순간부터 뛰어난 기억력이 필요하다.
코르네유 Pierre Corneille, 프랑스 희곡작가

4월 1일은 만우절(萬愚節)이라고 하여 사람들은 가벼운 농담을 주고받으며 유쾌한 하루를 보낸다. 이 날 속아 넘어간 사람을 4월 바보(April fool)라고 하여 일반적으로 에이프릴 풀스데이(April Fools' Day)라고도 한다.

이런 만우절의 풍습은 어떠한 배경에서 생겨난 것일까?

만우절의 기원은 프랑스에서 생겨났으며, 이는 그레고리력과 관련 있는 것으로 알려져 있다. 일찍이 유럽은 로마 달력에 따라 연중행사를 하는 관습을 이어가고 있었다. 그래서 현행의 3월 25일이 신년이 되고, 그로부터 4월 1일까지는 춘분 축제가 성대하게 거행된다. 축제 마지막 날에는 친한 사람끼리 선물을 교환하는 풍습이 있었다.

1,600년 가까이 사용되었던 율리우스력의 허점이 나타난 것은

16세기 중반의 일이다. 프랑스에서는 1564년에 샤를 9세가 새로운 역법(그레고리력)을 채택, 신년을 지금과 같이 1월 1일로 옮긴다고 선언했다. 그러나 이런 포고 내용이 끝까지 전달되지 못하고 여전히 4월 1일에 선물을 교환하는 사람이 있었다. 신력에 적응한 사람들은 아직 신력조차 모르는 사람들에게 엉터리 선물을 보내고 신년 초대장을 보내면서 온갖 못된 장난을 쳤다. 이것이 만우절의 시작이 되었다.

또 4월 바보를 푸아송 다브릴(Poisson d'avril)이라고 부르는데, 이것은 '4월의 물고기'라는 뜻으로 고등어를 가리킨다. 고등어는 4월에 많이 잡혀 4월 1일에 속는 사람을 '4월의 물고기'라고 하는 설이 있고, 4월이 되면 태양이 물고기자리를 떠나므로 그것이 기원이 되었다는 설도 있다.

더 읽어 볼 책
최내경, 〈프랑스 문화 읽기(2002)〉

맨해튼 섬을
통째로 사들이는 데는 24달러에 불과했다

뉴욕 만(灣)은 1524년 이탈리아의 베라차노가 대서양 항해 중에 발견했다. 1609년 영국의 탐험가 허드슨이 뉴욕 만에 도달하여 맨해튼 섬을 탐험하고, 뒤이어 네덜란드인이 이 섬에 이주하였다.[1]

네덜란드 신대륙 식민지의 초대 총독 피터 미니트는 1626년 이곳을 영유하고 있던 인디언 카나시족으로부터 나이프, 유리구슬 등을 주고 이 섬을 구입했다. 당시 미니트가 인디언에게 주었던 물품 가격은 24달러 정도였다. 이곳에 정착촌을 세운 미니트는 마을 이름을 뉴암스테르담이라 불렀다. 그러나 영국이 이 마

---

1 맨해튼은 인디언 말인 'Manna-hata'에서 따온 것으로 '언덕이 많은 섬(Island of the Hills)'을 뜻한다.

을을 빼앗은 뒤로는 이곳의 이름을 뉴욕이라고 바꿨다.

이 섬의 남단에는 세계 금융시장의 중심가로, 세계 자본주의 경제의 총본산이라 할 수 있는 월가(Wall Street)가 있다. 월가라는 이름의 기원은 네덜란드인이 인디언의 침입을 막기 위하여 쌓은 성벽(wall)에서 유래한다.

월스트리트 이름의 기원에 대해서는 두 가지 설이 있다. 하나는 네덜란드인들이 맨해튼을 사기 위해 인디언에게 준 보석이 가짜 구슬로 판명되자, 화가 난 인디언들이 자주 습격하여 이를 막기 위해 잡목과 진흙으로 2미터 높이의 담을 쳐서 월스트리트가 되었다는 것이다. 다른 하나는 네덜란드 정착인들이 영국군 침략을 예상하고 거주지의 북쪽 방어선에 토벽을 만들었다는 것인데, 실제 전쟁에는 활용되지 않았다고 한다.

그 후 맨해튼은 신대륙의 무역 중심지로 발전했고, 이를 호시

탐탐 노리던 영국인들이 1664년에 총 한 방 쏘지 않고 무혈입성하면서 영국 식민지가 되었다. 영국 왕 찰스 2세는 자신의 동생 요크 공작(Duke of York)의 이름을 따서 지명을 뉴욕으로 바꾸었다. 영국군은 1699년에 월스트리트 토벽을 헐었다.

그 후 월스트리트는 영국군에 대한 미국 독립 저항세력의 본거지가 되었다.

더 읽어 볼 책
케네스 데이비스, 〈미국에 대해 알아야 할 모든 것, 미국사(2004)〉

구텐베르크는
돈을 벌기 위해 '면죄부'를 찍어냈다

> 면죄부로서도 죄를 면할 수는 없다.
> 죄를 면할 수 있는 것은 하느님뿐이다.
> **마틴 루터** Martin Luther, 독일의 종교개혁가

지난 1천 년 동안 인류에게 가장 큰 영향력을 미친 사람과 발명품은 무엇일까? 유럽에서는 주저없이 구텐베르크와 그의 인쇄기를 첫 손가락으로 꼽는다. 구텐베르크의 인쇄술을 통해 인류는 비약적인 발전을 일구어낸 것은 누구도 부인할 수 없다. 하지만 그것은 표면상의 결과일 뿐 애초에 그가 의도한 것은 아니었다. 구텐베르크는 사업가적 기질이 뛰어난 상업성을 추구하는 인물일 뿐이었다. 단지 여러 상황들이 톱니바퀴처럼 맞물려져 그를 시대의 영웅으로 빚어낸 것이다. 그것은 구텐베르크가 인쇄술을 발명하고 성서를 찍어내기까지의 과정을 보면 여실히 드러난다.

구텐베르크가 인쇄술에 집착했던 가장 큰 이유는 돈을 벌기 위해서였다. 그는 인쇄기를 발명하자마자, 곧바로 돈이 될 만한 것을 찾아 나섰다. '면죄부'는 가장 구미가 도는 '상품'이었다. 이것

은 구텐베르크의 인쇄 기술이 종교개혁이나 사회변혁 이념과는 상관없이 철저히 이익 창출에 의한 것이었다. 그러나 면죄부로 재미를 보지 못했던 구텐베르크는 이번에는 성서 출판에 손을 댄다. 당시 성서 출판은 니콜라우스가 10년 동안 주창해 온 개혁 사업이었다.

구텐베르크의 활판 인쇄술은 난산 끝에 세상에 나왔는데, 1455년에 발간된 금속활자본 라틴어 성서의 가격은 800플로린이었다.[1] 하위 성직자의 3년 급여와 맞먹었지만 베끼는 데만 5년에서 20년이 걸리는 필사본보다는 훨씬 저렴했다. 성서의 성공적인 인쇄에도 불구하고 구텐베르크는 큰돈을 벌지 못했다. 결국

구텐베르크는 가톨릭과 개신교의 영웅이 되었다

구텐베르크가 살았던 15세기 유럽은 르네상스의 한복판에 있었으며 종교개혁을 코앞에 두고 있었다. 그리고 구텐베르크의 인쇄술은 이러한 역사의 흐름에서 어마어마한 역할을 담당하게 되었다. 구텐베르크는 면죄부와 성경을 인쇄해서 명성을 쌓았다. 당시는 대량 생산할 인쇄물이라야 이런 종교적인 것들뿐이었다. 이렇듯 초기에 구텐베르크의 인쇄술은 가톨릭의 권위를 강화하는 역할을 했다.

그런데 시간이 지날수록 상황은 정반대로 흘러갔다. 면죄부가 역효과를 일으키고 성경이 대중화되면서 결국 종교개혁이 일어나게 된 것이다. 아이러니한 것은 구텐베르크는 살아서는 구교로부터 면죄부를 다량으로 찍게 하여 총애를 받았고, 죽어서는 신교로부터는 성경을 대량 인쇄할 수 있어서 영웅 칭호를 들었다. 마틴 루터는 구텐베르크의 인쇄술을 두고 '신이 내린 최고의 은총'이라면서 그 덕분에 독일이 로마의 족쇄로부터 풀려날 것으로 믿었다.

재정난과 소송까지 당해 인쇄 기술과 장비를 자본주인 푸스트에게 넘겨야 했다.

구텐베르크 사후 활판 인쇄술은 빠르게 전파돼 1500년에는 260개 도시에서 인쇄기가 돌아가며 지식 혁명을 낳았다. 종교개혁을 촉발시킨 마틴 루터의 '95개조 반박문'도 그의 인쇄술 덕분

---

1 구텐베르크의 인쇄기를 통해 인쇄된 최초의 책은 42행 라틴어 성경이다. 이 인쇄물은 유럽 전역으로 신속히 퍼졌다. 이탈리아에서는 1464년에 최초의 인쇄소가 설립되었고, 베니스는 주요한 인쇄 중심지가 되었다. 구텐베르크 성경은 1760년 추기경 마지랭의 문고에서 발견되었기 때문에 '마지랭 성경'이라고도 한다.

이었다. 성서의 번역 활자본이 나오면서 문맹과 맹목적인 복종이 사라지고 지식 독점구조가 깨졌다.

더 읽어 볼 책

김상운, 〈세계를 뒤흔든 광기의 권력자들(2005)〉

이인식, 〈세계를 바꾼 20가지 공학기술(2004)〉

김현종, 〈유럽인물열전(2002)〉

모나리자의 얼굴에는 왜 눈썹이 없을까?

> 모나리자는 눈썹도 없고 성적 매력도 없어 보인다.
> 그런데도 그녀가 우리를 사로잡는 것은
> 수수께끼 같은 그녀의 미소 때문이다.
>
> **상드** George Sand, 프랑스의 여류소설가

모나리자는 레오나르도 다빈치의 그림 중에 최고의 걸작으로 손꼽힌다. 특히 이 그림은 실존 인물의 초상화라는 점에서 더욱 유명하다.[1] '모나리자의 미소'는 아직도 이 그림의 진위가 분명하지 않아 많은 풍설(風說)을 낳았고, 오늘날도 '모나리자의 수수께끼'는 여전히 베일에 가려져 있어 더욱 신비롭게 보인다.

'모나리자의 미소'에 관해서 두 가지 일화가 전해져 오고 있다. 다빈치는 그녀를 그릴 때 항상 웃기는 제스처를 해 보였다는 얘기가 있고, 또 하나는 그림을 그리는 동안 악사를 불러다가 연주함으로써 그녀를 즐겁게 해주었다는 얘기가 있다. 다빈치는 이

---

[1] 모나리자의 모델은 델 조콘도라는 상인의 부인이라는 것이 정설로 알려져 있으나 최근에는 나폴리 왕의 손녀이자 밀라노 공작의 미망인이었던 아라곤의 공작부인 이사벨라(Isabella)라는 주장도 있다.

미소를 그리기 위해 악사와 광대를 불러 부인의 심기(心氣)를 항상 즐겁고 편안하게 함으로써 정숙한 미소를 머금은 표정, 편안한 손 등 신기(神技)를 표현할 수 있었다고 한다. 당시 이 그림의 모델은 아이를 잃어 매우 우울한 상태였다고 하나, 확실하게 입증된 바는 없다.

그런데 이 그림을 자세히 살펴보면 모나리자의 얼굴에는 눈썹이 없는 것을 발견할 수 있다. 현대에 와서도 이 그림을 상세히 조사한 결과 애초부터 눈썹이 없었다는 것이 확인되었다. 다빈치는 이 그림에 왜 눈썹을 그려 넣지 않은 것일까? 그 이유는 두 가지로 볼 수 있다. 첫째는 르네상스 시대에는 미인의 기준 중에 하나가 넓은 이마였다고 한다. 그래서 여성들 사이에서는 눈썹을 뽑아 이마를 넓게 보이는 것이 유행이었다고 한다. 또 다른 주장은 다빈치가 이 그림을 미완성품으로 남겼다는 것이다. 〈이탈리아 화가열전〉의 전기(傳記) 작가 바사리(Vasari)에 따르면, 이 그림은 다빈치가 4년 동안 매달렸지

모나리자 도난사건에는 피카소도 조사를 받았다

1911년 8월 21일 루브르 박물관에 소장되어 있던 모나리자가 감쪽같이 사라졌다. 박물관을 1주일간이나 샅샅이 뒤졌지만 모나리자를 보관했던 프레임 외에는 아무것도 발견되지 않았다. 이후 박물관 내에 수사본부가 설치되어 수사가 진행되었다. 그 와중에 피카소도 도난사건과 연관된 혐의로 조사를 받았다. 피카소가 친구로부터 2개의 석상을 구매하였는데 그 석상들이 모나리자가 도난당하기 수개월 전에 루브르 박물관에서 도난당한 작품이었던 것이다.

이런 사실을 깨달은 피카소는 작품을 몰래 되돌려주려 했으나 언론에 공개되는 바람에 부득이하게 조사를 받게 되었다. 그러나 피카소는 무혐의 처리되었다. 사건 발생 2년 후 이탈리아인 페루지아가 모나리자를 이탈리아 플로렌스에 있는 갤러리에 판매하려다 검거되었다. 그는 프랑스 박물관으로부터 다빈치가 그린 그림을 되찾아 오려는 애국심에서 범행을 저질렀다고 주장했다. 도난 사건 수사 과정에서 페루지아도 조사를 받았지만, 그는 경찰의 의심을 전혀 받지 않았다.

만 결국 미완성인 채로 끝났다고 기록하고 있다. 모나리자가 미완성 작품이라는 것은 다빈치가 프랑스의 프랑수아 1세의 초청을 받았을 때, 이 미완성의 초상화를 가지고 갔다는 기록이 남아 있다.

더 읽어 볼 책

권용준, 〈명화로 읽는 서양미술사(2005)〉

토마스 다비트, 〈레오나르도 다빈치(2006)〉

모세상의 뿔
....

미켈란젤로의 모세상에는
왜 뿔이 달려 있을까?

아무리 못생긴 대리석 조각도 필요 없는 부분을 잘 깎아내면
다비드와 같은 아름다운 조각상을 만들 수 있다.
미켈란젤로 Buonarroti Michelangelo, 이탈리아의 조각가

미켈란젤로의 유명한 조각 작품인 모세상(像)을 보면 머리에 뿔이
돋아 있는 것을 발견할 수 있다. 미켈란젤로뿐만 아니라 대부분
의 중세 예술가들은 모세를 그릴 때 머리에 뿔이 솟아나 있는 모
습을 그렸다. 그들은 왜 모세의 머리에 뿔을 그려 넣은 것일까?

　이것은 성서 번역에서 찾을 수 있다. 미켈란젤로의 모세상은
모세가 시나이 산에서 내려왔을 때 이스라엘 백성들이 우상 숭배
에 빠져 있는 것을 보고 몹시 분노하고 있으나 매우 억제하고 있
는 모습이다.

　〈출애굽기〉에 보면 "모세가 백성들에게 다가서자 얼굴에서 광
채가 뿜어져 나왔다"는 말이 있다. 여기서 '광채'라는 말은 히브
리어로 garan 혹은 karon인데, 성경이 라틴어로 번역될 때 이 단
어가 horn(뿔)으로 잘못 번역되었던 것이다. 뿔이라는 단어는 히

브리어로 geren이다. 그래서 라틴어로 구약을 번역한 불게이트는 이 부분을 '그 얼굴에 뿔이 돋아나 있었다'라고 번역하였다. 그러나 이런 해석은 본래 의미에 적합하지 않아서 대부분 후대 주석가들은 '모세 얼굴이 빛이 났는데 그 형태가 뿔 모양이었다'라고 해석하게 되었다. 한편으로는 '뿔'을 뜻하는 히브리어에는 '광채'라는 뜻도 있다.

예로부터 동물의 뿔은 공격과 방어 무기로 사용되어 물리적 힘의 상징이 되기도 했다. 또한 사람들은 뿔에 초자연적 힘이 있다고 생각했다. 그래서 고대 메소포타미아 미술에서 신적 존재는 힘의 상징인 뿔을 끼워 넣은 관으로 장식했다. 헬레니즘 시대에도 권력가들은 자신의 초상을 이마에 뿔이 있는 모습으로 메달이나 동전에 새기는 것을 좋아했다. 더군다나 구약성서에서 황소 뿔은 하느님의 힘이나 왕이 백성들을 보호하거나 원수를 물리치는 상징으로 종종 사용되었다.

더 읽어 볼 책
나카마루 아키라, 〈성서의 미스터리(1997)〉

모헨조다로
....

인류 최초의 수세식 화장실은
모헨조다로에 있었다

인류의 문명은 화장실과 함께 시작되었다.
줄리 호란 Julie Horan, 미국의 비교문화 연구가

모헨조다로는 '죽음의 언덕'이라는 뜻으로, 파키스탄의 인더스 강 서쪽 연안인 신드 지방의 라르카나 지구에 있다.[1] 세계에서 가장 오래된 화장실은 인도의 모헨조다로 유적에서 발견되었다. 물론 현대의 수세식 화장실과는 차이가 있지만, 물이 흘러가도록 하고 그 위에 배설했다는 점에서 오늘날의 화장실 원리와 흡사하다.

고대 수메르 문화의 중심지였던 바빌로니아의 유적지인 고도 (古都) 우르 지방에서도 기원전 2200년의 수세 의자식 변기가 발굴되었다. 하수관을 통해 분뇨를 수세용수와 함께 건조한 모래땅으로 스며들게 하는 방법을 써서 강이나 바다를 오염시키지 않고

---

1 모헨조다로는 드리비다인이 세웠지만 지금의 인도인들의 조상인 아리아인에게 밀려 민족과 언어도 사라졌다. 모헨조다로는 사라진 민족의 중심지라 하여 '죽음의 언덕'이라 불린다.

도 처리할 수 있게 했다. 인공 수세식 변기는 영국의 엘리자베스 여왕의 총애를 얻기 위해 존 헤링턴이 고안해낸 것이 최초이다.

인더스 문명의 기초가 되었던 모헨조다로 유적에는, 서쪽의 성채와 동쪽의 시가지가 일정한 규격의 흙벽돌로 세워져 있다. 포장 도로 사이에 배수 시설이 완비된 2, 3층의 주택이 있고, 집집마다 우물이 있으며, 수세식 화장실의 하수는 도로의 배수로와 연결되어 있다.

모헨조다로 유적의 가장 큰 특징은 시가지에 아파트식 건물이 세워져 있다는 점이다. 이것은 노동자의 주택으로 추정되는데, 성채의 밑 기슭에는 시가지가 있고, 주민들의 주택이 큰길 양쪽에 줄지어 서 있다. 도시는 남북으로 주축이 된 큰 통로에 의하여 바둑판처럼 구획되었고, 서쪽의 중앙에는 높게 기단(基壇)을 쌓은

인더스 문명은 왜 멸망했을까?

인더스 문명의 쇠퇴 원인에 대해서 다양한 견해가 나오고 있지만, 넓은 의미에서 '환경변화설'이 가장 유력한 원인으로 꼽힌다. 즉 인더스 하구 부근에서 일어난 땅의 융기와 그로부터 야기된 대홍수, 하천의 유로 변경 등이 도시의 기반을 흔들어 농촌의 생산력을 저하시켰다는 것이다. 또한 대량의 소성 벽돌을 만들기 위해 많은 삼림을 벌채한 것도 주요 원인이었다. 삼림 파괴가 대홍수의 원인을 제공했던 것이다.

성채가 있다.

이 면밀한 도시 계획은 벽돌의 크기나 저울추의 출토에서 볼 수 있는 도량형의 규격화와 함께 철저한 관리가 이루어졌음을 추측하게 한다. 이것은 오늘날 신시가지인 셈이다.

더 읽어 볼 책
줄리 호란, 〈1.5평의 문명사(1997)〉
모리노 다쿠미, 〈고대유적(2001)〉

남북전쟁을 일으킨 주범은 목화 조면기였다

미국의 남북전쟁이 발생하게 된 것은 경제 주도권을 둘러싼 남과 북의 마찰과 노예제도 폐지가 원인이었다. 만약 목화 조면기를 발명한 엘리 휘트니(Eli Whitney)가 없었다면, 남북전쟁은 일어나지 않았을지도 모른다. 왜냐하면 그가 1793년 목화를 솜과 씨로 간단하게 나누는 조면기를 만든 뒤부터 남과 북의 경제 갈등과 노예 문제가 불거졌기 때문이다.

휘트니는 이 발명으로 면 생산에 획기적인 혁명을 일으켰다. 그러나 이 조면기는 남부의 여러 주에서 노예제도를 다시 정착시키는 계기가 되었다. 그 당시 미국 사회는 노예제도가 폐지되는 분위기였다.

1792년 예일 대학을 나온 휘트니는 조지아의 한 농장주에서 가정교사를 하고 있었다. 당시 미국 남부 지방에서 경작되는 목

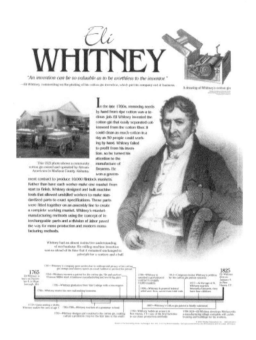

화는 작은 녹색 씨앗에 짧은 면화로 둘러싸여 손으로 두 개씩 뿌리기가 매우 힘들었다. 휘트니는 이곳에서 노예가 목화에서 씨를 빼는 데 10여 시간이나 고생하는 것을 보고 이 기계를 발명할 결심을 하였다. 그리고 여러 번의 시행착오 끝에 수력으로 기계를 움직여 하루에 1천 파운드나 되는 목화를 처리할 수

있는 기계를 발명했다. 이 기계의 발명으로 1792년에는 불과 13만 8천 파운드였던 면 수출이 2년 후에는 160만 파운드로 증가하였다.

미국 남부는 '면의 왕국'이 되었으며, 면은 이제 미국 남부에서는 없어서는 안 될 주요 농산물이 되었다. 그러나 면의 대량 생산과 수출로 인해 남부의 여러 주에서 큰 고비를 넘겼던 노예제도가 다시 부활하는 계기가 되었다. 그때까지 119만 명이었던 노예가 1860년에는 4백만 명으로 늘어난 것이다. 미국의 흑인 노예제도는 조면기의 보급과 함께 전 남부 사회에 퍼졌다. 독립혁명

전에는 담배 생산이 부진하여 노예제도가 일시적인 쇠퇴를 보여 1808년에는 노예 수입을 금지하는 규정이 생기기도 하였다. 그러나 19세기에 들어 목면 재배의 발달로 노예제도의 폐지는 사실상 남부 사회에서는 불가능하게 되었다. 발명가 휘트니는 조면기 사업에서는 큰 재미를 보지 못하고 군수산업에서 큰 성공을 거뒀다. 주요 부품을 규격화하여 만든 그의 소총은 남북전쟁에서 북군의 승리를 이끈 요인으로도 꼽힌다.

더 읽어 볼 책
케네스 데이비스, 〈미국에 대해 알아야 할 모든 것 미국사(2004)〉
피에르 제르마, 〈세계의 최초들(2000)〉

문어

....

게르만 민족은 왜 문어를 먹지 않을까?

음식에는 각 나라마다 고유의 풍습이 있다. 똑같은 음식이라고 해도 이를 즐겨 먹는 나라가 있는가 하면, 금기시 하는 나라도 있다. 힌두교도는 쇠고기를, 이슬람교도는 돼지고기를 종교상의 이유로 먹지 않는다. 우리나라 제사상에도 비늘이 없는 생선은 금기시 되고 있다. 이와 마찬가지로 유럽에서는 문어와 같은 연체류를 먹지 않는 나라가 있는데, 북유럽의 게르만족들이 바로 그들이다.

그들이 문어를 먹지 않는 이유는 기독교의 영향이 가장 크다. 게다가 문어는 주로 온대에서 열대 바다에 걸쳐 분포하고 있기 때문에 북유럽 민족에게는 익숙하지 않고 특이한 생김새와 습성으로 인해 옛날부터 왠지 기분 나쁜 존재로 인식되어 왔다. 그러나 무엇보다도 종교상의 이유가 가장 크다. 기독교의 영향을 미

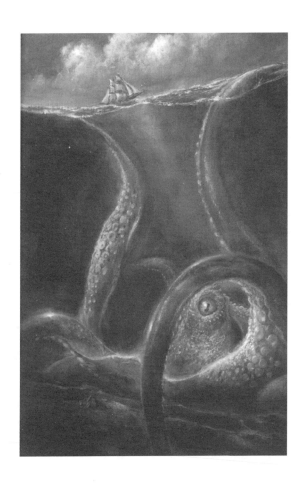

친 유대교의 식생활 규범에는 먹어서는 안 될 음식을 명기하고
있다.

　유대교에서 어류에 대해서는 지느러미와 비늘을 가진 생선 외
에는 모두 금기의 대상이 되었다. 그럼에도 불구하고 기독교인들

은 유대교만큼 엄격하지 않아 뭔가 구실을 만들어 금기의 음식을 파기했다. 특히 게, 새우, 조개 등은 그 맛에 매료되어 일찌감치 금기라는 딱지를 떼버렸다. 그러나 괴상하게 생긴 문어와 오징어 등에 대한 편견은 이전부터 뿌리 깊게 박혀 있어서, 독일이나 영국에서는 혐오의 대상이었다.

기독교에서 부정한 동물로 낙인 찍혀 버린 문어와 오징어는 다리와 빨판 모양 때문에 호색적이고 성깔 있는 동물로 인식되어 왔다. 그래서 데블 피쉬(Devil fish), 즉 '악마의 물고기'라 불릴 만큼 혐오스러운 동물이 되었다. 17세기 이후에는 노르웨이 근해의 북극해 주변에서 출몰한 거대한 문어 모양의 괴물 '크라켄'을 출현시킬 정도로 전락해 버리고 말았다. 크라켄은 천지창조부터 세계의 종말까지 살아 있다는 거대한 괴물로, 긴 촉수로 배를 덮치고 바다로 끌어들이기 때문에 어부들은 이를 매우 두려워했다. 이렇게 해서 오랫동안 이유 없는 차별로 인하여 게르만 민족은 점점 문어와 오징어를 멀리하게 되었다. 이에 반해 스페인, 포르투갈, 그리스 등 지중해 연안에서는 문어와 오징어가 기독교가 침투하기 이전부터 중요한 해산물 중의 하나였다.

더 읽어 볼 책
쓰지하라 야스오, 〈음식, 그 상식을 뒤엎는 역사(2002)〉

샌프란시스코에는
미국의 초대 황제가 있었다

> 노턴 황제는 아무도 죽이지 않았고,
> 아무도 수탈하지 않았으며, 그 어느 누구도 추방시키지 않았다.
>
> 〈샌프란시스코 모닝콜〉 1880년 1월 8일 기사에서

1859년 9월 17일 미국 샌프란시스코에서는 특이한 즉위식이 있었다. 허름한 차림의 한 사내가 스스로 미합중국의 황제임을 선포한 즉위식이었다. 이 사건은 샌프란시스코 신문에 크게 실렸고, 바로 그 날부터 그의 공식적인 재위 기간이 시작되었다. 미국의 황제임을 자처한 인물은 조슈아 노턴(Joshua Norton) 1세였다. 그는 즉위식에서 "미합중국 시민 대다수의 간절한 요청과 소망을 물리칠 수 없어 황제가 되기로 결심했다"고 선언했다. 그로부터 이 사내는 미합중국의 황제답게 정치적이고 사회적인 이슈에 대해 자신의 의견을 내놓았다.

1859년 12월 2일에 노턴 1세는 '칙령'을 선포하여 미합중국의 정부를 해산할 것을 명했다. 이때 버지니아의 주지사를 부정부패의 인물로 지목하고 켄터키의 주지사가 그를 대신하도록 했다.

정부를 해산하라고 한 것은 고위관리들의 부정부패 때문이었다. 이 성명은 샌프란시스코와 인근 시민들에게 큰 호응을 얻었다. 더구나 그는 미국 영토에 만족하지 않고 '멕시코의 보호자'까지 자임하고 나서기도 했다.

어느덧 노턴 1세는 샌프란시스코의 최고 유명 인사가 되었다. 벽에 나폴레옹과 빅토리아 여왕의 초상화가 붙어 있는 우중충한 하숙방이 노턴 황제의 궁성이었다. 오후가 되면 그는 백성들이 경의를 표하는지 일일이 확인하면서 하수구와 버스 시간표를 점검하며 개두 마리를 이끌고 거리를 어슬렁거렸다. 일요일마다 그는 각 교단의 종파가 시기하지 않도록 교회를 바꿔가며 예배에 참석했다. 극장은 그를 위한 특별석을 배려했고 관객들은 그가 입장할 때면 정중하게 예의를 갖추었다. 한번은 원칙을 고집하는 젊은 순경이 그를 체포했는데 전 시민이 경찰의 무지와 폭력에 분노를 터트렸다. 이에 경찰서장은 그의 직권으로 노턴 황제를 석방한 뒤 많은 시민이 보는 앞에서 엎드려 사과했다.

노턴 1세의 가장 충직한 신하는
개 두 마리였다

1861년 남북전쟁이 터지자 그는 깊은 우려를 표명하며 사태를 중재하기 위해 링컨 대통령과 남부연방의 대통령 제퍼슨 데이비스를 샌프란시스코로 소환했다. 그러나 두 사람이 출두하지 않자, 그는 적대 행위를 중단하고 제국의 결정에 따르도록 명령했다.

욕심이 없는 이 황제에게는 부족한 것이 없었다. 그는 결코 지나친 요구를 한 적이 없었으므로 샌프란시스코 시민이 그의 뜻에 따르는 것은 어려운 일이 아니었다. 레스토랑 주인은 그가 주문하는 대로 음식을 내주면 되었고, 그가 가장 총애하는 신하인 개두 마리에게 먹이를 주면 되었다. 다만 한 가지 그에게 아쉬운 점이라면 황후와 황태자가 없다는 것이었다.

과연 노턴 1세의 정체는 무엇이었을까? 그는 1819년 영국계 유대인으로 태어나 남아프리카로 이주했다. 일찍이 상업에 종사해 돈을 모은 뒤 브라질을 거쳐 샌프란시스코로 흘러 들어왔다. 한때 샌프란시스코에서 부동산 투기로 큰돈을 모았지만, 곧 파산해 빈털터리가 되었다. 그리고 갑자기 샌프란시스코에서 사라졌다가 1859년 불쑥 나타나 황제에 등극했던 것이다.

1880년 1월 8일, 그는 캘리포니아 그랜트 에이브 가로 향하던 도중에 급성 심장발작을 일으켜 쓰러졌다. 당시 그의 나이는 70세였다. 이 소식은 〈뉴욕타임스〉지에도 소개되어 미국 전역에 알려졌으며, 이튿날 샌프란시스코의 신문 〈모닝콜〉도 "신의 은총을 받은 미합중국의 황제께서 생애를 끝마치셨다"라고 그의 죽음을 애도했다.

그의 인기는 조문객의 수로도 충분히 헤아릴 수 있었다. 그의 사망일인 1월 8일부터 1월 9일까지 그의 명복을 빌기 위해 찾아온 시민들만 수만 명이 넘었다. 그가 사망한 지 54년이 지난 1934년에 그의 시신은 콜마에 있는 우드론 공동묘지로 이장되었다. 여기에 세워진 대리석 묘비에는 '미합중국의 황제이자 멕시코의 보호자, 노턴 1세'라고 새겨져 있다.

더 읽어 볼 책

스티브 실버만, 〈통통 튀는 이야기〉(2005)〉

위영란, 〈세상에서 가장 유명한 이야기(1999)〉

이집트인들은
미라를 어떻게 만들었을까?

미라를 만드는 풍습은 고대 이집트와 잉카 제국 등에서 성행하였다. 이것은 내세(來世)에 영혼이 잠들 육체가 있어야 한다는 신앙에서 유래된 것으로, 이런 신앙은 이집트뿐만 아니라 전 세계적으로 분포되어 있다. 멕시코나 중남미 지방은 고온(高溫) 및 건조한 온도와 그 밖의 조건으로 천연적인 미라를 만들었다.

그러나 미라가 유독 이집트에서 많이 발견되고 있는 것은 이집트의 건조한 기후가 미라 보존에 적합했기 때문이다. 당시에는 미라 제조업자까지 있어 상당히 번창했던 것으로 알려지고 있다. 기원전 5세기 중반 이집트를 여행했던 그리스 역사학자 헤로도토스는 미라의 제조법을 이렇게 전하고 있다.

먼저 쇠갈고리로 콧구멍을 통해 뇌수를 끄집어내고, 쇠갈고리가 닿지 않은 부분은 약품을 넣어서 씻는다. 그 다음 예리한 에티

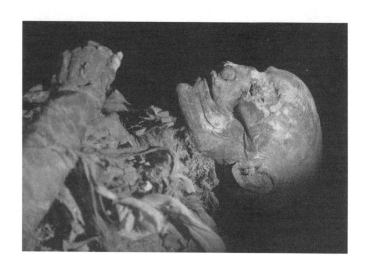

오피아 돌로 옆구리를 절개하고 오장육부를 꺼낸 뒤에 야자유로 깨끗이 씻고 향료로 다시 씻는다. 이어서 순수한 몰약과 계피 및 유황을 제외한 향료로 복강을 가득 채우고 봉합한다. 그런 다음 이것을 천연 소다에 담그고 70일간 놓아둔다. 70일이 지나면 유체를 씻고 품질이 좋은 아마포를 잘라 만든 붕대로 전신을 감싸고 그 위에 이집트인들이 보통 아교 대신 사용하는 고무를 바른다. 그리고 가족이 미라를 인계받아 사람 형태의 목관을 만들어 그 곳에 넣고 봉한 뒤에 묘실 안의 벽 쪽에 똑바로 세워 안치시킨다.

세계에서 가장 오래된 미라는?

'외치'라고 불리는 얼음미라가 세계에서 가장 오래된 미라로 추정된다. 이 것은 1991년 해발 3,200미터 알프스 산맥의 빙하가 녹는 과정에서 발견된 미라로, 발견 지명에 따라 외치라 불린다. 외치는 159센티미터 키에 46세의 남자인데 뼈와 피부로 연대를 측정한 결과 5,300년 전의 석기시대 사람으로 밝혀졌다. 또 미라의 뼈와 근육에서 DNA를 뽑아내 분석한 결과 유럽인의 조상으로 판명되었다.

외치는 염소가죽 풀잎 망토를 입었고 신발을 신었으며 곰가죽 모자를 썼다. 구리 도끼와 함께 돌촉 화살이 든 화살통을 가지고 있었다. 내장에 든 내용물을 2년간 DNA 분석한 결과 두 번에 걸친 식사의 음식물이 밝혀졌다. 산 등성이에서 곡식·야채·야생 염소고기를, 해발 3,200미터 지역에서는 곡식과 붉은 사슴고기를 먹었다. 처음에는 외치가 추위와 굶주림 때문에 죽었다고 예측되었지만, 발견 10년 후인 2001년 X선 촬영에서 왼쪽 어깨 뒤에 깊이 박힌 돌 화살촉이 드러나면서 살해된 것으로 확인되었다.

더 읽어 볼 책

존 말럼, 〈미라(2004)〉

이야기연구회, 〈한 권으로 읽는 세계신화(2000)〉

밀로의 비너스는 황금비율로 만들어졌다

황금비는 신이 만든 예술품이다.

단테 Alighieri Dante, 이탈리아의 시인

밀로의 비너스는 여성미를 가장 아름답고 완벽하게 표현한 것으로 손꼽는다. 이 조각품은 지중해 그리스 연안의 작은 섬 밀로에서 발견되었기 때문에 '밀로의 비너스'라고 불린다.[1] 품위 있는 머리 부분이라든지 가슴에서 하반신을 덮는 옷의 표현은 헬레니즘 문화의 특색을 나타내고 있다. 이 고전적인 자태는 헬레니즘의 극단적인 사실주의에 대한 반동으로, 고전 양식의 부활이라는 당시의 풍조에서 태어난 걸작이다. 또한 밀로의 비너스는 황금비에 의해 만들어진 것으로도 유명하다.[2]

황금비라는 말은 원래 수학에서 나온 말이다. 즉 선분을 둘로

---

[1] 1820년 4월, 에게 해에 있는 밀로 섬에서 밭을 갈던 한 농부에 의해 발견되었다. 발견 당시 이 여신상은 브락시테레스의 원작이라고 알려졌으나, 그 후 연구 결과 기원전 2세기에서 1세기 초에 제작되었으리라는 설이 유력하다.

나누었을 때, 짧은 부분과 긴 부분의 길이의 비가 긴 부분과 원래 선분의 길이의 비와 똑같아지는 경우다. 숫자로 나타내면 약 1.618:1이다. 황금비는 고대 그리스 시대부터 가장 안정적이고 아름다운 느낌을 주는 비율로 인식됐다. 그리스의 파르테논 신전 정면의 폭과 높이의 비율이 바로 황금비다.

밀로의 비너스 상에도 여러 부분에 황금비가 담겨 있다. 배꼽을 기준으로 상반신과 하반신의 비는 1:1.618이다. 상반신만 놓고 보면 머리끝에서 목까지, 목에서 배꼽까지의 길이의 비가 역시 황금비다. 하반신에서는 발끝부터 무릎까지, 무릎부터 배꼽까지 길이의 비가 1:1.618이다. 밀로의 비너스는 대좌를 제외한 전체의 높이가 약 209센티미터이고, 머리는 약 26센티미터이므로 거의 팔등신 상이라 할 수 있다. 미술평론가의 해석에 따르면 이 상의 여러 부분이 5:8(1:1.6=5:8의

---

2 파치올리는 그의 저서에서 황금비를 가장 신성한 비례라고 강조하면서 이 비율이 신에 어울리는 속성을 가지고 있다고 밝혔다. 이 영향으로 레오나르도 다빈치가 자신의 그림에 황금비를 응용하였으며, 르네상스기의 회화와 건축의 대부분은 황금비에 크게 영향을 받았다.

비율)의 비율로 되어 있다. 이 비율이 상 전체의 구성에 있어서 매우 안정감을 주고 있는 것이다. 또한 밀로의 비너스는 몸의 무게 중심을 한쪽 다리에 기울여 나타나는 S자 곡선이다. 이 곡선이 인간의 신체를 가장 아름답게 표현한다는 '콘트라포스토(Contrapposto)'이다.[3]

더 읽어 볼 책
권용준, 〈테마로 보는 서양 미술(2005)〉
김원익, 〈그리스 로마 신화와 서양 문화(2004)〉

---

[3] 콘트라포스토는 이탈리아어로 '정반대의 것'이라는 뜻으로, 미술에서는 '대칭적 조화'를 의미한다.

바벨탑은 실제로 존재한 건축물이었다?

바벨탑이 무너지고 신은 이들로 하여금
다른 언어로 말을 하게 만들었다.
베로수스 Berosus, 바빌론의 역사가

흔히 공상적이고 방대한 사업 계획을 가진 사람을 말할 때 '바벨
탑'이라는 말을 인용하곤 한다. 종교적으로 절대적 존재인 하느
님의 명령을 거스른 인간의 허황된 욕망을 말할 때도 이 말을 쓰
기도 한다.

그러나 바벨탑은 구약성서에 나오는 것처럼 가공의 존재가 아
니라 실제로 존재했던 건축물이다. 바벨탑을 처음 발굴한 사람은
독일의 고고학자 콜데바이(Koldewey)다. 그는 1913년 바빌론을 발
굴하던 중 도시의 중앙에 있는 거대한 탑 유적의 토대에서 기원
전 229년에 새겨진 점토판을 발견했다. 점토판을 해독한 결과 이
탑은 7층이고 그 위에 사당이 설치되어 있었다. 문헌과 고고학자
들의 고증에 의하면 바벨탑을 세우는 데 모두 8천 5백만 개의 벽
돌을 사용했으며, 탑의 정사각형 기저층은 가로 세로 90미터, 탑

의 전체 높이도 90미터 가량이었다. 제1층의 높이는 33미터, 2층은 18미터, 3~6층은 각 6미터였고 탑의 꼭대기에는 15미터 높이의 신전이 있었다. 신전의 벽은 황금으로 꾸며 멀리서도 잘 보일 정도로 휘황찬란한 빛을 발하고 있었다. 이렇

듯 바벨탑의 규모는 다른 건축물보다 훨씬 크다. 이런 거대한 규모를 갖게 된 것은 바빌론이 다른 도시들을 압도할 정도로 거대한 정치, 경제의 중심지였기 때문이다.

역사학자들은 바벨탑을 '지구라트(ziggurat)'의 하나로 보고 있다. 고대 메소포타미아 지역 일대와 현재 이란 땅에 속하는 엘람 지역에는 지구라트라는 거대한 탑이 도시마다 우뚝 솟아 있다.[1] 이 지역에서는 기원전 3천년경의 수메르 시대부터 기원전 5백년경 신바빌로니아 시대에 이르기까지 수백 개의 지구라트가 세워졌다. 지구라트는 이 지역의 수많은 신들을 숭배하기 위한 것으로 추정되는데, 각 도시는 자체의 수호신들을 위해 지구라트를

---

[1] 바벨탑의 건축 시기는 기원전 2천년경에 시작했고, 완성을 이룬 것은 느부갓네살 2세 왕 때인 기원전 7세기경으로 추정하고 있다.

바빌론은 국제 무역의 중심지였다

바벨탑을 말할 때 구약성서를 빼놓을 수 없다. 구약성서에서는 바벨탑이 인간의 오만불손한 행위의 상징처럼 묘사되고, 하나님은 그들의 언어가 서로 통하지 않고 흩어지게 했다고 되어 있다. 이는 역설적으로 보면 당시의 번영하던 바빌론의 상황을 반영한 한 예로 볼 수 있다. 곧 국제 무역으로 번성한 곳이므로 세계 각지에서 다양한 인종이 수도 바빌론으로 모여들었다. 그들은 다양한 언어를 썼을 것이므로 사람들의 말이 서로 통하지 않았다는 것은 이러한 실제 상황이 반영되어 있을 것이다.

구약성서에 따르면 벽돌을 구워 바벨탑을 쌓았다고 나오는데, 이 또한 근거가 있는 얘기다. 바빌로니아 지역은 석재나 목재가 귀한 반면 토사가 흔했다. 이 토사가 축적되어 생긴 축적 평야는 흙벽돌의 좋은 재료가 되었다. 게다가 이 지역에서는 천연 아스팔트가 나왔다. 이것이 벽돌을 쌓는 모르타르로 쓰였다.

최소 하나씩은 세웠던 것으로 보인다.

당시 바빌론의 외곽 둘레의 길이는 16킬로미터에 이르렀고, 폭 27미터에 달하는 도시 내벽을 따라 경계탑들이 서 있었다. 도시 안에는 화려한 궁전이 지어졌고, 한때 세계 7대 불가사의 중 하나였던 '공중 정원'도 성안에 있었다.

더 읽어 볼 책

권삼윤, 〈성서의 땅으로 가다(2004)〉

이용범, 〈1만년 동안의 화두(2000)〉

알렉산드로스 대왕은 왜 바벨탑의 재건을 포기했을까?

> 장대함에 있어서 바빌론을 능가할 도시가 없다.
>
> **헤로도토스** Herodotos, 그리스 역사가

고대 찬란한 문명을 이루었던 바빌로니아의 상징물은 바벨탑이다. 바벨이라는 말은 '신의 문'이라는 뜻으로 그리스인은 이를 '바빌론'이라 불렀으며, 바빌론 시에 있던 메소포타미아 남쪽 지방을 '바빌로니아'라고 불렀다.

알렉산드로스 대왕은 그리스의 폴리스를 평정한 후 그리스인 병사를 이끌고 동방 원정에 나서 기원전 330년 아케메네스 왕조의 페르시아 제국을 정복했다. 그는 원정에 참가한 그리스인을 이주시키기 위해 제국 내에 여러 도시를 건설하고 자신의 이름을 붙여 알렉산드리아로 명명했다. 이 도시들은 그리스 문화를 동방에 전파하기 위한 전진 기지가 되었다. 또한 알렉산드로스 대왕은 이민족의 통치 수단으로서 그리스 문화와 토착 오리엔트 문화의 결합을 시도했다. 그 결과 '헬레니즘'이라 불리는 인류 최초의

세계 문화가 꽃을 피웠다.

이런 알렉산드로스의 마지막 염원 중의 하나는 '바벨탑'의 재건이었다. 바빌로니아를 상징하는 건축물을 재건하여 동방 문화를 흡수한다는 야심찬 계획을 가지고 있었던 것이다. 당시 바벨탑은 알렉산드로스 대왕이 동방을 정복하기 150여 년 전인 기원전 479년 페르시아의 침공으로 철저히 파괴됐다. 알렉산드로스 대왕은 바빌론을 점령하자마자 곧 폐허가 된 바벨탑 재건 착수에 들어갔다. 그러나 천하의 알렉산드로스도 바벨탑 재건을 포기하지 않을 수 없었다. 그에게는 세계를 정복하는 일보다 바벨탑을 쌓아올리는 것이 더욱 거창한 사업이었기 때문이었다. 알렉산드로스는 바벨탑 재건 사업에 1만여 명의 인원을 2개월간 투입한 후 중간에 포기하고 말았다.

바벨탑이 얼마나 큰 규모였는지는 문헌에도 잘 나타나 있다. 그리스 역사학자 헤로도토스는 이중으로 된 바빌론 성벽 위는 네 필의 말이 끄는 마차가 양쪽에서 달려와도 염려할 것이 없을 정도로 넓었다고 전하고 있다. 바벨탑은 바빌론의 수호신 마르두크를 숭배하기 위한 국가적이고도 민족적인 성역이었다. 탑 옆의 마르두크 신전에는 옥좌 위에 순금으로 된 마르두크의 신상이 앉아 있다. 이 신상과 보좌 등의 무게(순금의 무게)는 무려 800달란트(약 22톤)나 되었다고 한다.

더 읽어 볼 책
우르술라 무쉘러, 〈건축사의 대사건들(2005)〉
발레리오 만프레디, 〈알렉산드로스(2001)〉

러시아 건국의 주인은 바이킹이다

바이킹은 해적으로 잘 알려져 있지만, 9세기에는 해양을 주름잡았던 탐험가들이었다. 콜럼버스보다 훨씬 앞서 북미 대륙을 발견했으며, 그린란드와 아이슬란드를 처음 발견한 것도 바로 바이킹이다.

바다의 정복자 바이킹은 지중해의 시칠리아를 정복했고, 영국을 정복하여 노르만 왕조(1066)를 세우기도 했다. 9세기에는 아일랜드 동부를 점령했고, 아이슬란드에 식민지를 건설했다. 스웨덴계 바이킹 족장들은 드네르프 강과 볼가 강이 자리 잡고 있는 슬라브족의 광대한 땅을 다스리는 통치자가 되기도 했다. 이 침략자들은 루스(Rus)라고 일컬어졌는데, 일부 사람들은 바로 그 말에서 '러시아(Russia)'가 유래된 것으로 보고 있다.

러시아의 기원은 오늘날 동유럽의 카르파티아 산맥에서 살던

민족에서 그 기원을 찾을 수 있다. 카르파티아 산맥에 거주하던 초기 슬라브족은 훈족이 아시아에서 유럽으로 몰려와 게르만족을 밀어낼 즈음 각각 동쪽과 남쪽으로 이동을 하고 있었다. 그런데 동쪽으로 이동해 온 슬라브족은 통일이 되어 있지 않고, 부족 간에 싸움만 되풀이하고 있었다. 그래서 이 동부 슬라브족(루시족) 부족장들이 모여 그들 중에서 통치자를 뽑으려고 했다. 그러나 왕을 선출하려던 그들의 계획이 무산되자, 이들은 부득이하게 당시 노르만의 바이킹족에게 친서를 담은 사신을 보냈다. 루시족의 땅은 광대하고 기름지나 다스려 줄 사람이 없어 혼란하니 당신들이 와서 우리를 좀 다스려달라는 내용이었다.

이렇게 해서 이동해 온 바이킹의 사람들 중 일부가 루시족 사람들과 함께 '키예프 공국'을 건설하게 되었다. 그러나 키예프 공국은 몽골 제국의 침공을 받고 그 수도가 몰락하게 되자, 키예프 공국의 귀족들 중 일부가 탈출, 오늘날의 러시아의 수도 모스크바로 이동하여 '모스크바 대공국'을 건설하였다. 바로 이것이 러시아 기원의 기초가 되었다.

더 읽어 볼 책
프란츠 브로스위머, 〈문명과 대량멸종의 역사(2006)〉
이무열, 〈한 권으로 보는 러시아사 100장면(1998)〉
루이스 기번, 〈탐험의 역사(2004)〉

바이킹은 왜 그린란드라는 이름을 붙였을까?

그린란드를 처음 발견한 사람은 전설적인 바이킹인 에릭 더 레드(Eric the Red)이다. 그는 왜 하필 이 섬을 그린란드로 지었을까? 그는 자신이 머물던 곳을 처음에는 '에릭의 땅(Eric's land)'이라고 명명했으나, 이주민을 끌어 모으기 위해 '그린란드(Greenland)'로 개명하였다. 그린란드는 세계에서 가장 큰 섬이며, 세계에서 가장 추운 지역 중의 하나이다. 9세기 말에 이 땅을 발견한 바이킹이 그린란드라 지은 이유는 마치 녹음이 우거진 땅처럼 꾸며서 사람들이 이주하고 싶도록 만들기 위한 것이었다. 그러나 이름이 실상과 전혀 달랐어도 그린란드라는 지명은 고쳐지지 않았다.

번지점프
·····················

번지점프는 성인이 되기 위한 전통 의식이다

번지점프란 문자 그대로 고무로 만든 생명줄을 양다리에 고정하고 다리 같은 높은 곳에서 뛰어내리는 담력 테스트 점프이다. 오늘날의 번지점프는 1979년 영국 옥스퍼드 대학의 모험 스포츠클럽 회원 네 명이 미국 샌프란시스코의 금문교에서 뛰어 내리면서부터 시작되었다. 공식적으로는 1987년 에펠탑에서 뛰어내린 뉴질랜드의 모험가 해킷이 고안했다고 한다. 이듬해 해킷이 해킷-번지 클럽을 결성하면서부터 인기 레저 스포츠로 자리 잡았다.

그러나 번지점프의 최초의 기원은 바누아투 북부의 펜테코스트 섬이다. 펜테코스트 섬의 블라우족 마을은 '나골'의 본고장으로, '나골'이란 수십 미터 높이에서 칡의 일종인 '번지'라는 식물 줄기를 발목에 묶고 뛰어내리는 의식이다.

남태평양 각지에는 옛날부터 색다른 의식이나 기이한 풍속이

168

많았다. '나골' 역시 이런 의식의 일종으로, 성인이 되기 위해 거쳐야 하는 그들만의 전통 의식이다. 바누아투는 남서태평양의 솔로몬 제도와 뉴질랜드 사이의 분포하는 열세 개의 작은 섬들이 모여 이루어진 나라로, 10세 이상의 소년들은 성인이 되려면 다음 같은 통과의례를 거쳐야 했다. 숲에서 베어 온 나무로 마을 광장에 높다란 대를 세우고, 소년들에게 나무줄기로 발목을 묶고 꼭대기에서 뛰어내리게 한 것이다. 이러한 바누아투 소년들의 성인식이 바로 현대 번지점프의 원형이다. 당시에는 이 시험 무대를 무사히 끝내야만 비로소 성인 대열에 낄 수 있는 자격이 주어

한 남자의 슬픈 순애보가
번지점프의 원형을 만들었다

'나골'의 발상에 대해서는 다음과 같은 전설이 전해져 오고 있다. 옛날 한 마을에 혼기가 꽉 찬 다마리에라는 남자에게는 결혼하고 싶은 여자가 있었다. 그러나 그와 결혼이 하기 싫어서 달아나던 여자는 다마리에를 따돌리려고 절벽에서 공중으로 몸을 날렸다. 이것을 본 다마리에는 그녀가 죽은 줄알고 이를 비관하여 자신도 몸을 날려 여자의 뒤를 따라 자살하고 말았다. 그러나 그녀의 자살은 눈속임이었다. 사전에 양다리를 덩굴로 묶어 두었기 때문에 간신히 살아남을 수 있었다. 마을 사람들은 다마리에의 한결 같은 사랑을 가엾이 여겨 이를 기리고자 이 일화를 토대로 훗날 '나골'을 의식화 했다고 한다.

졌다. 이 의식은 감자의 수확기인 4월과 5월의 토요일에 치러지는데, 약 2주간에 걸쳐 의식 준비를 마친다. 이 의식은 해질녘까지 꼭 하루 동안 계속되며, 의식에 참가한 소년들이 모두 무사히 뛰어내리면 마을 사람들은 그 해의 감자가 대풍작이 될 것으로 믿었다.

더 읽어 볼 책
마이클 이, 〈세계의 축제 문화기행(2003)〉

베르사유 궁에는 화장실이 없다?

프랑스 국왕 루이 14세는 무려 20년이라는 세월에 걸쳐 베르사유 궁전을 완성했다. 베르사유 궁의 웅장한 규모와 화려함은 당대 유럽 최고의 궁전을 자랑했다. 이곳에는 각 지방의 영주들까지 살게 하여 약 5천 명이 되는 인원이 궁 안에 거주했다. 그런데 완벽한 이 베르사유 궁에는 이상하게도 화장실이 없었다. 그래서 궁 안의 사람들은 건물의 구석 벽, 바닥 또는 정원의 풀숲이나 나무 밑에서 용변을 해결해 궁 안에는 늘 악취가 진동하고 곳곳에서 돌발 상황이 발생했다. 사실 루이 14세가 파리의 루브르 궁을 버리고 베르사유 궁으로 옮긴 이유도 루브르 궁이 오물로 뒤덮여 더 이상 살 수 없었기 때문이었다. 그 와중에서도 베르사유 궁에서는 하루도 거르지 않고 밤마다 화려한 무도회가 열렸다.

무도회에 참석한 사람들은 화장실이 없어서 부득이 정원의 꽃

이나 잔디를 밟고 용무를 해결할 수밖에 없었다. 이를 보다 못한 궁 관리인이 정원에 출입금지 표지판을 세웠다. 이 표지판을 '에티켓(Etiquette)'이라고 불렀는데, 예의범절을 의미하는 이 말은 바로 여기에서 비롯된 것이다.

　오늘날 아름다움과 높은 품위의 상징으로 알려진 하이힐과 바바리코트도 에티켓의 유래와 그리 다르지 않다. 화장실이 없어서 사람들은 아무 곳에서 용변을 보았기 때문에 땅은 늘 오물로 질퍽거렸다. 그래서 귀부인들은 긴 드레스에 오물이 묻지 않게 하기 위해 하이힐을 신기 시작했다. 바바리코트 역시 오물을 창 밖으로 마구 버리는 당시의 풍습 때문에 이를 피하거나 막기 위해 생겨난 것이었다.

베르사유 궁에는 왜 화장실을 만들지 않았을까?

프랑스 사람들은 훌륭한 건축물에 냄새나는 건물을 지을 수 없다고 생각해서 화장실을 만들지 않았다. 당시 유럽에서는 일반 서민의 집은 물론 귀족의 대저택에도 화장실을 갖춘 경우가 거의 없었다. 잘사는 집에서는 요강을 쓰고, 그렇지 못하면 노상 방뇨하는 것이 17세기 유럽인의 일반적인 배설 문화였던 것이다. 당시 왕을 비롯해 궁전에 사는 사람들은 저마다 전용 변기를 갖고 다녔는데, 루이 14세의 경우 자그마치 26개나 되는 변기를 갖고 있었다고 한다. 화장실이 없었기 때문에 프랑스에는 요강 문화가 발달했고, 이는 숙녀의 필수품이 되었다. 무도회에 참석할 때 여성들은 볼일을 해결하기 위해 커다란 모피 주머니에 휴대용 그릇을 넣고 다녔다. 프랑스에서 향수가 발달하게 된 것도 이런 일과 무관하지 않았다.

더 읽어 볼 책

다니엘 푸러, 〈화장실의 작은 역사(2005)〉

문국진, 〈명화와 의학의 만남(2002)〉

최초의 해부학자는 시체 절도범이었다

장애물이 나를 이길 수 없다.
모든 장애는 굳은 결심 앞에서 항복하고야 만다.
다빈치 Leonardo da Vinci, 이탈리아의 화가

해부학은 인체의 구조를 밝혀내는 기초 학문으로서, 의학의 필수 과목으로 자리 잡은 지 오래이다. 그러나 서양의 중세 시대만 해도 의사가 실제로 인체를 해부하는 경우는 거의 없었다. 기독교적 세계관이 모든 것을 지배하고 있던 시절이었으므로, 시체에 칼을 대는 것을 엄격히 제한하였기 때문이다. 그러한 상황에서 온갖 위험을 무릅쓰고 스스로 인체 해부 실험을 강행하여 근대 해부학의 기초를 닦은 인물이 있는데, 바로 그가 베살리우스 (Vesalius)이다.

베살리우스는 벨기에의 한 대학에서 해부학 교수로 일하고 있었다. 그는 인체 해부를 마음 놓고 할 수 없는 상황에서 모험을 감행하기로 결심하였다. 즉 사형수의 시체를 몰래 훔쳐오기로 한 것이다.

캄캄한 밤, 교수대에 매달려 죽은 사형수의 시신을 업고 연구실로 돌아온 그는 밤새도록 사형수의 시신을 해부하고 그 기록을 노트에 적어놓았다. 베살리우스는 사형수의 시신을 해부한 기록을 바탕으로 화가의 도움을 받아 정확한 그림을 곁들여 1538년에 〈학생을 위한 해부학〉을 펴냈다. 그

이후 베살리우스의 해부학 강의는 아주 유명해져서 대학에서 그는 '탁월한 해부학자'로 인정받았다. 그러나 '마치 산 사람을 해부한 것 같다'라는 학생들의 말에, 교수대에서 사라진 시신의 행방을 찾던 경찰은 베살리우스에게 시체 도둑 혐의를 두기 시작하였다.

그는 곧 모든 짐을 꾸리고 학문의 자유가 있는 이탈리아로 향했다. 유럽의 의학을 선도하던 파도바 의과대학은 베살리우스의 뛰어난 실력을 인정하여 해부학 교수로 임명했다. 이때 인체의 거의 모든 부분에 대한 해부학 지식이 축적되었으며, 오늘날 사용하는 용어들이 이 시기에 대부분 정립되었다

왜 남자와 여자의 갈비뼈가 똑같을까?

베살리우스는 자신의 연구 성과를 집대성하여 1543년 〈인체의 구조에 관하여〉라는 책을 출판하였다. 그러나 이 책은 가톨릭 교회의 맹렬한 공격을 받았다. 교회의 주된 비판은 "인체에는 '넋의 자리'가 있어야 하는데, 베살리우스의 책에는 그것이 없다." "성서에 의하면 아담의 갈비뼈 하나로 이브를 만들었으므로 남자는 여자보다 갈비뼈가 하나 적어야 하는데, 베살리우스의 책에는 남자나 여자의 갈비뼈 수가 똑같다." 오늘날의 관점에서 보면 우습기 짝이 없는 것이지만, 당시에는 이런 이야기들이 통하던 시대였다. 훗날 교회의 성직자들은 베살리우스의 책이 악마가 쓴 것으로, 하나님의 이름을 더럽힌 그를 종교재판에 회부해야 한다고 협박도 서슴지 않았다.

더 읽어 볼 책

존 허드슨 타이너, 〈어둠과 무지를 몰아낸 백 명의 과학자(2003)〉

신동원, 〈의학 오디세이(2007)〉

베토벤은 왜 〈영웅교향곡〉을 나폴레옹에게 바치지 않았나?

나폴레옹은 야망을 이루기 위해
민중의 권리를 짓밟는 지독한 폭군이 될 것이다.

베토벤 Ludwig van Beethoven, 독일의 작곡가

베토벤은 나폴레옹을 열렬히 지지했고 또 존경했다. 코르시카 섬 태생의 일개 포병사관이었던 나폴레옹은 1795년 10월에 대혁명에 참가하여 반란군을 평정함으로써 일약 최고사령관 자리에 올랐다.

나폴레옹은 마침내 이탈리아 원정군 사령관이 되어 연전연승을 거두었다. 베토벤의 눈에는 신출귀몰의 위력을 떨친 나폴레옹이 자유 정신과 인간 해방의 기수로서 새 시대를 예고하는 세기적 영웅으로 보였다. 게다가 1798년 2월 빈 주재 프랑스 대사였던 베르나르토 장군이 베토벤과 개인적 친분을 가지게 되면서, 베토벤의 예술을 높이 평가했고, 베토벤은 베르나르토 장군을 통해 나폴레옹에게 더욱 큰 관심을 가지게 되었다. 이리하여 베토벤은 나폴레옹에게 바칠 필생의 대작 〈나폴레옹 보나파르트〉를

완성하였다. 그러나 1804년 나폴레옹이 황제 자리에 오르자, 베토벤은 다음과 같이 한탄했다.

"나폴레옹도 결국 속물이었군. 그 녀석도 역시 야심을 만족시키기 위해서 민중의 권리를 짓밟고 그 누구보다도 더 지독한 폭군이 되겠지!"

2년이 지나서 출판된 파트 악보에는 〈심포니아 에로이카〉라고 쓰여 있었으며 '한 사람의 영웅에 대한 추억을 기리기 위해서'란 부제가 붙어 있었다. 〈영웅교향곡〉의 처음 제목은 〈보나파르트〉였지만, 나폴레옹이 독재자가 되자 이에 분개한 베토벤은 헌사를 포기하고 제목을 〈에로이카(영웅)〉로 바꾸었다.

이 교향곡의 비공개 초연은 1804년 12월에 로브코비치 후작 저택에서 있었고, 공개 초연은 그 다음 해인 1805년에 이루어졌다. 베토벤은 아홉 편의 교향곡을 작곡했는데 그중 〈교향곡 제3번〉이 바로 나폴레옹에게 헌정할 것을 생각하고 작곡했던 곡이다.

베토벤의 〈장송행진곡〉은 이렇게 태어났다

베토벤과 나폴레옹의 인연은 〈영웅교향곡〉에서 그치지 않았다. 17년 후 나폴레옹이 몰락해서 세인트헬레나 섬에 유배되어 죽었다는 소식을 듣자, 베토벤은 "나는 이런 날이 올 것을 알고 미리 그의 결말에 적절한 음악을 써 두었다"라고 했다. 그것이 바로 〈장송행진곡〉이다.

이 곡은 1805년 4월 7일 빈에서 초연되었을 때 평판이 그리 좋지 않았다. 그 당시 전례가 없던 장대한 음악이었으므로 청중들로부터 큰 공감을 얻지 못했다. 그러나 그 후 이 작품은 강한 개성의 힘과 양식의 균형으로, 당시 주류 음악계에서 벗어난 독창적인 곡으로 평가받았다. 제2악장의 〈장송행진곡〉은 유명인이 죽었을 때 흔히 단독으로 연주되는 일이 많다.

더 읽어 볼 책

메이너드 솔로몬, 〈루트비히 판 베토벤(2006)〉

최영옥, 〈영화속 클래식 이야기(2004)〉

보이콧
....

보이콧은
아일랜드인의 보이콧으로 쫓겨났다

부당한 행위에 저항하는 집단적이고 조직적인 거부 운동을 보이콧(Boycott)이라고 한다. 이 말은 본래 영국의 퇴역 육군 대위인 찰스 커닝햄 보이콧이라는 사람의 이름에서 유래된 말이다.

한 이름 없는 퇴역 장교가 지금도 우리 입에 가끔 오르내리게 된 것은 아일랜드의 독립운동 때문이다. 퇴역한 보이콧 대위는 1873년 메이오 주에 있는 백작 3세의 영지 관리 책임자가 되었다. 1879년 흉작으로 기근이 예상되자 아일랜드인들은 토지동맹을 결성해 지주들에게 소작료 25%를 인하해 줄 것을 요구했다. 그런데 이런 요구를 받은 보이콧은 오히려 소작인들을 내쫓으려고 퇴거 영장을 발부했고, 심지어 경찰을 불러 항의하는 농민들을 몰아냈다. 이에 대해 토지동맹 의장인 아일랜드 민족주의 정치가 찰스 스튜어트 파넬은 소작료 인하 요구를 들어 주지 않는

자들에게 폭력을 쓰지 말고 대신 어떤 접촉도 하지 말라고 지시했다.

이들이 처음으로 목표로 삼은 인물은 악명 높은 관리인인 보이콧이었다. 토지동맹은 그들 나름대로의 방식대로 보이콧에 대항했고 이는 곧 온 세상에 알려지게 되었다. 지역 주민들은 그에게 노동력을 공급하지 않겠다고 결의했다. 또한 그의 땅에서 자란 작물의 수확도 거부했고 그에게 생활 용품을 제공하는 것도 거부했다. 대신에 그들은 보이콧이 모습을 드러내면 그를 공개석상에서 조롱하고 비웃었다. 하인들은 보이콧의 집을 떠났고, 상점은 그에게 빵을 팔지 않았으며, 우편배달부는 그의 집에 편지를 배달하지 않았고, 곡식을 수확할 때가 되어도 일꾼들이 모이지 않았다. 이런 아일랜드 소작농들의 움직임은 이내 전국적으로 확산되었고, 이후 수십 년 동안 비폭력 조직의 전략으로 확고하게 자리 잡기에 이르렀다.

보이콧은 하는 수 없이 멀리 다른 지방에서 일꾼들을 데려다가 7천 명의 군인들의 호위를 받으며 추수를 해야 했다. 결국 아일랜드 소작인들에게 굴복당한 보이콧은 그 해 짐을 싸 아일랜드를 떠나고 말았다.

아일랜드는 이러한 토지 투쟁을 통해 마침내 글래드스턴 내각이 1881년 토지법을 만들게 하는 커다란 양보를 얻어냈다.

더 읽어 볼 책

릭 바이어, 〈서프라이즈 세계사(2004)〉
구동회, 〈세계의 분쟁지역(2005)〉

비키니는
원자폭탄을 실험한 섬에서 따왔다

프랑스의 디자이너 루이 레아드(Louis Reard)는 1946년 6월 23일 처음으로 비키니 수영복을 일반인에게 선보였다. 그가 비키니를 선보이면서 내건 슬로건은 '폭발, 그리고 마지막 한계'였다.

이 비키니라는 명칭은 미국의 원자폭탄 실험이 있었던 마셜 제도의 비키니 섬에서 따온 것이다. 그 이유는 비키니가 사회에 줄 충격이 그만큼 클 것으로 예상했기 때문이다. 비키니라는 작명에서 알 수 있듯이 처음 이 수영복이 공개되자, 핵실험 후 모든 생명들이 흔적을 감춘 비키니 환초의 모습처럼 비키니 발표회는 그야말로 충격이었다. 이미 이런 예상을 하고 있던 루이 레아드는 비키니를 입을 모델을 찾느라 무척 어려움을 겪었다. 제법 이름이 있던 모델은 비키니를 입을 엄두를 내지 못하고 그의 제안을 모두 거절했던 것이다. 당시 최초의 비키니를 입고 등장한 모델

베르나르디니는 파리의 한 카지노의 스트립 댄서였다.

비키니 수영복이 나오기 전까지만 해도 유럽의 수영복은 발목까지 가리는 치마였다. 다리를 노출시키는 것은 사회 통념상 외설로 낙인찍히는 시대였다. 영국의 경우 피아노의 다리마저도 양말을 신겼으며 숙녀 앞에 닭다리를 내놓는 것도 큰 실례였다.

이런 사회 환경 탓에 비키니 수영복이 대중적인 인기를 얻는데는 시간이 오래 걸렸다. 루이 레아드는 이 비키니 수영복으로 특허까지 획득했지만 오히려 여성들의 강한 반발에 부딪쳐 큰 애를 먹었다. 이탈리아와 스페인에서는 초창기의 비키니가 부도덕한 물건으로 취급받아 착용이 금지되었다. 이후 1960년대 들어 현대 산업 사회에 염증을 느낀 젊은 세대들에게 기성 사회에 대한 저항의 수단으로 비키니의 수요가 점차 늘어났다.

더 읽어 볼 책
밸러리 멘데스, 〈20세기 패션(2003)〉
피에르 제르마, 〈세계의 최초들(2006)〉

사마천은 왜 궁형(宮刑)을 택했을까?

내가 치욕적인 궁형을 받고도 참고 견디는 것은,
나의 문장이 후세에 전해지리라는 바람 때문이다.
사마천 司馬遷, 중국 한나라 역사가

사마천(司馬遷)의 〈사기(史記)〉는 역대 중국 정사의 모범이 된 기전
체(紀傳體)의 효시로서, 인간의 역사를 냉엄하게 통찰한 최고의
역사서로 평가받고 있다. 사마천은 주나라 역사가 집안 출신으로
아버지는 태사령(太史令) 사마담(司馬談)이다. 태사령은 천문을 관
측하고 역법을 개정하며 황제의 측근에서 각종 기록을 담당하는
자리였다.[1]

　사마담 역시 역사를 서술하는 데 큰 관심을 가지고 있었다. 사
마천은 이러한 아버지로부터 큰 영향을 받았고, 젊은 시절에는
한나라 전역을 여행하면서 각지의 문물과 역사를 익혔다. 사마천

---

1 〈사기〉의 본래 제목은 태사령 벼슬을 한 사람이 저술한 책, 즉 〈태사공서(太史
公書)〉였다. 오늘날처럼 〈사기〉라는 제목으로 불린 것은 삼국시대 이후부터
였다.

은 그의 나이 36세 때 세상을 떠난 아버지의 뒤를 이어 태사령의 업무에 전념하면서 기원전 104년경부터 본격적으로 역사서 집필에 착수했다.

그런데 사마천에게 뜻하지 않은 일이 벌어졌다. 기원전 99년 흉노 정벌에 나섰던 이릉(李陵)이 흉노의 포로가 되었다. 이릉은 뛰어난 장수였지만 5천 명의 보병 부대를 이끌고 출정했다가 8만이나 되는 흉노의 기마 부대에 포위되었다. 한나라 조정에서는 사로잡힌 이릉에 대한 비난이 빗발쳤지만, 사마천은 이릉을 변호했다. 그러나 사마천은 결국 무제의 노여움을 사서 황제를 무고했다는 죄명으로 사형을 선고받았다.

한무제의 노여움으로 사형을 선고받다

당시 사형에서 벗어나는 방법은 오십만 냥으로 감형 받는 것과 궁형(宮刑, 생식기를 자르는 형벌)을 받아 환관이 되는 것이었다. 죽음과 삶의 기로에서 사마천은 부친의 유언을 따르고 이루지 못한 꿈을 실현하기 위해 궁형을 자청하여 환관이 되었다. 당시 궁형에 처해진 지식인들은 대부분 수치를 견디지 못하고 자살하였으나, 그는 자살하지 않고 끝까지 살아남았다. 죽음보다도 더 잔인

한 형벌에 처해진 사마천은 오히려 예전보다 더 열심히 〈사기〉 집필에 몰두했다. 〈사기〉를 집필하여 후세에 길이 남기겠다는 마음 하나로 치욕을 견디었던 것이다.

사마천은 궁형을 받은 후 3년째 되던 해에 연호가 바뀌어 대사면령으로 옥중에서 석방되었다. 그는 곧 중서령에 임명되었고 〈사기〉의 집필을 계속할 수 있었다. 〈사기〉를 완성하여 후세 사람들에게 전할 수 있다면, 그 치욕을 보상받을 수 있다는 일념으로 대역사서를 완성시킬 수 있었던 것이다.

더 읽어 볼 책

천퉁성, 〈역사의 혼 사마천(2002)〉

아라이 도시아키, 〈반역자(2003)〉

〈서유기〉의 모델
삼장법사는 위대한 번역가였다

차라리 이 험난한 사막에서 죽을지언정
동쪽으로 한 걸음도 물러나지 않겠다.

현장 玄奘 중국 당나라의 고승

〈서유기〉에 등장하는 삼장법사(三藏法師)는 손오공을 거느리고 서
방으로 구법(求法) 여행을 떠난 온화하고 자상한 스님으로 묘사되
고 있다.[1] 하지만 그 모델인 현장(玄奘)은 상당히 건장하며 어떠한
곤경도 견뎌낼 수 있는 강인한 의지력과 놀랄 만큼 방대한 지식
을 갖고 있는 고승이었다.

서역에 가서 불법을 구하던 고승들의 대표적 인물이 당나라 때
의 현장법사이다. 그는 장안의 명찰인 장엄사(藏嚴寺)의 주지직을
사임하고, 부지런히 산스크리트어를 배웠으며, 왕에게 서역에 가

---

1 삼장(三藏)이란 불교 성전인 경장, 율장, 논장에 모두 정통한 사람을 이르는 말
  이며, 법사(法師)란 번역에 능통한 사람을 일컫는 말이다. 중국에서는 인도와
  서역에서 불경을 들여와 한자로 번역하는 일에 종사하던 사람들을 삼장법사라
  고 불렀다.

불경을 구할 것을 끊임없이 요구했다. 당시는 당의 영토가 막 정해진 터라, 사방의 오랑캐로 불안했고 서역의 제국과는 여전히 변경에서 마찰을 일으키고 있었다. 당태종은 당나라 사람이 국경을 넘는 것을 금했고, 위반한 자는 극형에 처했다.

그럼에도 불구하고 26세의 현장법사는 죽음을 무릅쓰고 장안에서 홀로 말을 타고 고독한 장정을 시작했다. 이는 중국 종교사에서 가장 위대한 생명의 출발이었다. 현장은 죽음의 사막과 불타는 산, 눈보라치는 빙하를 건너고 4년째에 이르러 가까스로 인도 나란다에 도착했다. 그는 인도에 머무는 동안 불경에 관한 지식을 두루 습득했으며, 석가모니 성지를 예배했다.

▌죽음을 무릅쓰고 서역의 고독한
▌장정에 오르다

현장은 646년 17년간의 서역 유학 생활을 마치고 장안에 도착했다. 43세에 당나라에 돌아온 그는 당태종으로부터 대단한 환영을 받았다. 당태종은 금령을 어기고 서역에 간 그의 행적을 문제 삼지 않았고, 오히려 낙양에서 장안까지 50만 명이 길 양쪽

에 늘어서 환영하도록 했다.[2]

현장은 귀국한 지 열흘도 채 되지 않아 자은사(慈恩寺)에서 대규모 경전번역 사업을 시작했다. 대반야경 6백 권, 대비파사론 2백 권, 서유식론 등 꼬박 19년간을 번역 사업에 바쳤다. 그 동안 여행견문기로 정리한 〈대당서역기(大唐西域記)〉 12권은 당시 인도를 알 수 있는 매우 중요한 자료로 평가받고 있다. 현장이 번역한 책이 1,300권에 달했으니 이는 인류 역사상 최고의 번역 작업이었다. 그는 불경 하나를 책으로 만드는 데 천여 명의 손을 거칠 정도로 꼼꼼하게 일을 처리했다. 그의 번역물은 거의 완벽하여 흠이 없고 원문의 복제에 가까웠다. 그 당시 취했던 번역이 갖추어야 할 여덟 가지(飜譯八備) 중에 '의역해서는 안 되고 음역해야 하는 원칙'은 오늘날에도 번역의 전범이 되고 있다.

더 읽어 볼 책
중국국제원, 〈중국 상식 역사(2003)〉
남경태, 〈종횡무진 동양사(1999)〉

---

2 역사 기록에 의하면 당시 당의 재상인 방현령(房玄齡)은 문무백관을 이끌고 성에 나가 현장을 맞이했고, 온 장안 사람들이 경축 퍼레이드에 모두 모여 불법의 감화를 깊게 받았다고 전해진다.

설교 대행소

중세 유럽에는
설교를 대신해 주는 대행소가 있었다

중세 유럽 사회에서 사제들은 일반 서민의 생활과 가장 밀착된 사람들이었다. 그러나 그들은 교육을 제대로 받지 못해 지적 능력이 떨어지고, 신학에도 무식하기 짝이 없었다. 당시 사제가 되기 위해서는 시험을 치르지 않고 뇌물을 써서 자격을 얻는 경우도 있었다. 과연 이들이 어떻게 일반 서민에게 설교를 하고 업무를 맡아볼 수 있었을까?

중세 유럽에는 설교를 대행해 주는 곳이 있었다. 그 결과 설교사 조합까지 생겨나고 설교사들은 보수의 많고 적음에 따라 이리저리 옮겨 다녔다. 당시 교회의 건설은 세속 영주가 돈을 대는 경우가 많았고, 이에 따라 영주의 친족이나 심복들이 사제로 임명되었다. 곧 사제는 단순한 성직자가 아니라 마을에 토지를 소유한 세속적인 영주와도 끈끈한 연대를 맺고 있었던 것이다. 이러한 세속적인 사제들은 인간의 영
혼보다는 교회의 수입에 더 관심
이 많았다. 대리 설교사를 고용한
사제들 중에는 의사, 변호사 심지
어는 상업이나 고리대금업에 열
중하는 자들도 있었다. 여기서 재
미있는 일화 하나를 소개한다.

　교회에서 설교를 듣고 있던 서
민들은 종종 놀라운 일을 목격하
곤 했다. 사제의 설교가 절정에
이를 때면 설교단 앞에 놓여 있는 예수상(像)이 조금씩 움직이는
것이었다. 십자가 앞에 놓인 예수의 눈동자가 움직이고 혀가 입
밖으로 튀어나와 서민들은 이런 뜻밖의 광경에 입을 다물지 못했
다. 서민들은 이런 놀라운 현상을 사제의 감동적인 설교나, 하느
님의 대리인다운 영적 체험으로 받아들였다. 그러나 이런 광경은
사제들이 꾸민 사기극이었다. 이 기적의 비밀은 설교단 안쪽에
설치된 페달 장치에 있었다. 예수상의 각 부위가 마치 꼭두각시
인형처럼 용수철 장치로 페달과 몰래 연결되어 있던 것이다. 사
제는 설교 중에 이 페달을 밟아 예수상의 특정 부위를 꿈틀거리
게 하여 서민들의 신앙심을 교묘하게 이용했던 것이다.

더 읽어 볼 책
칼 하인츠 츠어뮐렌, 〈종교개혁과 반종교개혁(2003)〉

영국 성공회는
이혼 금지에 반발하여 탄생했다

엘리자베스 1세가 영국 성공회를 확립하게 된 배경은 엘리자베스 1세의 아버지 헨리 8세로 거슬러 올라간다.[1] 헨리 8세는 죽은 형의 아내, 즉 형수와 정치적인 이유(형수 캐서린이 에스파냐의 공주) 때문에 마음에도 없는 결혼을 했다. 그리고 그 사이에서 메리라는 딸을 얻었다. 하지만 헨리 8세는 아내 캐서린을 멀리하고 시녀인 앤 불린을 더 사랑했다. 헨리 8세는 앤 불린과 결혼하기 위해 로마 교황에게 캐서린과 이혼하게 해달라고 신청했지만, 가톨릭에서는 이를 반대했다. 가톨릭은 이혼을 금지하고 있기 때문이었다.

---

1 성공회라는 명칭은 교회에 관한 신앙고백 가운데 성(聖)과 공(公) 두 자에서 유래한 것이다.

　헨리 8세가 앤 불린과 비밀 결혼을 하기 전까지만 해도 그는 독실한 가톨릭인으로 영국 안의 교회를 보호하고 로마 교황에게 충성을 다하고 있었다.[2] 그러나 헨리 8세가 교황의 명을 거역하고 제멋대로 앤 불린과 결혼하자, 교황은 헨리 8세를 파문시켰다. 이에 헨리 8세는 로마 가톨릭과 인연을 끊고 스스로 교회의 지도자가 되는 영국 교회, 즉 영국 성공회(국교회)를 세웠다. 이런 헨리 8세의 조치에 대해 교회와 수도원이 항의하자, 그는 성공회로 믿음을 바꾸지 않는 자들을 무자비하게 사형에 처하는 등 강압 정책을 폈다. 그 후 에드워드가 왕위에 올랐으나 그는 몸이 약

---

2 영국에 처음으로 가톨릭이 전파된 것은 1세기 중엽으로 추정된다. 596년 로마 교황 그레고리 1세가 어거스틴과 수도사 40명을 영국에 파견한 이후 로마 가톨릭은 정치적으로 영국을 지배하였다.

해 죽고 왕위는 맏딸 메리에게 돌아갔다.

메리는 캐서린의 친딸로, 억울하게 이혼당한 어머니의 운명을 늘 가슴에 간직하고 있었다. 게다가 메리는 철저한 가톨릭 신자였기 때문에 왕위에 오르자마자 그녀는 다시 성공회를 금지하고 가톨릭을 세웠다. 메리 여왕은 성공회를 믿는 이들을 잔혹하게 처형해 '피의 메리'라고 불렸다. 하지만 메리의 가톨릭 정책도 그리 오래 가지 못했다.

메리가 죽고 엘리자베스 1세가 왕위에 오르자, 그녀는 다시 성공회를 부활시켰다. 그녀는 헨리 8세와 앤 불린 사이에서 태어난 딸로, 헨리 8세가 어머니 앤 불린과 결혼하기 위해 국교를 가톨릭에서 성공회로 바꾼 것을 잘 알고 있었다. 그녀는 독실한 성공회 교도였지만, 가톨릭 교도인 언니 메리 여왕의 신교 탄압을 피하기 위해 거짓으로 가톨릭을 받아들였다. 대부분의 대신과 의원들도 엘리자베스와 비슷한 처지였으므로 종교 통일령(가톨릭을 금하고 성공회만 믿음)를 만들어 영국은 11년 만에 성공회로 돌아섰고, 그 후 성공회는 영국 사회에서 뿌리를 내렸다.[3]

더 읽어 볼 책

김상운, 〈세계를 뒤흔든 광기의 권력자들(2005)〉
김상근, 〈세계사의 흐름을 바꾼 기독교 역사(2004)〉

---

[3] 1570년 교황 비오 5세가 여왕 엘리자베스 1세를 파문하자 성공회는 로마 교회와 완전히 갈라섰다.

성모 마리아는
왜 파란색 옷을 입고 있을까?

성모 마리아는 예수와 더불어 많은 화가들의 영감을 주는 모델이다. 그래서 화가들은 자신의 신앙심을 동정녀 성모 마리아를 통해 표현했다. 그런데 유럽 중세 화가들의 그림 속에 나타난 성모 마리아를 보면, 대부분 파란색의 옷을 입고 있는 것을 발견할 수 있다. 마르티니의 〈수태고지〉, 필리포 리피의 〈성모자와 두 천사〉 등 많은 그림 속에 나타난 마리아의 옷은 늘 파란색이다.

화가들은 왜 성모 마리아에게 하나같이 파란색의 옷을 입힌 것일까?

기독교에서는 성모 마리아를 '바다의 별'이라고 부른다. 영어로 바다를 '마린(Marine)'이라 하는 것은 마리아(Maria)에서 유래한 것이다. 기독교에서 '성모' 혹은 '어머니'는 바다의 이미지로 받아들였고, 이에 따라 바다의 색인 파란색은 성모 마리아의 색이

된 것이다. 또한 망토의 파란 색은 '천상 왕국의 여왕'을, 망토 아래에 입은 옷의 붉은 색은 '신의 어머니'를 상징한다. 이로 인해 중세와 르네상스 시대의 그림에서 성모 마리아가 파란색 망토를 걸치는 것은 기독교 미술에서 하나의 전통이 되었다. 간혹 파랑과 빨강이 아닌 다른 색깔이 사용되기도 하지만, 붉은색 옷 위에 파란색 망토를 걸친 모습이 주류를 이루었다.

더 읽어 볼 책
드림프로젝트, 〈세계명화의 수수께끼(2006)〉

토마스 아퀴나스의 시신은
왜 냄비에 삶아졌을까?

하나님의 작품을 묵상함으로써
우리는 하나님의 지혜를 추론해 낼 수 있다.
토마스 아퀴나스 Thomas Aquinas, 이탈리아의 신학자

중세 유럽에는 성인 숭배가 크게 유행했다. 성인 숭배란 기적을 일으킨 사람을 추앙하는 것인데, 사람들은 그 성인과 관계가 있는 유품을 모으려고 애를 썼다. 성인의 신체 일부라든가, 성인이 평소 아꼈던 물품이 손에 들어오면, 이것을 자신의 목숨보다 더 소중히 여겼다. 그런 성인의 유체, 또는 그것에 접촉된 물건을 '성유물(聖遺物, relique)'이라고 한다.

성유물은 성인 숭배의 표상이다. 최악의 전쟁으로 기록된 십자군 전쟁도 성유물의 붐이 본격적으로 일었을 때 시작되었다. 무엇보다 성유물을 손에 넣으려면 전쟁에 참가해야 했다. 유럽 내의 성유물은 서민의 손에 미치지 못했으므로, 이들은 이슬람 지역의 성지에 도착하면 성유물을 구할 수 있다고 믿었다. 십자군에 나가지 못하는 사람은 연줄을 대서 십자군 병사에게 성유물을

가져다 달라고 부탁했을 정도로 열성적이었다.

성유물 중에서도 정통의 성인 유체가 가장 인기가 있었다. 때문에 성인 중에는 묘지 속에서 편히 잠든 사람이 별로 없었다. 옷이 찢기고 손톱이 빠져나가고 머리카락이 뽑히기 십상이었다. 실제로 성녀로 추앙받던 엘리자베스 웅그리가 죽자 수많은 신자들이 몰려와 그녀의 머리카락과 손톱, 심지어 젖꼭지까지 잘라갔다.

로마 가톨릭 교회에서 가장 뛰어난 철학자이며 신학자로 추앙받던 토마스 아퀴나스도 예외는 아니었다. 그가 죽었을 때 제자들은 그의 몸체와 머리를 잘라 냄비에 푹 삶아 버렸다. 유체를 제자들끼리 나눠 가지기 위해서였다. 때문에 성유물이 터무니없이 비싼 값으로 팔리는 경우도 흔한 일이었다.

성유물의 용도는 다양했다. 악귀를 물리치는 부적으로 쓰였고, 병을 고치는 데도 쓰였다. 성유물을 원하는 사람들이 많아지자, 제아무리 성자가 많은 가톨릭 교회라고 해도 그 많은 수요를 당할 도리가 없었다. 따라서 성유물 모조 사업까지 득세했을 뿐만 아니라 그 진위를 놓고 웃지 못할 해프닝까지 벌어졌다. 제4차 십자군이 콘스탄티노플을 점령했을 때 온 유럽인이 가장 기뻐했던 이유는, 당시 콘스탄티노플이 세계 최대의 성유물 생산지였기 때문이었다.

더 읽어 볼 책

도둑연구회, 〈도둑의 문화사(2003)〉

앙리 탱, 〈예언자, 죄인 그리고 성인들의 이야기(2005)〉

소금
....

고대 로마 병사의 월급은 소금이었다

고대 시대는 화폐의 가치 용도가 다양했을 뿐만 아니라 실생활에 필요한 것은 대부분 화폐의 대용 가치로 이용해 왔다. 그 중에서도 가장 자주 사용되었던 것이 쌀, 보리, 밀 등의 곡식 화폐, 즉 '곡화(穀貨)'였다. 곡화 다음으로 화폐로 사용했던 것이 소금이다. 인간에게 필수적인 소금은 얻기가 매우 힘든 것이어서 소금의 생산과 분배 문제는 일찍부터 중요시되어 왔다. 특히 통치자들은 소금을 국가 체계 안으로 편입시켜 국가 재정에 필요한 재원을 확보하고 이를 통해 백성을 통제했다.

소금의 화폐 가치는 고대 이집트까지 거슬러 올라간다. 이집트 왕은 피라미드의 건설에 종사한 사람들에게 노동의 대가로서 소금을 지불했다. 고대 로마 제국에서는 관료나 군인들에게 소금을 살 수 있는 특별 '수당'을 지급했는데 이를 라틴어로 '살라리움

(salarium)'이라고 한다. 급료나 봉급을 의미하는 영어의 '샐러리(salary)'는 살라리움에서 유래한 것이다. 병사를 의미하는 솔저(soldier)의 어원 역시 소금인 솔트(salt)에서 유래된 말이다. 로마 제정시대 때부터 급료를 돈으로 지급했지만, 이를 여전히 살라리움이라고 불렀다. 고대 로마의 제염소가 있는 테베르 강 하구의 마을은 귀중한 소금을 적의 약탈로부터 지키기 위해 병사가 배치되고 그 급여의 일부가 소금으로 지급되었다.

로마의 아우구스투스 황제는 전쟁을 앞두고 소금을 공짜로 나눠주어 민심을 얻기도 했다. 고대 그리스에서는 금과 소금의 가치가 거의 비슷했을 정도로 귀했다. 그래서 소금과 빵의 공식(共食)은 우정과 환대의 표시이고, 때로는 '소금의 교제'를 뜻하는 경우가 있다. 또한 소금은 신(神)과 관계되는 것이기 때문에 질병을 치료하기도 하고 힘을 부여할 수 있다고 믿었다. 고대 로마에서는 미안술(美顔術)에 소금을 사용했는데, 이집트의 클레오파트라는 목욕할 때 소금을 사용했다고 전해지고 있다.

'모든 길은 로마로 통한다'는 소금 운반 길이었다

가장 오래된 도로는 소금 운반을 목적으로 닦였으며, 가장 오래된 도시 역시 소금의 거래를 중심으로 형성되었다. 이처럼 소금은 인간 생활과 밀접한 관계를 맺어 왔다. 로마 제국을 부흥시켰던 토목 기술 역시 소금을 운반하기 위한 길로부터 시작했다. '모든 길은 로마로 통한다'는 말도 티베르 강 하구에서 만들어지는 소금에서 유래한 것이다.

　이곳에서 만든 소금은 이탈리아 반도를 횡단하여 로마를 경유한 뒤 내륙 각지로 운반되었다. 이 소금길을 이탈리아 사람은 '비아 살라리아(via salaria)'라고 불렀으며, 나중에는 원거리 교통로로 이용되어 로마 부흥의 중심이 되었다. 로마 제국의 도로는 강력한 군대의 정복 활동과 함께 뻗어 나갔다. 당시 도로 건설에 자금을 제공하는 일이나 도로에 자신의 이름이 붙여지는 것은 무엇보다도 명예로운 일이었다. 로마 제국 도로의 특징은 튼튼한 토대를 갖고 포장되어 있으며, 직선으로 만들어져 있다. 그 이유는 말이 끄는 전차가 달릴 수 있도록 군대의 시야를 넓게 하기 위해서였다.

더 읽어 볼 책

새뮤얼 애드셰드, 〈소금과 문명(2001)〉
마크 쿨란스키, 〈소금(2003)〉

....

소년 십자군은
노예로 팔리거나 비참한 최후를 맞이했다

우리들은 소년들에게 부끄러워해야 한다.
우리들이 자고 있는 동안 그들은 기꺼이 성지를 해방하기 위해 나섰다.

이노센트 3세 Innocent III, 로마의 교황

십자군 전쟁이 한창인 1212년 여름, 독일과 프랑스에서 수천 명의 소년들이 어른들 못지않은 십자군을 결성했다. 이른바 '소년 십자군'이었다. 그들은 돈독한 신앙심과 사랑을 가지고 있으면 이교도들을 파멸시킬 수 있다고 믿었다. 그들의 참전 동기는 아주 단순하고 순박했다.

소년 십자군은 신으로부터 성지 탈환의 계시를 받았다는 프랑스의 양치기 소년에서 비롯되었다. 열두 살의 양치기 소년은 순례자의 복장을 한 예수에게 빵을 주자, 예수가 프랑스 왕에게 전달하라고 편지를 주었다는 것이다. 이 양치기 소년은 자신이 신으로부터 받은 계시를 주위 사람에게 널리 알렸고, 수천 명의 소년들이 그의 뒤를 따랐다. 처음에는 이들을 반대했던 부모, 성직자, 국왕도 소년들의 굳은 결심을 꺾을 수 없었다. 이들은 이슬람

으로부터 예루살렘을 구원하기로 작정하고, 하늘의 명에 따라 남쪽 바다를 향해 걸었다. 어린이는 물론 여자, 노인, 가난한 사람, 심지어 도둑까지도 그들의 뒤를 따랐다. 어딜 가나 사람들이 그들을 영웅으로서 칭송하며 음식과 돈을 주고 그들의 성지 탈환을 위해 기도했다.

소년 십자군은 프랑스 남부의 마르세유에서 일곱 척의 배를 타고 출발했다. 그러나 소년 십자군의 최후는 비참했다. 마르세유 항에 도착한 그들은 성지까지 공짜로 태워 주겠다는 두 명의 악랄한 상인들의 꼬임에 넘어가고 말았다. 일곱 척의 배 중 두 척은 지중해에서 난파해 전원이 익사했고, 남은 다섯 척은 알렉산드리아 항으로 흘러 들어가 이집트의 노예 시장에 팔려갔다.[1]

그 후 소년들은 대부분 군대나 노예로 팔려서 비참한 운명을 맞이했다. 소년 십자군이 출발한 지 17년 후, 교황은 알렉산드리아의 사르탄과 평화협정을 맺고 불쌍한 아이들을 여러 명 해방시켰다. 그러나 당시 7백여 명의 아이들은 여전히 비참한 노예로 남아 있었다.

더 읽어 볼 책
찰스 맥케이, 〈대중의 미망과 광기(2004)〉
남경태, 〈인간의 역사를 바꾼 전쟁이야기(1998)〉

---

1 훗날 교황 프리드리히 2세는 소년 십자군을 노예로 팔아 넘겼던 악덕 상인들을 교수형에 처했다.

소크라테스는 영원한 백수였다?

> 양처(良妻)를 얻으면 행복할 것이고,
> 악처(惡妻)를 얻으면 철학자가 될 것이다.
> **소크라테스** Socrates, 그리스 철학자

소크라테스의 아버지는 석공이었고 어머니는 산파였다. 당시에
도 소크라테스의 가문은 그리 훌륭한 가문이라고 할 수 없었다.
소크라테스는 젊은 시절에 아버지 곁에서 석공 일을 도왔는데,
그것도 잠시였고 대부분의 생활을 특정한 직업 없이 아테네 여기
저기를 돌아다니면서 주로 얻어먹고 살았다. 잔칫집 같은 데서
먹을 것을 주면 받아먹고, 술을 주면 말술로 마셨다.

그는 언제나 아테네 거리를 맨발로 다녀 '신발장이에게 보복하
는 남자'라고도 불렸다. 길을 가다가 갑자기 생각에 빠지면 사흘
밤낮을 그 자리에 서서 생각에 잠길 때도 있었다. 이 모든 사실이
공통적으로 말해 주는 것은 우선 그가 엄청난 체력의 소유자였다
는 점이다. 사흘 밤낮을 먹지도 자지도 않고 생각했다는 것은 대
단한 집중력을 가졌음을 의미한다. 체력과 집중력은 모든 위대한

업적의 원천이다.

일설에 의하면 소크라테스는 정력이 약해 아내의 욕구불만을 제대로 충족시켜 주지 못해 늘 구박을 당했다고 한다. 소크라테스가 공처가라는 소리는 바로 그의 무기력한 정력에서 비롯된 것으로 알고 있다. 그러나 위의 글에서도 보듯이 소크라테스는 대단한 정력가였다. 더군다나 소크라테스는 동시에 두 아내를 거느리기도 했다.[1]

그의 아내 크산티페가 소크라테스의 머리에 물을 부었다는 일화는 처자식을 다섯이나 거느리면서 쓸데없는 일에만 신경 쓰고 있는 것에 대한 분노의 표시였다.[2] 즉 그의 공처가 경력은 정력

---

1 소크라테스가 아내를 둘이나 둔 것은 펠로폰네소스 전쟁으로 인해 아테네의 인구가 감소하는 것을 보충하기 위해 민회의 결의에 따른 것이다.

이 약했기 때문이 아니라 수입이 없는 백수였기 때문이었다. 게다가 소크라테스는 죽기 전까지 많은 제자를 두었지만, 그 누구에게도 수업료를 받지 않았다.

더 읽어 볼 책
주쩡린, 〈참 반가운 철학(2001)〉

---

2 소크라테스의 아내는 악처의 대명사로 일컬어지고 있다. 영어에서 '산티페(xanthippe)'는 악처를 뜻하는 말이다.

수에즈 운하
....

최초의 수에즈 운하는
페르시아 제국이 만들었다

수에즈 운하의 해협을 완성한다면 4천 킬로미터나 단축시킬 수 있다.
이는 옛 파라오를 능가하는 작품이 될 것이다.

레셉스 Ferdinand Lesseps, 프랑스의 외교관

수에즈 운하는 총 길이가 162.5킬로미터로 아시아와 아프리카
두 대륙의 경계를 이루는 세계 최대의 해양 운하이다.[1] 수에즈
운하는 프랑스의 외교관이었던 레셉스(Lesseps)가 1859년부터
1869년까지 10년에 걸쳐서 건설한 것으로 알려져 있다.

운하가 완성된 후 이집트 정부가 재정 파탄을 맞아 곤란을 겪
었지만, 1956년 이집트 대통령인 나세르(Nasser)가 수에즈 운하를
다시 인수해 국유화하는 데 성공했다. 그러나 이 운하를 최초로
건설한 것은 고대 이집트인들이다. 고대 이집트 파라오 시대부터
이집트 사람들은 육로가 아닌 인공 수로를 통해 나일 강에서 홍

---

1 이 운하의 개통으로 런던~싱가포르 항로는 케이프타운 경유로 1만 5천 킬로
미터가 줄어들었다.

해로 나아갔다. 나일 강의 지류를 이용한다면 지중해에서 홍해까지 선박으로 이동하는 것이 불가능한 것만은 아니었다.

기원전 14세기경 세티 1세와 람세스 2세의 통치 기간에 이미 '파라오의 수로'라는 운하가 존재했다. 이 수로는 기원전 7세기 초까지 진흙으로 막혀 있다가 제26왕조인 네코 왕이 재개통하려고 했으나 외부의 적이 이 수로로 쳐들어올 가능성이 있다는 제사장의 경고로 중단했다. 그 후 이 운하를 본격적으로 만든 사람은 페르시아 제국의 다리우스(Darius) 1세이다. 다리우스 1세는 이집트와 페르시아 만 연안 국가들과의 무역을 증대시키기 위하여 나일 강과 홍해를 잇는 운하를 건설하라는 명령을 내렸다. 공사를 시작한 지 몇 년 되지 않아 홍해와 나일 강을 연결하는데 성공했다. 이 수로는 7세기까지 아랍으로 가는 중요한 교통로가 되어 백여 년 동안 사용하다가 이슬람교 내분으로 수로를 이용한 곡물 운반이 중단되자 운하는 폐기되었다. 이 운하에는 비문과 조각이 새겨진 다섯 개의 돌기둥이 있었는데 네 개만이 현존하고 있다.

16세기에는 베네치아 상인이 수에즈 지협에 해양 운하를 만들어 포르투갈과 에스파냐의 해운 무역에 대항하려고 했고, 17~18세기에는 프랑스의 루이 14세와 독일의 라이프니츠가 수에즈 운하를 건설하여 영국과 네덜란드의 아시아 무역에 대항하려고 했으나 모두 토목기술이 발달하지 못해 실현하지 못했다.

더 읽어 볼 책
정규영, 〈문명의 안식처, 이집트로 가는 길(2004)〉

수염을 깎지 않는 자에게는
세금을 징수하라

이 세상에서 가장 확실한 것은 죽음과 세금뿐이다.

벤저민 프랭클린 Benjamin Franklin, 미국의 정치가

러시아에서 절대주의를 확립하여 러시아를 강력한 국가로 만든 왕은 표트르(Pyotr) 대제이다. 어린 나이에 황제에 오른 그는 1689년 이복누이인 소피아를 수녀원에 가두고 실권을 장악했다. 표트르는 뒤떨어진 러시아를 발전시키기 위해 유럽에 대규모 사절단을 파견했고, 자신도 하사관으로 신분을 감추고 사절단의 일원으로 유럽 여행을 떠날 정도로 국가 발전에 힘을 쏟았다. 또한 그는 손재주가 매우 좋아 자신의 의자와 식기 등을 직접 만들었을 뿐만 아니라 외과나 치과의사들의 의료기술도 연마했다.

병이 난 왕의 측근들은 그가 수술 도구를 갖고 나타나는 것을 무엇보다도 두려워했다고 한다. 그런가 하면 어릴 적부터 전쟁놀이를 즐겨하던 표트르는 군의 개혁에 힘썼으며, 네덜란드와 영국의 조선소에 직공으로 들어가 몇 개월 동안 직접 조선 기술을 습

득하기도 했다. 이러한 해양 기술에 대한 그의 관심은 향후 러시아 해군력을 증대하는 결정적인 계기가 되었다.

표트르는 러시아를 근대화시키기 위해 여러 가지 개혁을 시도했는데, 그 중 하나가 수염을 깎는 일이었다. 신하들은 물론 자신의 긴 수염도 깎고 동양식의 거추장스러운 옷을 서구식으로 바꾸었다. 그러나 수염만은 깎지 않겠다고 저항하는 사람이 늘어나자, 그는 한 발자국 물러나 수염을 기를 수 있게 하는 대신에 '수염세'를 물리기로 했다. 턱수염을 기른 사람에게는 무려 100루블에 달하는 세금을 부과했고, 또 구레나룻을 기르려면 성문을 지날 때마다 통행세를 내야 했다. 세금을 내기 싫어하는 러시아인들은 그제야 수염을 깎기 시작했다.

17세기 영국에서는 '창문세'가 있었다

17세기 영국의 초대 총리인 월폴은 벽난로가 설치되어 있는 귀족들의 호화주택에 무거운 세금을 부과했다. 처음에는 호화주택의 기준을 벽난로가 설치된 것으로 구별했으나, 이를 잘 살필 수 없어서 큰 집일수록 창문이 많을 것이라 생각하고 부유세의 일종으로 '창문세'를 부과하였다. 그러나 창문세가 도입되자마자 국민들이 이 세금을 내지 않으려고 창문 없는 집으로 개조해 버렸다. 그래서 국가는 세금을 징수하지도 못하고 국민들은 햇볕이 들지 않는 집에서 사는 불편을 겪었다.

또한 18세기 중엽 프랑스에서는 루이 15세 때 재정을 확보한다는 명분으로 사람들이 호흡하는 공기에까지 세금을 부과했다. 국민들의 강력한 반발에 부딪쳐 법안 책임자는 취임 4개월 만에 재무상 자리에서 물러났을 뿐만 아니라 세금을 가장 악착스럽게 거둔 대표적인 인물로 남게 되었다. 이 공기세를 착안한 사람은 그 당시 재무장관이던 실루엣이었다. 오늘날 우리가 사용하는 '실루엣'이라는 말의 어원은 쓸쓸하게 퇴임하는 실루엣 장관의 모습이 마치 초상화 같다고 해서 비롯된 것이다.

더 읽어 볼 책

김형주, 〈문화로 본 러시아(1997)〉

전태영, 〈세금 이야기(2005)〉

스핑크스의 코는 왜 사라졌을까?

이집트 기자에는 피라미드만큼이나 유명한 스핑크스가 편안한 자세로 앉아 해가 뜨는 동쪽을 바라보고 있다. 인간의 얼굴과 사자의 몸통을 하고 있는 이 스핑크스는 자연 암석을 이용하여 조각한 것으로, 얼굴 너비만 해도 약 4미터나 되는 거상(巨像)이다.

이 얼굴은 제4왕조의 케프렌 왕의 생전의 얼굴이라고 알려져 있다. 고대 이집트인들은 스핑크스를 '지평선의 태양신'이란 뜻의 하르마키스(Harmakhis)라고 불렀는데, 후대의 그리스인들이 스핑크스라고 부르면서 오늘날에 이르고 있다.

스핑크스를 잘 살펴보면 얼굴 한 가운데 있는 코가 떨어져 나간 것을 발견할 수 있다. 1798년 이집트 원정에 나선 나폴레옹의 군대와 이집트 군대가 벌인 전투(피라미드 전투) 때 프랑스군이 쏜 대포에 맞아 코가 떨어져 나갔다고 한다. 프랑스 군대는 스핑크스가 자신들의 권력에 대항하는 것처럼 보여 대포를 쏘아 코를 부쉈다는 설이 있으나 진실성은 거의 없다. 또한 현대의 과학자들은 스핑크스의 코가 사막의 기후, 이를테면 풍화작용 때문에 코가 깎여나간 것이라고도 하고, 1380년경

아랍 통치 기간 중 성상 파괴주의자였던 쉐이크가 스핑크스의 코를 부쉈다는 설도 있다. 무엇보다 스핑크스의 코가 떨어져 나간 진짜 이유는 오스만 터키 지배 기간(1517~1804) 동안 이집트인들이 이 스핑크스의 코를 향해 사격 연습을 하였기 때문이라는 것이 지배적이다. 스핑크스의 코와 턱수염은 현재 대영 박물관에 보관되어 있다.

스핑크스의 앞 발 사이에는 상형문자가 새겨져 있는 붉은색 화강암의 비석이 있다. 이 비석에 적힌 내용은 신왕조 투토메스 4세가 등극한 이야기이다. 어느 날, 아직 왕이 되기 전인 투토메스 왕자가 이집트 남부에 사냥을 나왔다가 나무 그늘에서 낮잠을 자고 있었다. 그런데 꿈에 하르마키스가 나타나 모래가 자기를 덮고 있어 답답하니 그 모래를 치워 주면 이집트의 왕관을 주겠노라고 약속했다. 잠에서 깨어난 왕자는 곧 멤피스로 가서 스핑크스를

덮고 있던 모래를 제거하고 제물을 바쳤다. 그 결과 원래 왕이 될 서열에서 멀었던 투토메스 왕자가 왕이 되었다는 이야기이다. 투토메스 4세는 왕이 된 후에 이집트를 통일하고 스핑크스의 두 발 사이에 기념비를 세웠다.

더 읽어 볼 책

정규영, 〈문명의 안식처, 이집트로 가는 길(2004)〉

시바사키 미유키, 〈말많은 이집트 지식여행(2007)〉

스핑크스의 수수께끼를 풀어라!

그리스 신화에는 스핑크스가 인간 여자의 머리에 사자의 몸뚱이에 날개를 가진 괴물로 등장한다. 스핑크스는 테베의 길목을 지키고 있다가 지나가는 사람들에게 수수께끼를 내 그것을 풀면 무사히 보내 주고, 풀지 못하면 그 자리에서 잡아먹었다. 아직까지 이 문제를 푼 사람이 없었기 때문에 백성들은 테베에 출입을 할 수 없게 되어 모든 교역이 마비되었으며, 성안에 비축해 놓은 양식도 바닥이 나서 굶주림에 시달렸다. 마침 그 곳을 지나던 오이디푸스에게 스핑크스가 수수께끼를 냈다.

"아침에는 네 발로 걷고, 낮엔 두 발로 걷고, 저녁 무렵에는 세 발로 걷는 동물은 무엇이냐?"

스핑크스의 질문에 오이디푸스는 서슴지 않고 대답했다.

"그것은 바로 인간이다. 어릴 때는 두 손과 두 발로 기어 다니고, 커서는 두 발로 걸어 다니며, 늙으면 지팡이를 짚어서 세 발로 걸으니 그가 바로 인간이다."

스핑크스는 수수께끼가 풀리자, 굴욕을 느끼고 바위 위에서 몸을 던졌다.

최초의 신분 증명제는
고해성사에서 시작되었다

최초의 신분 증명 명부는 종교적인 목적에서 탄생했다. 1215년 '고해성사 증명서'가 탄생했는데, 이것이 서류를 통한 신원 확인의 시초가 됐다. 모든 신도가 최소한 1년에 한 번 고해성사를 하고 영성체를 받도록 통제하기 위해서는 기록이 필요했다. 명부와 고해성사 증명서를 대조해 의식을 실천하지 않은 자는 성찬식 참여를 금지했다.

이후 범죄인들을 다스리고 관리하기 위한 신분 증명의 역사가 시작되었다. 국왕은 각 지방을 돌아다니는 외교 사절들을 관리하기 위해 패스포트를 만들었다. 각 지방에 갈 때마다 증명서를 내보이고 거기에 인장을 받게 함으로써 외교관들을 효율적으로 관리할 수 있었다.

15세기 들어서는 징집과 탈영병을 막기 위해 병사에게 신분증

이 발급되었다. 당시 왕국들은 용병을 직접 고용하지 않았다. 이미 휘하에 싸움패들을 거느린 일종의 '군대 장사꾼'에게 위탁해 전쟁을 치렀다. 문제는 이 장사꾼들이 있지도 않은 병사들을 있는 것처럼 꾸며대기도 하고, 용병 수를 조작해 머릿수만큼 급료를 착복했던 것이다. 이런 꼼수를 막기 위해 고용주는 각 병사에게 신분증을 발급하고 명단을 만들었다. 이런 인적 관리는 징집과 탈영 방지에 막중한 역할을 했다.

군인 같은 특정 계층에서만 적용됐던 신분증 제도가 보편화된 계기는 흑사병이 창궐하던 15세기 말부터였다. 유럽에서는 보균자를 구별하기 위해 세세한 개인 정보가 망라된 '위생증'이 도입됐다. 사회로부터 버림받지 않으려면 각자는 자신의 건강함을 증명할 필요가 있었다.

고대 시대에는 원래 몸이 가장 중요한 신분 증명의 수단이었다. 긴 여정을 마친 오디세우스를 확인시켜 주는 것은 다리의 흉터였다. 또한 〈주홍글자〉의 'A'의 표식은 헤스터의 증명이었다. 중세 노예들은 몸에 문신을 새겨 신분 제약을 받았다.

더 읽어 볼 책
발렌틴 그뢰브너, 〈너는 누구냐?: 신분 증명의 역사(2005)〉

십자군 원정길에는 매춘부도 동행했다

인간의 어리석음을 보여 주는,
가장 눈에 띄고 확대된 기념비적인 사건이 십자군 전쟁이다
데이비드 흄 David Hume, 영국의 철학자

십자군 전쟁은 '성지 탈환'이란 명분으로 약 2백 년간 계속되었다. 8차까지 진행된 십자군 전쟁에서 자주 등장하고 있는 특이한 집단이 있는데, 그게 바로 매춘부들이다. 제1차 십자군(1096~1099)에 종군했던 매춘부는 5천여 명에 이르렀다. 또 알브레이트 1세가 신성로마제국 황제로서 슈트라스부르크에 입성했을 때(1298)는 8백여 명의 매춘부가 동행했으며, 스페인 알바공의 네덜란드 원정 때는 4백여 명의 기마 매춘부와 8백여 명의 도보 매춘부가 참가했다.

이들 매춘부는 연대를 조직했을 뿐만 아니라 병사와 마찬가지로 급료를 받는 용병이었다. 이들을 참가시킨 데는 무엇보다도 병사들의 욕구불만을 위로하는 것이 주된 목적이었으나, 십자군 병사가 외국 여자에게 성병을 옮기거나 동성애를 방지하기 위한 조

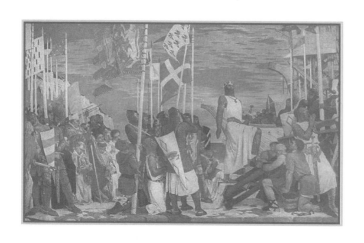

치이기도 했다. 가톨릭 성직자들은 전쟁에 나선 병사들이 요염한 여자들이 있으면 더 열심히 싸울 것이라고 생각했다.

가톨릭 교회는
왜 십자군 전쟁을 벌였을까?

십자군 원정길에 오른 병사들은 늘 이 전쟁을 성전(聖戰)이라고 주장했다. 가톨릭 교황이나 국왕들도 이들을 성전을 위한 원정이라고 다독이고 또 부추겼다. 과연 이 전쟁이 그들 말대로 성전이었을까? 이들은 예루살렘 성지를 순례하는 기독교인들을 이슬람인들이 박해했다는 것을 구실로 삼아 성지 탈환의 명분을 내세웠다. 물론 전혀 박해가 없는 것은 아니었지만, 이 이야기는 비잔틴 황제가 꾸며낸 것이다. 게다가 십자군 전쟁은 교황은 교황대로, 국왕은 국왕대로의 이해 계산이 있었다.

십자군 전쟁의 중심 세력인 기사들에게도 십자군 원정은 경력을 쌓을 수 있는 절호의 기회였다. 기사들은 말에 올라타서 수백 명을 죽이고 영웅이 되어 귀환할 수 있었다. 또한 경력을 쌓는 것 이외에 십자군 원정은 용이한 돈벌이도 되는 일이었다. 당시 기사들은 빈털터리였기 때문에 그들에게 십자군 전쟁만큼 좋은 기회는 없었다. 막대한 경비와 인력이 드는 전쟁이 그렇게 오랜 기간 수행되었다는 것은 신앙심만으로는 해석할 수 없다. 그 이면에는 각계각층의 이해관계가 맞아떨어진 것이다. 결국 십자군 전쟁은 성지 탈환이라는 거창한 명분을 전면에 내세웠지만, 각자의 이해와 삶을 유지하기 위한 전쟁이었다.

더 읽어 볼 책

조르주 타트, 〈십자군 전쟁(1998)〉

아민 말루프, 〈아랍인의 눈으로 본 십자군 전쟁(2002)〉

아담의 사과는
밀턴의 〈실낙원〉에서 처음 등장했다

서양 문화에서 사과만큼 자주 등장하는 과일은 없다. 아담의 사과, 팔리스의 사과, 빌헬름 텔의 사과, 뉴턴의 사과 등이 대표적이다.

'아담의 사과'는 아담과 이브가 하나님의 명을 어기고 뱀의 꼬임에 빠져 금단의 열매인 사과를 따먹은 것을 가리킨다. 그러나 성서에는 금단의 나무 열매가 사과라는 기록은 없다. 사과는 고대로부터 중부 유럽이나 아시아 일부에서 재배되고 있었는데, 성서의 무대인 고대 팔레스티나와 메소포타미아, 이집트에는 알려지지 않은 과일이었다. 그런데 어떻게 이 지역에서 열리지도 않은 사과가 등장한 것일까? 이 열매(선악과)를 사과로 믿게 된 것은 밀턴의 서사시 〈실낙원〉이 발표된 뒤부터였다.[1]

밀턴은 금단의 열매를 좀 더 사실적으로 묘사하기 위해서 사과

1 〈실낙원(失樂園, Paradise Lost)〉은 1667년 영국의 시인 밀턴이 지은 대서사시
  이다. 아담과 이브가 지옥을 탈출한 사탄의 꼬임에 빠져 원죄를 짓고 낙원에서
  추방되었다가 그리스도의 속죄에 희망을 거는 모습을 그린 작품으로, 기독교
  적인 이상주의와 청교도적인 세계관을 반영하고 있다.

227

를 차용한 것인데 이것이 훗날 선악과는 사과라는 등식으로 굳어져 버렸다. 밀턴뿐만 아니라 미켈란젤로를 비롯한 중세의 많은 화가들이 그린 〈실낙원〉의 그림에는 아담과 이브를 유혹했던 금단의 열매가 사과로 그려져 있다.

게다가 아담을 사랑의 덫에 빠진 희생자로 묘사한 것도 〈실낙원〉의 영향이 크다. 밀턴은 창세기 신화를 맹목적인 사랑에 빠진 아담과 이브의 러브 스토리를 각색했다. 성서의 창세기에는 이브가 먼저 선악과를 따먹은 후 아담에게 권하지만 〈실낙원〉에서는 아담은 이브와 공모하여 신을 거역하는 것으로 변색되었다.

더 읽어 볼 책
이명옥, 〈팜므 파탈(2003)〉

〈아라비안나이트〉는
왕의 분노를 풀기 위해 탄생했다

동양문학의 커다란 두 산봉우리는 〈성서〉와 〈아라비안나이트〉이다.

앙드레 지드 Andre Gide, 프랑스 작가

〈아라비안나이트〉는 전체가 하나의 큰 틀 속에 있는 이야기로, 주요 이야기 180편 안에 100편의 짧은 이야기가 곁들여 있다. 이 작품의 기원에 대해서는 많은 학설이 있지만 6세기경 페르시아 사산 왕조 때의 고대 설화집에서 비롯된 것으로 보는 것이 정설이다. 여기에 바그다드와 이집트 카이로에서 전승돼 오던 이야기가 추가되고 개작과 윤색을 거듭하여 13~15세기경 현존하는 형태로 완성된 것이다.

여기에는 아랍 지역의 이야기뿐 아니라 페르시아 지역으로 흘러 들어온 인도와 그리스, 아프리카 등지의 이야기들도 포함되어 있으며, 모두 아랍어로 기술되었고 이슬람 사상을 밑바탕으로 서술되어 있다.

〈아라비안나이트〉가 태어난 배경에는 재미있는 일화가 있다.

페르시아 사산 왕조의 샤이야르 왕은 어느 날 사냥 나간 사이에 왕비가 흑인 노예와 간통하고 있는 것을 발견하고 격분한 끝에 그들을 살해한다. 그 후 세상의 모든 여자를 증오하게 된 왕은 매일 새로운 왕비를 맞아들여 하룻밤을 지낸 뒤 죽여 버렸다. 이런 잔혹한 행위는 무려 3년이나 지속되었다. 그러자 대신의 아름답고 총명한 딸인 세헤라자데가 스스로 왕비가 되기를 자청했다. 그녀는 밤마다 왕에게 이상한 이야기를 들려주다가 날이 샐 무렵이면 끝맺지 못한 나머지 이야기를 내일 밤에 들려주겠다고 했다. 이런 식으로 매일 밤 이야기를 계속하여 3년 가까이 지났다. 그 동안 세헤라자데는 왕의 아기를 갖게 되었고 왕의 노여움도 풀려 여자들을 죽이는 일은 없었다. 이렇게 하여 태어난 것이 〈아라비안나이트〉이며, 원래의 제목은 〈천일야화(千一夜話)〉이다.

여기에 바그다드를 중심으로 다시 많은 이야기가 추가되었고, 그 후 이집트의 카이로를 중심으로 계속 발전하여 15세기경에 완성된 것이다. 페르시아에는 인도로부터 설화가 많이 들어왔으므로 이 이야기에는 인도와 이란·이라크·시리아·아라비아·이집트 등의 갖가지 설화가 포함되어 있다.

〈아라비안나이트〉는 1703년 프랑스의 갈랑이 프랑스어 판을 낸 이후 전 세계에 퍼졌고 각국의 독자들로부터 많은 사랑을 받았다. 갈랑은 본래 〈아라비안나이트〉에는 없었던 '알라딘과 이상한 램프' '알리바바와 40인의 도둑' 등의 이야기를 아랍어로 번역, 임의로 여기에 삽입했다.

더 읽어 볼 책
일본국립민족학박물관, 〈아라비안나이트 박물관(2006)〉
전국역사교사모임, 〈살아있는 세계사 교과서(2005)〉

왜 비밀 주문에 열려라 '참깨'가 들어갔을까?

비밀 주문 '열려라 참깨'는 아라비안나이트에 나오는 '알리바바와 40인의 도적'에 나오는 주문이다. 많은 주문 중에 참깨를 비밀 주문에 사용한 이유는 원래 참깨의 원산지는 아프리카의 북부의 이집트 지역이기 때문이다. 지리적으로 가까운 중동 지방의 아라비아에서는 일찍부터 참깨를 많이 사용했다. 참깨는 음식 맛에 많은 변화를 주며, 더운 중동 지방의 날씨에도 불구하고 잘 썩지도 않아 주술적인 의미를 부여하기에 좋은 음식이었다. 마치 우리나라에서 음식을 썩지 않게 하는 소금에 귀신을 쫓는 주술적인 의미를 부여한 것도 같은 맥락이다.

아마존
....

아마존의 기원은 스키타이 유목 민족이었다

아마존(Amazon) 하면 가장 먼저 떠오르는 것이 울창하고 거대한 밀림일 것이다. 또한 아마조네스 하면 활과 창으로 무장한 여전사를 떠올릴 것이다. 아마조네스는 오락 영화에서 주요 소재가 되기도 했다. 그리스 신화에는 코카서스와 스키타이 지방, 지금의 카스피해 근처에 '아마존'이라고 하는 용맹무쌍한 여인족들의 이야기가 등장한다.

아마존족은 여성들만으로 종족을 유지하기 위해 연례 축제 기간에 다른 나라에서 남자들을 끌어다가 함께 밤을 지새운 뒤 거세를 해서 노예로 부리거나 여러 용도로 이용했다. 이렇게 해서 아이를 낳아 남자아이는 이웃나라로 추방하거나 살해했고 여자아이들만 거두어 길렀다. 여자아이들은 태어나는 즉시 오른쪽 가슴이 절제되었다. 그 이유는 활과 창을 사용할 때 오른쪽 가슴이

방해가 되기 때문이다.[1] 그런데 이런 아마존이나 아마조네스의 기원을 따라가다 보면 흥미로운 사실을 발견할 수 있다. 바로 이 언어들은 뜻밖에도 유목 민족에서 온 것이다.

아마존의 기원이 된 스키타이 민족은 말을 부리는 기술이 그 어떤 민족보다 뛰어났다. 그들이 개발한 기마술은 강력한 기마 민족을 탄생시켰으며, 몽골 제국의 기마병도 이 스키타이에서 전래된 것으로 알려져 있다. 고대 그리스 역사가 헤로도토스는 스키타이의 일파인 사우로마타이 여성이 남자와 똑같은 복장을 하고 말을 타며 전쟁에 나갔다고 기록하고 있다. 남존여비의 그리스 사회에 익숙해 있던 헤로도토스는 그들을 보고 그리스 신화에 등장하는 아마존족을 떠올리며 여전사의 나라를 상상했던 것이다.

---

1 이 여전사들은 활쏘기에 불편함이 없도록 오른쪽 유방(마조스)을 잘라냈는데, 여기서 '젖 없는 족속'이라는 의미로 '아마조네스'라는 호칭이 생겼다.

남미의 아마존 강도 여전사들의 용맹에서 유래하였다

남미에 있는 세계 최대의 강 아마존의 명칭도 아마존의 전설에서 생겨났다. 남미에 아마존 여인족이 산다는 소문은 유럽의 아메리카 침탈이 시작된 16세기 초였다. 아마존의 델타 지역은 1500년에 스페인의 탐험가 핀즈에 의해 처음 발견되었으며, 아마존 강을 처음 본 이들은 이 강을 '바다의 강'이라고 불렀다.

아마존이라는 전설적 이름이 이 강에 붙여진 것은 1542년, 스페인의 정복자 프란시스코 드 오렐리아나(Franciso de Orellana)가 이 강을 첫 항해한 뒤였다. 애꾸눈인 오렐리아나는 잉카 제국을 멸망시킨 스페인 정복대장 프란시스고 피자로의 휘하 장교였다. 브라질의 아마존 강 유역을 탐험하던 그는 여성이 전쟁에 가담하고 있는 것을 보고 헤로도토스의 아마조네스 이야기를 연상하며 길이 3,300킬로미터나 되는 세계 2위의 강을 '아마존'이라 명명했다.

더 읽어 볼 책

다니엘 라포르니, 〈탐험의 시대(2006)〉

김후, 〈활이 바꾼 세계사(2002)〉

알렉산드로스의 유언에는
철학이 담겨 있다

나는 미천하게 오래 사느니 차라리 짧고 영광스럽게 살고 싶다.

알렉산드로스 Alexandros, 마케도니아의 왕

알렉산드로스가 기원전 323년 6월 열병으로 쓰러지고 병세가 크게 악화되자, 신하들이 그의 유언을 듣기 위해 모여들었다. 오랜 시간 말이 없던 알렉산드로스가 드디어 몇 마디의 짧은 유언을 했다.

"내가 죽거든 나의 손을 사람들에게 보여 주어라. 대왕도 죽을 때는 빈손으로 간다는 것을 깨닫게 해주어라."

우리말로 하면 공수래공수거(空手來空手去)인 것이다. 알렉산드로스의 스승은 위대한 철학자 아리스토텔레스였다. 그는 위대한 철학자의 제자답게 그의 마지막 유언 또한 지극히 철학적이었다. 그러나 알렉산드로스는 신하들이 애타게 고대하던 자신의 후계자를 지명하지 못하고 죽었다. 그가 병상에 누워 있을 때, 많은 병사들이 방문을 하였고 그의 최후를 염려한 병사들은 후계자를

누구로 할 것인지를 물었다. 그 때마다 알렉산드로스는 이렇게 말했다.

"오직 강한 자!"

알렉산드로스가 32세의 나이로 죽자, 그의 제국은 순식간에 세력 다툼의 장으로 바뀌고 말았다. 이 과정에서 그의 모후, 왕비, 왕자 등 일가 모두가 살해되었고, 그의 제국은 부하 장군들 사이에 분할되었다. 그리고 얼마 안 가 그의 제국은 산산조각이 났다.

알렉산드로스는 왜 정복 전쟁을 멈추었을까?

알렉산드로스의 정복 전쟁은 끝이 없었다. 그는 역사상 칭기즈 칸 다음으로 가장 큰 영역을 점령한 정복자였다. 기원전 334년 알렉산드로스는 유럽을 떠나 인도에 도착하는 동안 그리스의 오랜 숙적인 페니키아를 점령했다. 또한 이집트를 정복했으며, 나일 계곡의 사람들로부터 파라오의 후계자이자 아들이라는 칭호를 얻었다. 그리고 마침내 페르시아 제국을 무너뜨리고 그 곳에 바빌론을 세웠다. 또한 그의 군대를 히말라야 산의 중심부에 주둔시키고 정복했던 광활한 땅 위에 마케도니아 제국을 건설했다.

그런 그가 정복 전쟁을 멈춘 이유는 무엇일까?

알렉산드로스는 인도의 갠지스 강을 건널 준비를 마치고 병사들에게 전진할 것을 명령했다. 그런데 뜻밖의 일이 벌어졌다. 병사들이 "이젠 그만 두십시오!"라고 맞받아친 것이다. 병사들의 단호한 거부로 알렉산드로스의 정복 전쟁은 막을 내렸다. 군대 없이는 더 이상 정복자가 될 수 없었기 때문이다.

그렇다면 알렉산드로스의 병사들은 왜 계속 전진하기를 거부했을까? 단지 고향이 그리워서였을까? 아니면 계속 내리는 비와 질병에 시달렸기 때문일까? 알렉산드로스의 전기 작가인 피터 그린의 견해는 이렇다. 알렉산드로스의 목표가 세계 정복이라는 것을 알게 된 병사들은 그것을 원치 않았기 때문이라고.

더 읽어 볼 책
박영만, 〈끝내지 않은 마침표(2002)〉

알렉산드리아

....

알렉산드리아 도서관의 책은 어떻게 모았을까?

고대인들의 지적 탐구 의지는 오늘날의 지식인 못지않았다. 그 예를 단적으로 보여 주는 것이 바로 고대 도시 알렉산드리아에 있었던 도서관이다.[1] 도서관에 소장된 장서가 가히 50만 권이나 된다고 하니 그 규모에 놀라지 않을 수 없다. 오늘날의 대학 도서관보다 훨씬 많은 책이 소장되어 있는 것이다. 이 도서관에는 에우리피데스, 소포클레스, 아리스토텔레스를 비롯한 그리스 학자들 책의 원본을 상당수 소장했던 것으로 알려져 있으며, 학자들에게는 연구실과 연구비를 지원하였다.

알렉산드리아 도서관은 기원전 3세기 초부터 프톨레마이오스

---

[1] 도서관은 여러 세기 동안 유지되다가 로마의 마르쿠스 아우렐리우스 황제 때의 내란으로 파괴되었고, 별관으로 알려진 도서관도 391년 그리스도교도에 의해 파괴되었다.

에 의해 설립되고 운영되었다.[2] 박물관이나 도서관은 부서별로 전문화되었고 성직자가 관장을 맡았으며, 직원들의 보수는 이집트 국왕이 지불했다. 박물관이나 도서관의 본관은 왕궁에 자리잡고 있었지만 기원전 235년 프톨레마이오스 3세 때는 사라피스 신전(Temple of Sarapis)에 그 별관이 설립되기도 했다.

알렉산드로스 대왕이 이집트를 정복하면서 건설한 알렉산드리아는 고대 헬레니즘 학문과 과학의 중심지로 번성했다. 알렉산드리아 도서관에 소장된 책은 주로 당시 최대의 서적 소비 시장이었던 아테네와 로도스에서 구입했다. 그러나 도서관측은 이런 합법적인 책의 구매 이외에도 여러 가지 편법을 써서 책을 소장할수 있었다. 알렉산드리아에서 하역하는 모든 선박을 조사해 그

---

2 프톨레마이오스 1세는 자기 아들 교육을 위해 대학자 스트라토를 아테네에서 초빙했으며, 좀더 조직적인 교육을 위해 기원전 306년 박물관을 설립했고 이 것이 알렉산드리아 도서관의 기원이 됐다.

곳에 한 권의 책이라도 발견되면 도서관으로 운반하여 적당한 가격으로 사들일 것을 결정했다.

이러한 방법으로 수집된 책은 '선박판'이라 불렀다. 게다가 매우 귀중한 희귀본의 경우에는 비상수단이 취해졌다. 아이스킬로스, 소포클레스 같은 위대한 시인이 쓴 자필 원고를 모으는 데는 파렴치한 방법까지 동원되었다. 그런 귀중한 자료는 아테네의 국립 문서관에 보관되었는데, 프톨레마이오스 3세는 필사를 하기 위해 이 책들을 빌린 뒤 원전은 빼돌리고 필사본만을 되돌려주었다. 그러나 무엇보다 장서를 소장할 수 있었던 것은 사서들을 각지에 파견하여 책을 구매했던 것이 가장 큰 이유였다.

더 읽어 볼 책

이종호, 〈신화와 역사로 읽는 세계 7대 불가사의(2001)〉

에디슨의 전구를 만든 것은 동양의 부채였다

나는 발명을 계속하기 위한 돈을 얻기 위해서 또 발명을 한다.

에디슨 Thomas Edison, 미국의 발명가

1879년 10월 에디슨은 40시간 동안 계속 켤 수 있는 전구를 만드는 데 성공했다. 그 후 뉴욕에 최초의 중앙발전소가 만들어졌고 1882년에는 일반 가정에 에디슨 발열 전구가 켜졌다. 4년 후에는 미국 내에 60여 개의 중앙발전소가 생겼고 30만 개 이상의 전등이 불을 밝혔다.

전기로 불을 켜려는 시도는 에디슨이 처음이 아니었다. 독일이나 영국에서도 몇 번이나 실험을 했지만 실용화되지는 못했다. 이 기구의 가장 큰 난점은 필라멘트인데 전기 저항으로 발광하는 부분을 무엇으로 만들어야 좋을지 발견하지 못했던 것이다. 에디슨은 백열전구 개발에 수명이 긴 필라멘트를 찾기 위해 나무껍질이나 잡초, 풀줄기 등 6천 종 이상의 식물을 테스트했다. 그런데 이 식물들은 저항이 너무 강하면 곧 타 버리고 저항이 약하면 불

이 들어오지 않았다. 에디슨은 이 필라멘트를 어떤 소재로 만들지 계속 고민했다.

그러던 어느 날 무심코 방에 있던 동양산 부채가 눈에 띄었다. 이 부채의 소재는 가는 대나무였다. 에디슨이 시험 삼아 그것으로 필라멘트를 만들어 보니 대성공이었다. 그러나 에디슨은 전구의 특허권을 둘러싼 소송으로 많은 경제적인 손실을 보았다. 그때 에디슨은 자신은 전등을 발명하였으나 전혀 이익을 보지 못했다고 한탄했다.

에디슨은 하루에 잠을 네 시간 밖에 자지 않았다고 한다. 사람들은 에디슨이 잠자는 시간이 아까워 발명에 몰두하는 것으로 알고 있지만, 그 이유는 다른 데 있었다. 바로 에디슨은 불면증 환자였던 것이다. 그는 점심식사 후에는 두 시간 정도 달콤한 낮잠을 즐겼다. 그는 또한 최초의 리콜제를 시도한 사업가로도 유명하다. 그는 배터리를 생산하기 위해 공장을 세웠는데, 1905년 자신이 만든 배터리에 중대한 결점이 발견되자 판매된 모든 배터리를 회수 조치했다.

에디슨은 선배 과학자들의 업적을 재활용한 발명가 이다?

에디슨은 수많은 기기를 발명한 사람으로 유명하지만, 선배 발명가나 과학자들의 연구 업적을 재활용한 사람으로도 유명하다. 그는 최초의 발명가이기 전에 선배 과학자가 이룩한 업적을 시대에 맞게 재가공하고 상업적으로 잘 활용한 사업가였다. 에디슨을 가장 유명하게 만든 전구 역시 그가 발명 특허를 내기 전인 1802년에 존재하고 있었다. 〈발열등 연대기〉에 의하면 전구를 최초로 발명한 사람은 영국의 화학자 험프리 데이비 경이다. 그런데 어떻게 해서 에디슨이 최초의 전구 발명자로 알려진 것일까?

에디슨은 다른 사람들의 창조적인 아이디어를 받아들이는 데 매우 적극적이었다. 또한 이들이 발명해 낸 것을 자신이 최초로 만들어냈다고 억지를 부리는 것을 즐겼다. 게다가 에디슨은 이들의 공로를 인정하지 않고 적당히 새치기를 하는 데도 탁월한 솜씨를 발휘했다. 한번은 노스캐롤라이나 주지사와 토론하다가 발명의 천재성에 관한 질문을 받았는데, 이때 에디슨은 자신의 진짜 천재성은 다른 과학자들의 아이디어를 흡수하는 능력에 있다고 시인했다.

더 읽어 볼 책

질 존스, 〈빛의 제국(2006)〉
브라운, 〈발명의 역사(2000)〉

에펠탑

....

철거 위기에 놓인 에펠탑을 구한 것은 라디오였다

나는 에펠탑 때문에 파리를 떠나기로 했다.
그것을 보는 것은 참을 수 없는 고통이다.

모파상 Guy de Maupassant, 프랑스의 소설가

파리의 상징인 에펠탑은 프랑스 혁명 100주년을 기념하기 위해
1889년 파리 만국박람회의 기념물로 세워졌다. 에펠탑이 처음
파리에 세워졌을 때 파리 시민들의 반응은 호의적이지 않았다.
지금이야 프랑스를 여행하는 사람들이 빼놓지 않는 관광 코스 중
의 하나지만, 당시에 이 에펠탑은 '천덕꾸러기' 신세였다. 파리의
밤을 밝히는 아름다운 건축물은커녕 '쓸모없고 괴기스러운 건축
물' '파리의 배꼽에 박힌 등대' '거대하고 흉측한 해골'이라 부르
며 비난했다.

애초에 에펠탑은 20년 동안만 그 자리에 있도록 예정되어 있
었다. 그러나 파리의 예술인과 지식인들은 20년도 너무 길다면
서 조속히 철거해야 한다고 사사건건 시비를 걸고 나섰다. 파리
시민들은 에펠탑을 곱지 않은 시선으로 보았던 것이다. 따라서

파리 시 당국은 계속되는 불평과 비난을 고려해 건립 20년이 완료되면 에펠탑을 해체하기로 내부 방침을 정했다.

그러나 라디오가 발명되고 난 뒤 상황이 급변했다. 수천 피트 높이의 에펠탑이 전파를 송출하는 데 필요한 안테나 역할을 하고 있었기 때문이다. 1907년 프랑스 정부는 에펠탑을 해체하지 않기로 방침을 바꾸었다. 즉 라디오가 에펠탑을 살려낸 셈이다. 에펠탑은 제2차 세계대전이 끝나고 TV가 발명된 이후에는 TV 송신탑으로 이용되었다.

더 읽어 볼 책
우르술라 무쉘러, 〈건축사의 대사건들(2005)〉

엘리자베스 여왕은
왜 평생 독신으로 살았을까?

나는 국가와 결혼했다.

엘리자베스 1세 Elizabeth I, 영국 여왕

엘리자베스 1세는 여섯 명의 왕비를 맞은 것으로 유명한 헨리 8세의 딸이다. 그녀의 재위 기간 중 영국은 절대주의의 전성기를 이루었다. 엘리자베스 1세는 즉위 후 종교통일령을 내려 영국 교회를 확립하고 화폐제도를 통일하는 등 중상주의 정책을 펼쳤다. 대외적으로는 동인도회사를 설립하고 스페인의 무적함대를 격파해 영국을 최강의 국가로 만들었다.

　당시 유럽 왕가는 각국의 왕과 정략적으로 결혼을 하는 풍습이 있었다. 엘리자베스 여왕에게도 많은 구혼이 있었는데 여왕은 모두 거절하였다. 그녀는 평생 독신을 지켜 '처녀왕'이라고 불리기도 했다. 그녀가 평생 독신으로 산 데에는 어렸을 때 권력의 무상함을 지켜보았기 때문이었다. 엘리자베스의 어머니는 그녀가 세 살이 되던 해 처형되었다. 8세 때에는 계모의 목이 달아났다. 아

버지 헨리 8세는 이렇게 왕비들의 목을 날리면서 여섯 번이나 결혼했다. 후에 왕위에 오른 이복언니 메리 1세는 사실상 남편인 스페인 왕으로부터 버림받았다. 끝없는 배신과 궁정 암투, 음모와 죽음의 공포 속에서 자란 엘리자베스의 눈에 결혼은 암흑과도 같았다. 그녀는 오직 세상을 지배하는 것은 권력뿐이라고 생각했다.

그러나 엘리자베스가 전혀 남성에게 관심을 갖지 않은 것은 아니었다. 월터 롤리라는 우아하고 재기에 넘치는 청년이 진흙 속에 자기의 새로 맞춘 망토를 펼쳐 깔아서 여왕으로 하여금 걷게 했다는 이야기는 너무나도 유명하다. 또한 그녀는 더들리라는 귀족을 사랑하였으나, 스캔들의 위험 때문에 결혼하지 않았다. 더들리는 엘리자베스와 어렸을 때 서로 왕립학교 출신으로 평생을 친하게 지낸 사이였다. 엘리자베스는 고전 문학에 관심이 많았고, 더들리는 주로 수학과 천문학에 흥미를 느꼈다. 엘리자베스는 왕위에 오른 뒤 그에게 의전 행사를 담당하는 공직을 주었고, 레스터 백작이라는 작위와 함께 많은 땅도 하사했다. 왕실에 있는 귀족들은 이들의 관계를 곱지 않은 시선으로 보았으나, 그들의 우정은 변치 않았다. 훗날 더들리는 엘리자베스가 결혼을 하지 않는 것에 대해 주위 사람들에게 이렇게 말했다.

"난 누구보다 엘리자베스를 잘 알아. 그녀는 여덟 살 때부터 결혼은 절대 하지 않는다고 했지."

더 읽어 볼 책

김상운, 〈세계를 뒤흔든 광기의 권력자들(2005)〉
남경태, 〈종횡무진 서양사(1999)〉

인류 최초의 비행 도구는 '연'이었다

연은 하늘을 나는 데 성공한 가장 오래된 물건이다. 중국에서 처음 등장한 연은 종교적인 목적으로 이용되었으나, 그 후 군사적인 목적으로 활용되었다.

기원전 4세기에 활약한 사상가 묵적(墨翟)은 3년 이상 걸려 특별한 연을 만들었다. 연은 편지나 선전물을 뿌릴 때, 혹은 멀리서 보일 수 있게 신호용으로도 사용되었다. 또한 낚시를 할 때도 연을 이용하였는데, 바닷가 연안에서 미끼를 단 낚싯바늘을 연에 매달아 강과 호수에까지 멀리 날려 보냈다.

이런 다양한 목적 이외에 연은 최초의 비행 도구로도 사용되었다. 현대적인 의미에서 최초의 비행은 1903년 미국의 라이트 형제에 의해 성공했지만, 이보다 무려 천 년 전에 중국 사람들은 연을 비행 도구로 활용했다. 중국 사람들은 사람의 몸을 연에 매달고 하늘을 난 것이다. 중국 송나라 때 역사가 사마광(司馬光)이 쓴 〈자치통감(資治通鑑)〉을 보면 다음과 같은 기록이 나온다.

"고양(高洋)은 원황두(元黃頭)와 다른 수인(囚人)들을 올빼미 모양으로 된 종이연에 태워 날게 했다. 그들 중 원황두만이 용케 날아가 무사히 착지했다."

북제(北齊)의 초대 황제인 고양은 정적을 죽이는 방법으로, 연을 '비행' 도구로 이용한 것이다. 고양은 죄수들의 몸에 대나무로 만든 커다란 거적을 날개처럼 단 다음 백 척의 단 위에서 뛰어내리게 했다. 대부분의 사람들은 이처럼 뛰어내렸다가 목숨을 잃었다. 그러나 559년 이번엔 올빼미 연을 만들어 죄수들을 시험비행사로 태웠다. 그 중 위나라 태자 원황두는 꽤 먼 거리인 2.5킬로미터를 날아가 죽음의 비행에서 무사히 착지해 목숨을 건졌다.

14세기에 오리엔트 지방으로 유입된 연은 유럽에도 소개되었다. 유럽인들이 연을 처음 안 것은 16세기의 일이다. 1589년 과학자 델라 포르타가 〈자연의 마술〉이란 책에서 '나는 연'에 대해 쓴 것이 유럽 최초의 기록이다. 그 후 유럽 인로서는 최초로 배덴 포웰이란 사람이 연 비행에 성공했다.

더 읽어 볼 책

야마모토 요시타카, 〈과학의 탄생(2005)〉
외르크마이덴바우어, 〈발견과 발명으로 보는 과학의 역사(2004)〉

프랭클린은 연을 이용하여 피뢰침을 발명했다

벤저민 프랭클린(Benjamin Franklin)은 연을 이용하여 우레가 전기라는 것을 실험으로 증명한 인물이다. 어린 시절 연날리기를 무척 좋아했던 프랭클린은 연 꼭대기에 길이 30센티미터 정도의 쇠붙이를 달고, 아래쪽에는 명주 리본과 쇠붙이의 자물쇠를 연결해서 비 오는 날 실험을 하였다. 번개가 일어나고 천둥치는 과정이 모두 1초도 안 되는 짧은 순간이지만, 빛이 먼저 보이고 소리가 나중에 들리는 것은 바로 속도의 차이 때문이라는 것을 밝혀냈다. 이 실험을 통해 벼락을 잡아 땅 속으로 흘러 들어가게 하는 '피뢰침'을 만들었다.

프랭클린은 자신이 입증한 사실을 바탕으로 1752년 피뢰침을 상품으로 발전시켰다. 이런 발상은 1753년에 발생한 비극적인 사건 때문에 곧 세상에 널리 알려지게 되었다. 러시아의 상트 페테르부르크에서 같은 실험을 하던 '리히만'이라는 교수가 벼락에 맞아 즉사했던 것이다. 프랭클린이 피뢰침을 만들기 전까지는 벼락 때문에 귀중한 생명을 잃거나 집이 파괴되는 일이 많았으나, 피뢰침을 발명한 뒤로는 높은 빌딩이나 건물, 비행기, 선박, 자동차 따위에 설치해 벼락의 공포로부터 완전히 벗어났다.

오케스트라

....

오케스트라는 고대 그리스에서 시작되었다

고대 그리스의 극장에는 무대와 객석 사이에 코러스가 노래하며 춤추고, 악사가 연주하기 위한 장소가 마련되어 있었다. 오케스트라라는 용어는 이 장소를 의미하는 그리스어 '오르케스트라(orchestra)'에서 유래하였으며 로마 시대에 와서 관람석(Royal Box)으로 바뀌었다.[1]

고대 그리스인에게 연극 관람은 축제와 다름없는 일일행사였다. 연극이 펼쳐지는 극장은 언덕을 깎아 만든 둥근 원형 경기장 같은 구조를 지니고 있었다. 원래 관객들은 풀이 나 있는 비탈길에 앉아 연극을 관람했지만, 기원전 4세기부터 돌로 된 좌석이

---

[1] 본래 의미의 오케스트라의 시작은 17세기 초 '오페라의 아버지'라 불리는 몬테베르디(Monteverdi)에 의해서이다.

만들어졌다. 보통 앞줄에는 재판관, 성직자 등 주요 인사들이 차지했고, 그들 앞에는 오케스트라라고 불리는 평평하게 깎여진 원형의 무대가 놓여 있었다. 그 곳에서 배우들은 연기를 했고, 20여 명의 단원들은 파이프 음악에 맞추어 춤을 추었다.

고대 그리스 극장의 3대 요소는 오르케스트라와 테아트론, 스케네이다. 아테네의 디오니소스 극장에는 지름 약 20미터의 정원형(正圓形)의 무대가 있었다.[2] 여기서는 주로 극의 합창대가 활동했으며, 극 이외에도 합창대의 경연이 벌어졌다. 테아트론(theatron)은 영어 theatre(연극·극장)의 어원이 되는데, 본래는 관객

---

2 기원전 330년경에 완성된 석조의 디오니소스 극장에는 1만 4천 명에서 1만 7천 명의 관객을 수용했다.

연극 축제 기간에는 죄수도 연극을 관람했다

희곡 작가들은 널리 알려진 전설을 소재로 글을 썼고, 연극이 상연되는 동안 남성 관객들은 기뻐하거나 야유를 보내는 등 연극에 지대한 관심을 보였다. 연극 축제가 끝나면 작가와 배우들은 상으로 된 월계관을 받았다. 한편 연극 축제 기간 동안 모든 그리스인들은 휴업하고 연극을 관람했으며, 심지어 죄수들도 이때만큼은 감옥에서 풀려나와 연극을 볼 수 있었다.

아테네의 연극은 후에 각지로 파급되어 헬레니즘 시대에는 크고 작은 여러 도시에 석조 극장이 들어섰다. 고대 그리스의 연극은 디오니소스를 모시는 종교 의식에서 시작되어 매년 봄과 겨울에 국가 행사로 치러진 제전의 일부로 발전하였다.

석을 가리키는 말이다. 무대의 어원인 스케네(skene)는 평지붕으로 된 나무로 짠 분장실 의상실이며, 오르케스트라를 끼고 부채꼴의 관객석을 마주보는 위치에 있었다.

더 읽어 볼 책
김봉철, 〈영원한 문화도시, 아테네(2002)〉

올림픽은 왜 1,500년 동안 중단되었을까?

올림픽은 세계에 하나의 이상을 심어 주는 일이며,
그 이상은 바로 현실 생활의 일부를 이루는 것이다.

쿠베르탱 Pierre Coubertin, 근대올림픽 창시자

올림픽의 원년은 기원전 776년 엘리스 출신의 코로 에부스가 스타디온 달리기에서 우승했다는 기록을 근거로 하고 있다. 올림픽의 원년으로 기록된 이 해는 그리스가 분쟁으로 갈라지며 흑사병의 창궐로 피해가 무척 심각할 때였다. 이러한 문제들의 해결책으로 엘리스의 왕이 예전에 거행되던 고대 그리스의 종교 의식 경기를 부활시키라는 신의 계시를 받은 후, 그리스의 모든 도시인들이 참가한 체육 경기를 4년마다 한 번씩 개최하였다.

올림픽 초기에는 달리기와 권투, 레슬링 등 몇 개 종목밖에 되지 않았으나, 점차 경기 종목이 늘어나고 경기 기간도 5일로 늘어났다. 올림픽 경기는 그리스인들에게는 매우 중요한 행사여서 경기가 열리는 동안에는 교역도 전쟁도 멈추었다. 고대 올림픽의 참가 자격은 그리스의 도시국가에서 시민권이 있고, 범법 행위가

없으며, 주신 제우스에 대한 불신행위가 없었던 자에 한정됐다. 이후 1,200여 년 동안 계속되다가 그리스가 로마의 지배를 받으면서 몰락의 길로 접어들었다. 그렇다면 로마 제국은 왜 올림픽 경기를 중단했을까?

기독교를 로마 제국의 국교로 정한 테오도시우스 황제는 올림픽 제전을 이교도들의 종교 행사로 규정했다. 그는 394년 올림픽 폐지 칙령을 선포함으로써 393년에 열린 제293회를 마지막으로 고대 올림픽의 역사는 막을 내렸다. 10년 전에 기독교로 개종한 테오도시우스 황제는 모든 이교 숭배를 금지하는 조치를 내릴 정도로 열렬한 기독교인이었다. 그는 올림픽 경기도 고대 그리스 신들을 찬양하는 행위로 보았고, 이 때문에 경기를 여는 것 또한 이교 숭배라고 생각했다.

그 후 약 1,500년 동안 중단되었던 고대 올림픽 경기는 프랑스의 피에르 쿠베르탱이 올림픽의 이상을 부활하자고 제창했다.[1] 마침내 그의 헌신적인 노력으로 1894년 6월 23일 파리의 소르본 대학(파리 대학교)에서 열린 국제 스포츠대회에서 유럽 각국의 대표들로부터 만장일치 찬성을 얻어 근대 올림픽이 시작되었다.

더 읽어 볼 책

마르코 카타네오, 〈유네스코 세계고대문명(2004)〉

김복희, 〈고대 올림픽의 세계(2004)〉

---

[1] 올림픽 재건 운동을 주도한 쿠베르탱의 숨은 의도 중의 하나는 프랑스인들의 체력을 키워 독일과의 전쟁에 보다 잘 대처하자는 것이었다.

중세 유럽은 용병들의 천국이었다

유럽의 중세 군대는 부족 중심의 전투 부대에서 차츰 영주의 봉신과 부하들로 구성된 봉건 시대 군대로 발전하였다. 이후 왕과 부유한 영주의 군대는 직업 군인과 용병으로 나뉘어졌다.

중세 시대 용병은 존경받는 직업 군인이었다. 전사 중개인은 용병 회사를 설립하여 부유한 영주나 도시에게 당장 싸울 수 있는 유능한 병력을 제공하기도 했다. 당시 용병 회사는 인력을 제공했을 뿐만 아니라 무기도 원하는 군대에 제공하면서 돈을 벌었다. 이들은 창을 보유한 수로 병력의 규모를 가늠했는데, 창 한 개는 말 탄 무장병 한 명과 추가로 기마병, 보병, 포병을 표시하였다. 그러므로 100개의 창을 가진 용병 회사라면, 약 3~4백 명의 병력을 보유하고 있다는 뜻이다. '프리랜서(free lancer)'라는 말은 여기에서 나온 말이다.[1] 용병 회사에 고용된 군인들은 영주와

계약을 맺은 뒤 일정한 액수의 보수를 받고 고용주를 위하여 싸웠다. 이들은 전쟁의 대의명분이나 고용주가 어떤 사람이든 상관하지 않고 오로지 보수만을 위하여 전투에 참가했다.

프랑스의 찰스 7세는 1439년에 로열 오디넌스 컴퍼니라는 용병 회사를 만들었는데, 이곳에는 기사나 보병이 다른 용병 회사보다 월등히 많았으며, 세금에서 보수를 지급받았다.[2] 회사별로 군사의 수가 정해져 있었고 갑옷과 무기도 사사로이 선택하지 않고 국왕이 지정하였다.

용병이 가장 활발하게 활동하던 곳은 이탈리아였다. 중세 이탈리아는 많은 도시 국가로 나뉘어져 늘 작은 전투가 되풀이됐다. 당시의 군주가 골머리를 앓는 것은 용병대에게 지불하는 비용이었다. 용병대장은 전투에 목숨을 걸기보다는 조금이라도 돈을 더

---

1 프리랜서(free lancer)는 어떤 영주에게도 소속되지 않은 자유로운(free) 창기병(槍騎兵, lance)이라는 뜻으로, 중세 서양의 용병부대에서 유래한 말이다.

2 영어로 군인의 솔저(soldier)는 프랑스어로 급료를 의미하는 솔드에서 온 것이다.

용병대장은 병사의 생존권을 쥐고 있었다

전쟁 기업가인 용병대장은 중세 유럽의 군대에게 매우 중요한 인물이었다. 그의 작전 지휘에 따라 영주가 몰락하기도 하고, 새로운 영지를 확보하기도 했다. 이들은 부대 내의 재판권, 전투 중의 작전 지휘 등 병사들의 생사여탈권을 쥐고 있었다. 뿐만 아니라 병사들에게 급료를 주는 것도 용병대장의 주요한 임무였다. 그래서 병사들은 자신들의 고용주가 누구인지, 자신들의 적이 누구인지, 무엇을 위한 전쟁인지 따위는 관심 밖이었다. 그들의 관심은 급료를 제대로 주는 용병대장에게만 있었다. 용병대장 역시 병사들이 있어야 자신이 존재할 수 있었기 때문에 이들을 통제하는 능력이 매우 뛰어났다.

주는 군주를 위해 일했다.

용병 부대로 유명한 독일의 란츠크네히트(Landsknech)는 국가 관리인 스위스 용병 부대와는 달리 사기업(私企業)으로 운영되었다. 돈을 뿌려 병사들을 모으는 용병대장이야말로 전쟁기업가인 셈이었다.

더 읽어 볼 책
에마누엘 부라생, 〈중세의 기사들(2006)〉
남경태, 〈종횡무진 서양사(1999)〉

와인

....

로마에서 와인을 마시는 여성은
사형에 처해졌다

맥주는 사람이 만들고 와인은 신이 만들었다.

마틴 루터 Martin Luther, 독일의 종교개혁가

와인의 제조가 처음 시작된 것은 흑해와 카스피해 사이에 있는 코카서스 지방이다. 그 후 와인은 메소포타미아, 이집트, 크레타 섬을 경유하여 그리스 세계에 전해져 널리 애용되었다.

그리스에서는 붉은 빛의 와인은 '포도주의 신'을 상징하는 디오니소스와도 결부되었다. 디오니소스의 '피'인 와인을 마시면 이듬해에 풍작을 약속해 준다고 믿었던 것이다. 와인은 포도 열매가 완전히 짓이겨진 후 와인으로 소생한다는 점에서 '불사(不死)'를 의미하는 술로 불려졌다. 고대 그리스에서는 디오니소스 축제 때 사람들이 디오니소스 신전인 나이온에 모여 포도에서 와인으로 새롭게 태어나는 기쁨을 체험하고 밤새도록 와인을 즐겼다.

그러나 로마에서는 원래 와인을 마시는 풍습이 없었다. 그리스로부터 포도 재배가 전해진 로마는 피정복 지역에 포도 재배와

와인 양조를 적극 장려했다. 이는 유럽 여러 지역으로 포도 재배가 확산되는 결과를 낳았다. 로마에서 와인이 처음 문헌에 등장한 것은 기원전 121년이다. 초기 로마에서는 여성이 와인을 마시는 것을 금지했는데, 이를 어기면 사형에 처

해졌다. 그 이유는 자녀를 낳는 어머니인 여성이 '와인'이라는 이질적인 피를 마시는 것은 부정행위나 마찬가지로 생각했기 때문이다.

카이사르 시대에는 와인이 매우 고가품으로 애용되었으며, 제정기가 되면서 누구나 손쉽게 마실 수 있게 되었다. 사회적으로 지위가 높아진 여성도 이때부터 와인을 마시기 시작했다. 393년 로마 제국의 국교로 공인된 기독교에서는 와인이 예수의 거룩한 피를 상징하는 것으로 여겨 미사에 이용되었다. 마치 포도즙이 와인으로 바뀌듯이 예수가 다시 살아났다고 생각했던 것이다.

더 읽어 볼 책

스튜어트 앨런, 〈죄악과 매혹으로 가득 찬 금기 음식의 역사(2005)〉

미야자키 마사카츠, 〈하룻밤에 읽는 물건사(2003)〉

외과의사
....

중세 유럽의 외과의사는 이발사였다

이발사의 역사는 고대 그리스 로마 시대 때부터 존재해 있었다. 영어에서 이발사를 '바버(barber)'라고 하는데, 이것은 수염을 의미하는 라틴어 '바루바(barba)'에서 유래된 말이다. 중세 유럽에서는 칼날을 취급하는 면도사가 외과의사를 겸하고 있었다. 당시에는 외과의학이라는 별도의 학문 분야가 없었다. 외과의사는 이발사를 겸하는 천한 직업이었던 것이다. 이들은 면도를 할 뿐만 아니라 머리도 깎고, 피를 빼내는 일을 했으며, 종기도 째고 고름을 짜내는 등 외과의사의 역할을 대신했다.

중세 시대에는 진통제도 마취약도 없었으므로, 외과수술은 고문보다도 훨씬 끔찍하였다. 환자의 몸을 쇠사슬로 묶은 후 외과의사(이발사)는 톱, 망치 등을 써서 무지막지하게 수술한 후, 빨갛게 달군 인두로 상처를 지져서 지혈을 하였다. 수술 도중 환자가

죽는 경우도 비일비재했다.

오늘날 이발소의 앞에는 빨강, 파랑, 하양의 3색 나선상 간판
이 있는데, 이것은 빨강이 동맥, 파랑이 정맥, 하양이 붕대를 의
미한다. 급한 응급 환자가 다쳤을 경우 병원(이발소)의 위치가 눈
에 잘 들어오도록 세 가지 색을 가진 간판을 내건 것이다. 그 간

판이 바로 삼색등의 시초이다.

외과의학이 천한 직업에서 학문의 한 분야로 자리 잡게 된 데에는 파레(Ambroise Pare)의 공이 컸다. '근대 의학의 아버지'라고 불리는 파레는 여러 이발소들을 전전하면서 외과 의술을 배웠고, 파리에서 공부한 후 정식으로 외과의사가 되었다. 당시 프랑스를 통치하던 프랑수아 1세는 주변국과 잦은 전쟁을 일으켰는데, 파레는 군에 종군하는 군의가 되어 전쟁 때마다 부대를 따라다니면서 부상병들을 치료했다. 또한 그는 환자의 고통을 줄이고 효과를 높일 수 있는 여러 치료법을 개발했다. 인두로 지져서 상처를 지혈하는 난폭한 방법 대신에 새로운 지혈법을 개발했으며, 처음으로 틀니, 의안, 의족 등을 고안하기도 하였다.

이발사와 외과의사가 분리된 것은 18세기 이후이다. 그 후 이발사는 수염과 머리만을 취급하게 되었다. 그리고 이발사의 주 업무가 수염을 깎는 것으로부터 머리를 깎는 것으로 옮겨지게 된 것은 안전 면도기가 출현한 20세기 이후부터이다.

더 읽어 볼 책
쿤트 헤거, 〈삽화로 보는 수술의 역사(2005)〉

중세 유럽의 민영 우편은
푸줏간에서 시작되었다

우편의 역사는 기원전 2000년경 고대 이집트에서부터 시작되었다. 그러나 일정한 조직을 가지고 정기적으로 우편을 제도화한 것은 페르시아의 역마제도(驛馬制度)[1]이다. 이는 로마와 중국에서도 성행하였으며, 중세 유럽에 이르러서는 국가적인 사업 이외에 수도원과 대학 등에서 수도사와 학생이 급사가 되어 우편물을 배달하였다. 이 시대는 상업의 발달로 인해 상업 통신의 필요성을 느끼게 되었고 우편제도는 국가 위주의 사업으로 확대되었다.

유럽에서 민영 우편이 처음 시작된 곳은 푸줏간이었다. 부패하기 쉬운 육류를 운반하는 푸줏간은 기동성이 뛰어난 마차를 이용

---

1 역마제도는 '앙가리아'라고 하는데 일정한 거리에 숙박소를 마련하고, 말과 마부를 두어 편지를 운반하는 대규모 통신제도이다.

했는데, 이때 편지 등을 얹어 배달했던 것이다. 이 제도는 상인 조합과 각 도시 사이에 배달 계약을 체결하여 우편 연락을 하였으며, 이를 '육류상 우편'이라고 불렀다. 푸줏간은 마을에 도착하면 나팔을 불었기 때문에 나중에 우편 마차에도 이러한 관습이 도입되었다. 나팔은 우편의 심벌이 되었고, 오늘날의 독일에서도 우편 마크로 나팔을 사용하고 있다. 그러나 이들 우편은 한정된 지역에서 운영되었고 부정기적이었다.

이와 같은 지역적 통신제도를 통합하여 누구나 이용할 수 있도록 개방한 인물은 이탈리아의 프란츠 타시스(Franz Tassis)였다. 그는 1516년 신성로마제국의 황제 막시밀리안 1세로부터 제국 내의 우편사업의 독점과 세습의 특권을 부여받고, 그 후 그 자손들에 의한 '타시스 우편'이 유럽 각지를 연결하여 영업함으로써 많은 편의를 주었다. 타시스 우편은 국가의 재정적 지출에 의하지

우리나라는 1884년 근대 우편의 길을 열었다

우리나라에서는 이미 신라시대에 역(驛)이 마련되어 국가의 우편을 취급하였고 이것이 고려 · 조선 시대까지 계속되었다. 그러나 이 시대는 민간을 위한 우편제도는 발달하지 못하고, 개인 간의 인편에 의한 우편이 행해졌을 뿐이다. 근대 우편제도의 시작은 홍영식(洪英植)이 미국 · 일본 등을 돌아보고 1884년 우정총국(郵政總局)을 창설하여 인천에 본국을 둔 것에서 비롯된다. 그러나 같은 해 12월 4일 갑신정변으로 홍영식 등의 개화파가 숙청됨으로써 우정총국이 폐지되고 우편제도도 중지되었다. 그 후 1895년에 이르러 조선의 모든 제도가 개혁됨과 동시에 우편제도도 부활하여 서울을 비롯하여 각 지방에 우체사(郵遞司)가 설치되었으며 중앙에는 통신원(通信院)이 생겼다. 1900년 만국우편연합에 정식 가입하고 국제우편도 시작되었다.

않고 개인 사업의 경영으로서 일반 민중이 이용할 수 있는 근대 우편의 출발점이 되었다.

근대 우편이 시작된 것은 영국에서부터였다. '근대 우편의 아버지'라 불리는 롤랜드 힐은 1832년 팸플릿에 의한 근대 우편을 제안하여 근대 우편의 기초를 닦았다. 그 후 철도와 증기선의 보급은 편지 수송을 간편하게 만들었고, 국제우편에 관한 규약이 제정됨으로써 만국우편연합이 성립되었다.

더 읽어 볼 책
미야자키 마사카츠, 〈하룻밤에 읽는 물건사(2003)〉

유목 제국

....

거대 유목 제국을 탄생시킨 것은 '재갈'과 '고삐'였다

성을 쌓고 사는 자는 반드시 망할 것이며
끊임없이 이동하는 자만이 살아남을 것이다.
칭기즈칸 Chingiz Khan, 몽골제국 창시자

초원에 거주하던 유목민들은 양과 말의 무리를 쫓아 작은 집단을 이루며 이동 생활을 했다. 유목민 한 가족이 생활하려면 많은 가축이 필요했고, 십여 킬로미터 떨어진 초원을 배경으로 대여섯 가족이 흩어져 살았다. 따라서 유목민에게는 말을 타기 위한 도구와 기술이 매우 중요했다.

역사상 가장 큰 제국을 건설했던 몽골 제국의 원동력도 바로 '말'에서부터 출발했다. 그들은 전쟁을 치르는 동안 치고 빠지는 기술이 탁월했는데, 이는 말이 있었기에 가능했다. 그러나 말을 타는 행위는 숙련된 기술을 필요로 했기 때문에 기마가 보급되기까지는 오랜 시간이 걸렸다. 이런 시간을 앞당기고 제대로 말을 다룰 수 있었던 것은 '재갈'과 '고삐'가 있었기 때문이었다.

'재갈'이란 말의 아래턱에 있는 치열 사이에 골제 고리를 끼워

고정시키는 것으로 그 끝에 '고삐'가 달려 있다. 재갈과 고삐는 인간이 말을 타고 원하는 방향으로 달리는 것을 가능하게 만들었다. 그 결과 기원전 10세기경 기마는 유목민 사회의 관습으로 널리 뿌리를 내리게 되었고, 이른바 기마 유목민이 출현하는 계기가 되었다.

고대 농경 문명의 중심지에서는 처음에 기마를 야만인의 풍습으로 간주하여 기피했다. 하지만 기마는 전투가 생겼을 때 모든 지형에서 대처할 수 있을 뿐만 아니라 전차의 단점을 보완할 수 있어서 어느 민족이든 기마의 우수성을 도입하여 전투에 활용했

몽골 제국이 최초의 햄버그를 만들었다

몽골 제국의 병사들의 주요 식량은 말고기였다. 그들은 말고기를 다져서 채소와 소금을 첨가하여 말안장 아래 깔아두고 다녔다. 이것이 바로 '타르타르 스테이크'이며 오늘날 햄버거의 원조가 되었다.

유라시아 정복으로 거대 제국을 건설한 몽골족의 고유 음식은 헝가리 등 동구권에 전해졌다. 이렇게 헝가리 등지에 뿌리를 내린 타르타르 스테이크는 함부르크(Hamburg)를 중심으로 활동하던 독일 상인들에 의해 독일로 전파되었다. 타르타르 스테이크는 함부르크를 무대로 상류층의 유럽인들에게 호기심과 함께 별미 음식으로 인기를 얻었고 일명 독일식 스테이크(German steak)라는 별칭도 얻게 되었다. 결과적으로 타르타르 스테이크는 고기를 잘게 다진 육회에서 둥근 모양의 형태로 굽는 요리법으로 정착되었다. 이때를 계기로 명칭도 함부르크 음식이라는 뜻에서 함부르크 스테이크(Hamburg steak)로 바뀌었다. 19세기가 끝날 무렵 타르타르 스테이크는 함부르크에서 불에 굽는 요리법으로 변화 정착된 것에 연유해 햄버그(hamburg)라는 명칭을 얻기에 이르렀다.

다. 아시리아는 종래의 전차대에 기마대를 보강함으로써 주변 국가를 압도하여 기원전 7세기에 오리엔트를 통일하는 대제국을 세웠다. 유목 사회에서 시작된 재갈과 고삐를 비롯한 기마 기술의 개량은 유목 사회를 기마 유목민 국가로서 군사적으로 발전시켰고, 농경 중심의 사회에서 거대한 제국의 출현을 촉진시켰다.

더 읽어 볼 책
잭 웨더포드, 〈야만과 문명, 누가 살아남을 것인가(2005)〉
니콜라 디코스모, 〈오랑캐의 탄생(2005)〉

코끼리도
예의를 갖추지 않으면 대가를 치르게 하라

군주는 신으로부터 선사받은 노예들을 자기 뜻대로 부릴 수 있다.
신이 그대의 군주를 맹목적으로 따르라고 명령했기 때문이다.

이반 4세 Ivan IV, 러시아 황제

러시아 황제 이반 4세(Ivan IV)를 뇌제(雷帝)라고 부른다. 이는 하늘에서 내리치는 천둥 번개처럼 인간에게 공포감을 준다는 뜻이다.[1] 그는 러시아 역사상 가장 잔혹했던 황제로 꼽히며 공포 정치의 대명사로 알려져 있다. 그러나 포악하기로 악명을 떨친 이반 4세였지만, 그도 러시아 역사에서 큰 족적을 남긴 것이 있다. 1555년 모스크바에 웅장한 성 바실리 교회를 건축한 것이다. 모든 국민이 이 웅대한 교회의 건축을 기뻐했고, 이반 4세도 그 건물의 아름다움에 만족했다. 그런데 여기에서도 그의 엉뚱하고 괴팍한 성격이 잘 드러나는 일화가 있다. 그는 자신이 온 정성을 다

---

1 이반 4세는 '차르'라는 명칭을 가지고 제위에 오른 최초의 인물이다. '차르'라는 명칭은 비잔틴 제국의 정통성을 잇는다는 의미에서 '카이사르(Caesar)'의 러시아식 발음이다.

해 만든 이 교회보다 더 훌륭한 교회가 나올 것을 두려워한 나머지 성 바실리 교회의 설계자를 불러 음식에 독을 타서 그의 눈을 멀게 하였다.

이반 4세의 잔혹한 성격은 사람뿐만 아니라 동물도 예외를 두지 않았다. 페르시아의 황제가 러시아에서는 흔히 볼 수 없는 코끼리를 선물로 보내왔다. 신하들은 이 신기한 동물에 넋이 빠져 있는데, 갑자기 이반 4세가 코끼리에게 무릎을 꿇으라고 명령했다. 아무리 말 못하는 동물이라고 해도 황제 앞에서는 예의를 갖추어야 한다는 것이었다. 코끼리가 아무런 반응을 보이지 않자, 이반 4세는 그 자리에서 코끼리를 죽여 버렸다. 이반 4세는 한 달이 넘도록 매일 술잔치를 벌인 적도 있는데 그때마다 수천 마리의 짐승을 죽였다.

이반 4세는 통치권자가 배우자 이외의 여자와 관계를 갖는 것을 스스로 인정하지 않았기 때문에 빈번히 아내가 바뀌었다. 평생 여섯 명의 아내 중에 (일곱 번째 결혼은 교회로부터 인정을 받지 못했음) 세 명은 결혼 생활 중 세상을 떠났으며 그보다 오래 살아남은 사람은 단 한 명이었고, 나머지는 그와 이혼한 후 수녀가 되어야 했다. 그런데 이반 4세의 말년은 다른 황제들의 비극적인 최후와는 달리 평온했다. 그는 말년에 자신의 잘못을 뉘우치며 진리를 찾기 시작했고, 결국 수행자가 되어 일생을 마쳤다.

더 읽어 볼 책
김경묵, 〈이야기 러시아사(2004)〉

꼬마친구의 부탁으로
〈이상한 나라의 앨리스〉가 태어났다

〈이상한 나라의 앨리스〉의 저자인 루이스 캐럴(Lewis Carroll)은 옥스퍼드 대학 수학부를 수석으로 졸업한 뛰어난 수학자였다.[1] 그는 문학 학사 학위도 취득했으며, 인물 사진에 남다른 재능을 보였던 사진 예술가이기도 했다. 그러나 무엇보다 그를 돋보이게 했던 것은 〈이상한 나라의 앨리스〉와 〈거울 나라의 앨리스〉를 쓴 동화작가라는 사실이다. 캐럴의 꼬마친구 앨리스 리델에게 주려고 쓴 앨리스 2부작은 그의 사후 100년이 지난 지금까지도 전

---

[1] 루이스 캐럴의 본명은 찰스 러트위지 도지슨(Charles Lutwidge Dodgson)이다. 그는 루이스 캐럴이라는 필명을 써서 수학자이자 자연인인 도지슨과 동화작가로서의 루이스 캐럴을 엄격히 구별하려고 노력했다. 루이스 캐럴이 독보적으로 기여한 분야는 '수학 레크리에이션'으로, 그는 아이들을 위한 다양한 수학 게임, 논리적 역설, 수수께끼, 게임의 규칙들을 정리해 수학 퍼즐 책도 발간했다.

세계적으로 널리 읽히는 소설이다.

　루이스 캐럴은 공부를 잘하는 수재형의 공부벌레였지만, 천성적으로 수줍음이 많고 고질적인 말더듬이 때문에 평생 연애 한번 못하고 독신으로 지냈다. 그러나 이 말더듬이가 아이들 앞에만 서면 탁월한 유머 감각의 소유자로 변했다. 그가 진정으로 애정을 쏟았던 친구들은 어린이들, 특히 어린 소녀들이었다.

　캐럴은 그의 모교에서 수학을 담당하고 있었는데, 새로 부임한 학장 헨리 리델의 세 딸은 그에게 중요한 친구들이었다. 그 중에서도 둘째 딸인 앨리스 리델과는 각별한 사이였다. 바로 이 앨리스 리델이 그의 소설 〈이상한 나라의 앨리스〉를 태어나게 만든 소녀이다.

꼬마친구들을 사랑했던
말더듬이의 천재 수학자

1862년 어느 날 캐럴은 이 세 명의 꼬마친구들과 뱃놀이를

〈이상한 나라 앨리스〉는 4천 부 판매를 예상했다

〈이상한 나라의 앨리스〉가 처음 출간되었을 때, 캐럴은 4천 부 정도만이라도 팔리기를 고대했다. 당시 그는 이 책에서 얼마만이라도 부수입이 있기를 기대하고 있었던 것이다. 캐럴은 1882년 일기에서 이보다 더 많은 판매 부수나 실익은 기대하지 않았다고 적고 있다. 그런데 그의 예상과 바람은 빗나갔다. 처음 그의 책은 인쇄가 잘못되어 회수되었을 때만 해도 4천 부는커녕 그 절반에도 미치지 못할 것 같았다. 그러나 성공은 그 이후에 찾아왔다. 1898년 캐럴이 죽을 때까지 〈이상한 나라의 앨리스〉는 20만 부 가량 팔렸고, 오늘날 전 세계적으로 수백만 부가 팔린 초대형 베스트셀러가 되었다.

나가 평상시보다 훨씬 흥미진진한 이야기를 아이들에게 들려주었다. 그 이야기를 듣고 있던 앨리스는 캐럴에게 자신을 위해 이야기를 글로 써달라고 부탁했다. 한참을 고민하던 캐럴은 당시 열 살이던 이 귀여운 꼬마 아가씨의 부탁을 거절하지 못하고 원고에 매달렸다.

처음에는 구성도 없이 이야기를 끌고 나가다가 그의 천직인 수학자답게 이야기를 논리적으로 만들어 아이들이 쉽게 읽을 수 있도록 만들어 갔다. 다음해 2월 캐럴은 〈앨리스의 지하세계 모험〉의 초고를 내놓았다.

이 책은 앨리스의 부탁대로 오직 앨리스만을 위해서 쓴 환상으로 가득 찬 모험담이었다. 훗날 리델 학장 집에서 이 원고를 우연히 보게 된 소설가 헨리 킹슬리가 출판을 권유해 캐럴은 자신의 초고를 고쳐 〈이상한 나라의 앨리스〉를 세상에 내놓았다. 그리고 이 소설에 삽화를 곁들여 〈이상한 나라의 앨리스〉는 더욱 생동감을 얻었다. 영국이 자랑하는 걸작 동화는 이렇게 탄생한 것이다.

더 읽어 볼 책
프랜신 프로즈, 〈매혹의 조련사, 뮤즈(2006)〉

1935년 미국

1달러 지폐에는
왜 피라미드가 그려져 있을까?

1달러 지폐 속에 있는 피라미드는
국가의 물질적 힘과 발전을 향한 계속적인 투쟁을 상징한다.
윌리엄 바톤 William Barton, 18세기 지폐 도안자

미국의 1달러 지폐 뒷면에는 '13층의 미완성 피라미드와 신성한
눈'이 그려져 있다. 앞면의 조지 워싱턴 초상이나 뒷면의 독수리
문양은 미국의 상징이지만, 미국의 돈에 이집트의 상징인 '피라
미드'와 '신성한 눈'이 그려진 의미는 무엇일까?

　한 학자는 피라미드가 '물질계와 천계를 이어 주는 건축물'이
며, 13의 숫자는 초월을 상징하는 숫자라고 주장한다. 또 빛을
뿜어내는 신비스러운 눈은 전지전능한 '신의 눈'을 상징한다. 그
리스 · 로마 신화에서 하늘의 신인 제우스의 신조(神鳥)인 독수리
는 '상위의 차원에서 빛의 상태로 활동하는 존재'이며, 독수리 위
에 별로 이루어진 육각형은 고대 솔로몬 왕의 '다윗의 별'로 삼라
만상 안에 깃들어 있는 신성을 상징한다. 독수리 왼쪽 발톱이 잡
고 있는 13개의 잎이 달린 월계수 줄기는 고대 유대교의 신비주

의 카발라(Kabbalah)를 상징하고,[1] 13개의 화살은 지구가 13년간 겪게 될 변화의 시간을 뜻한다.

　이러한 문장이 1달러 지폐에 채택된 것은 1935년 프랭클린 루스벨트 대통령과 헨리 월레스 농무장관에 의해서였다. 이 두 사람은 공교롭게도 비밀결사 단체인 '프리메이슨(Freemason)'의 일원이었다. 이들은 1930년대 경제 회생을 위한 목적으로 발행한 1달러에 자신의 존재를 알리는 기호와 문장을 새겨 넣게 되는데, 그것이 바로 피라미드와 독수리, 13의 숫자 등이다.

1　헤브라이어로 '전승(傳承)'을 뜻한다. 구약성서 〈창세기〉의 천지창조 이야기나 〈에제키엘〉의 하느님이 나타난 이야기를 둘러싼 〈탈무드〉의 신비주의적 교리를 의미한다.

1달러 지폐에는 프리메이슨의
신비주의가 담겨 있다

1달러 지폐의 피라미드 상단 부분에는 밝게 빛나는 눈이 하나 그려져 있다. 이것은 전시안 혹은 '매의 눈'이라 불리는데 이집트 신화에 나오는 승리의 신 호루스를 의미한다. 호루스는 태양신의 아들로 기독교로 말하자면 하나님의 아들인 '예수'에 해당한다.

이 설명대로라면 미국의 1달러 지폐는 엄청난 신비주의 상징이 된다. 또 미국의 건국을 주도해 온 세력이 신비주의적 요소가 가득한 비밀결사집단이었다는 해석이 가능하다. 벤저민 프랭클린 등 18세기 미국 주도 세력들은 신비주의적 요소와 결합된 비밀결사 집단이 많았으며, 그들은 정통성을 과시하기 위해 다양한 상징물을 사용했다. 1달러 지폐에는 이런 미국 건국 세력들의 전통을 이어받은 권력자들이 18세기 미국의 상징성을 후대에 계승한 것으로 볼 수 있다. 프리메이슨은 영국에서 시작되었지만 오히려 프리메이슨이 활발한 활동을 한 곳은 미국에서였고, 전체 프리메이슨의 절반 이상이 미국에 존재하고 있다.

더 읽어 볼 책
리아 코헨, 〈탁자 위의 세계(2002)〉
케네스 데이비스, 〈미국에 대해 알아야 할 모든 것 미국사(2004)〉
조엘 레비, 〈비밀과 음모의 세계사(2005)〉

이슬람 남성은
네 명의 아내를 가질 수 있다?

이슬람은 일부다처제, 즉 1부 4처까지 허용하고 있다. 오늘날 이 제도를 인정하는 나라는 전 세계적으로 그리 흔하지는 않다. 이슬람 국가들 가운데 고작 몇몇 나라가 인정하고 있을 뿐이다. 이슬람 세계에서 일부다처제는 비도덕적인 제도가 아니라 여성을 존중하고 보호해 줄 수 있는 제도이다.

이슬람이 등장하기 전 아랍 세계 여성의 지위는 단지 재산의 일부로 취급되었으며 필요에 따라 산채로 매장하거나 죽이기까지 하였다. 이것은 이슬람 세계뿐만 아니라 그 당시 사회의 일반적인 관습이었다. 그러나 이슬람권에서는 코란의 계시에 따라 이슬람교가 성립되면서 이런 제도가 서서히 사라지기 시작했다. 코란은 남녀 간의 평등과 상부상조의 관계를 '여성은 남성의 옷이고, 남성은 여성의 옷'이라는 구절로 표현한다. 이러한 숙명적인 관계로 인해 이슬람에서는 남녀는 공동으로 사회와 가정을 지켜 나가야 할 의무를 지닌다. 그렇다면 이슬람 사회에서 일부다처제는 왜 발생했으며, 장기간 존속할 수 있었던 요인은 무엇일까?

622년 이슬람교의 창시자 마호메트는 메디나 북쪽 오나호드에서 이교도 군과 싸워 이겼다. 그러나 아군의 배반으로 7백 명의 이슬람 군 중에서 74명의 전사자가 나오는 고전을 치러야 했다. 그로 인해 고아나 미망인이 사회적 문제가 되었다. 이처럼 이슬람 초기 전투에서 많은 남성들이 사망하게 되자, 과부들과 고아들이 생겨나 그들에게 고통을 안겨 주었다. 이들을 구제할 수 있는 효과적인 방도는 한 남자가 여러 아내를 받아들이는 것이었다. 이것이 바로 초기 이슬람 사회에서 일부다처제를 받아들이지 않을 수 없었던 직접적인 이유였다.

과부와 고아를 위해 종교적 차원에서 출현한 제도이다

이처럼 일부다처제는 초기 이슬람 공동체하의 시대적 상황을 반영하여 출현한 제도이지만 그 제도를 독립하고 유지하는 데는 종교적 신앙에 가까운 단서가 붙어 있다.

그 제약 중 첫째는 이미 같이 혼인 중에 있는 조강지처(제1처) 또는 다른 아내들의 동의가 필요하다. 즉 두 번째 부인을 얻기 위해서는 첫 번째 아내의 동의가 있어야 하고 세 번째 아내를 얻기 위해서는 기존의 두 명의 아내들로부터 동의를 받아야 가능하다. 이러한 동의 절차를 어긴 자는 중혼을 할 수 없으며, 이는 바로 죄를 범하는 것으로 간주된다. 두 번째는 다수의 처를 두어야 하는 상황이다. 전쟁과 질병 등으로 많은 고아와 미망인이 생길 때나 아내가 질병, 포악한 성격, 불임 등으로 결혼 생활에 상당한 장애가 되는 사유를 가지고 있을 때 비로소 첫 번째 아내의 동의하에 두 번째 아내를 둘 수 있다. 세 번째는 2인 이상의 처를 둔 남편은 모든 아내에게 동등한 대우를 해주어야 하는 의무를 지니게 된다.

더 읽어 볼 책
이희수, 〈이슬람(2002)〉

잉카 제국은 왜 멸망했을까?

오오, 정말 놀라운 일이다!
어떻게 이런 산꼭대기에 이런 어마어마한 도시를 건설할 수 있을까?
하이럼 빙엄 Hirum Bingham, 마추피추 최초 발굴자

수수께끼로 가득 찬 잉카족들은 바퀴도, 문자도 없었지만 안데스 고지에 거대한 제국을 세웠다. 그들은 태평양 연안과 안데스 산맥을 따라 남북을 관통하는 두 갈래 길(잉카 로드)을 2만 킬로미터나 만들어 광대한 영토를 통제했다. 잉카 황제의 명령은 대단해서 국민 한 사람 한 사람에게까지 두루 미쳐 새 한 마리도 황제의 명령 없이는 날지 않는다고 했다.

잉카 제국은 '태양의 제국'으로 불리며 번성했으나 황금을 찾아 침입한 스페인의 약탈자 프란시스코 피사로 군대에 의해 1532년에 멸망했다. 그런데 이 거대한 제국이 어떻게 180여 명에 불과한 스페인의 피사로 군대에게 무너졌을까?

후대의 학자들은 피사로의 군대가 잉카의 황제를 사로잡고 잉카족들에게는 생소한 총과 화력으로 단번에 그들을 제압했다고

284

한다. 그러나 이미 이때 잉카 제국은 쇠퇴기에 접어들고 있었다. 이들이 멸망한 직접적인 원인은 스페인 군대의 침략보다는 당시 아메리카 대륙을 휩쓴 전염병 때문이었다.

1531년 피사로가 180명의 군대를 이끌고 페루 해안에 상륙했을 때 이미 잉카 제국은 1526년에 육로를 통해 들어온 천연두의 대유행으로 사람들이 대부분 죽고 없었다. 천연두 바이러스가 피사로에 앞서 잉카 제국을 정복한 것이다. 아메리카 원주민인 인디오는 천연두, 마진 등의 항체를 가지고 있지 않아 스페인 군대에 제대로 대항 한 번 못하고 패망한 것이다. 스페인인이 가지고 들어온 전염병에 의해 인디오 인구는 격감했고, 아메리카 사회는 황폐해졌다. 아즈텍·잉카 제국과 북미 대륙의 원주민들은 이런 병에 대한 면역력이 없었기 때문에 95%가 사망했다.

잉카족은 '마추피추'를 왜 산 정상에 지었을까?

마추피추는 높이 5미터, 두께 1.8미터의 성벽으로 견고하게 만든 요새로 둘러싸여 있다. 이 도시는 미국의 빙엄 교수가 최초로 발견하기 전까지 수풀에 묻힌 채 아무도 그 존재를 몰랐기에 '잃어버린 도시' 또는 '공중 도시'라고 불렸다. 그렇다면 잉카족은 왜 이런 산꼭대기에 거대한 도시를 건설한 것일까? 가장 먼저 추측할 수 있는 것이 스페인과의 전쟁이다. 지상에서 보이지 않는 산등성이에 도시를 세우면 침략자들의 눈을 피할 수 있기 때문이다. 실제로 16세기에 잉카 제국을 정복한 스페인 사람들은 이 도시의 존재를 알아차리지 못했다. 하지만 이 공중 도시가 스페인과의 전쟁 때문에 지어진 것에 대해서는 회의적이다. 대부분의 고고학자는 이 도시가 스페인과의 전쟁 이전에 지어진 것으로 추정하고 있기 때문이다.

더 읽어 볼 책

정지성, 〈잉카문명의 신비 마추피추(1998)〉

이재열, 〈바이러스, 삶과 죽음 사이(2005)〉

자유의 여신상의 모델은 조각가의 어머니다

고단하고 가난한 자들이여,
자유로이 숨 쉬고자 하는 군중이여, 내게로 오라.
라자루스 Lazarus, 미국의 시인, '자유의 여신상' 주춧돌에 새겨진 글에서

미국 리버티 섬에 세워진 자유의 여신상은 1884년 프랑스가 미
국 독립 100주년을 기념하여 미국인에게 기증한 것이다. 이 거대
한 동상은 미국을 상징하면서 지난 1세기여 동안 '아메리칸 드
림'의 선봉장 역할을 해왔다. 세계에 빛을 밝히기 위해 족쇄를 던
지고 횃불을 높이 쳐든 모습은 자유를 묘사하고 있다. 여신상의
왼손에는 '1776년 7월 4일'의 날짜가 적힌 미국의 독립선언서가
들려 있다.

이 자유의 여신상을 만든 조각가는 프레데리크 바르톨디
(Fredericste Bartholdi)이다. 바르톨디는 누구를 모델로 이 자유의 여
신상을 구상했을까? 그는 바로 자신의 어머니를 모델로 삼았다.
그는 얼굴은 자신의 어머니를, 나머지 부분은 로마 시대의 조각
에서 인용하여 여신상을 만들었다. 그런데 바르톨디는 여신상의

제작 과정에서 약간의 어려움을 겪었다. 나이 많은 어머니가 오래도록 같은 포즈를 취하는 데 쉽게 피로감을 느끼자, 그는 파리 시내에 나가 어머니를 닮은 젊은 여인을 데려왔다. 이 젊은 여인은 바르톨디가 여신상의 작업을 마친 후 그의 아내가 되었다.

더 읽어 볼 책
마르코 카타네오, 〈유네스코 세계문화유산(2004)〉

파리 센 강에는 뉴욕의 여신상의 동생이 있다?

뉴욕 항구에 있는 자유의 여신상은 사실 뉴욕 땅에는 없다. 또한 뉴욕 시에도, 뉴욕 주에도 없다. 자유의 여신상이 서 있는 곳은 리버티 섬으로, 이 지역은 행정 구역상 뉴저지 주에 속한다. 이 여신상이 처음 미국에 도착했을 때의 공식 이름도 '자유의 여신상(Statue of Liberty)'이 아니라, '세계를 비추는 자유(Liberty enlightening the world)'였다.

그리고 파리 에펠탑 근처의 그르넬 다리 쪽에는 뉴욕의 '자유의 여신상'보다 훨씬 규모가 작은 또 하나의 여신상이 있다. 이 여신상은 뉴욕의 여신상을 모델로 하여 1/4로 축소해 만들었다.

원래 이 여신상은 프랑스 혁명 100주년인 1889년 11월 15일 현재의 위치 '백조의 섬'에 세워졌는데, 대통령이 집무하는 엘리제 궁전에 등을 돌릴 수 없다는 이유로 지금과는 달리 에펠탑을 바라보는 모습으로 세워졌다. 1967년 다리 보수공사를 마치면서 뉴욕의 언니를 마주 바라보도록 현재의 자세로 방향을 180도 바꾸었다.

장미 문장
....

왜 영국 왕실의 문장에는
장미가 그려져 있을까?

고대 페르시아인들은 장미 음료를 마시면 사랑하는 사람과 절대 헤어지지 않는다고 믿었다. 그래서 병사가 전쟁에 참전하기 전이나 긴 여행을 떠나기 전에 가족이나 연인과 함께 장미 음료를 마셨다. 그리스의 신들이 영원한 생명을 얻을 수 있었던 것은 불로불사의 영약이라고 말하는 '엘릭시르(elixir)'를 마셨기 때문이라고 한다. 이 약을 만드는 방법은 사랑의 여신만이 알고 있다고 하는데, 그 사랑의 여신이 가장 좋아했던 꽃이 장미였기 때문에 이 약은 장미 꽃잎으로 만들어진 것이라 믿었다.

고대 로마인들 역시 장미를 좋아했다. 그들은 매년 5월과 6월에 장미 축제를 열어 풍성한 음식을 곁들인 향연을 베풀었다. 장미 축제가 열릴 때 로마인들은 죽은 자를 기리기 위해서 무덤을 장미꽃으로 덮었다. 이런 관습 속에서 장미는 재생의 상징이 되

었다. 그리스도교에서도 순
수하고 신성한 신에 대한 사
랑을 백장미로 상징화하였
고, 십자가에 못 박힌 그리스
도의 피를 적색 장미로 상징
하였다.[1] 이런 장미의 관습
이 가장 발달된 나라가 영국
이다. 영국의 국화는 장미이
며, 왕실의 휘장으로도 사용
되고 있다.

15세기에 있었던 백년 전
쟁이 끝날 무렵, 왕권을 둘러싼 '요크 가(家)'와 '랭커스터 가'의
가문의 갈등은 30년간의 전쟁(장미 전쟁)으로 악화되었다. 랭커스
터 가의 사람들은 적색 장미 배지를 달고 다녔고, 요크 가의 사람
들은 백장미 배지를 달고 다녔다. 이 전쟁은 1485년 랭커스터 가
의 헨리 7세와 요크 가의 엘리자베스와의 결혼으로 '튜더 왕조'
가 세워지고 이로써 전쟁은 막을 내렸다. 정략결혼에 의해 내전
이 종결된 것이다. 이때부터 장미는 튜더 왕조의 문장이 되었고,
영국 왕실의 상징으로 자리 잡았다. 장미는 이후 영국 왕실의 공
식 문장이 되었을 뿐만 아니라 현재까지도 이어지고 있다. 14세

---

1 그리스도교도에게 백장미 화관은 여성의 미덕의 상징이었다. 결혼식을 올리는
신부의 화관이나 수녀가 베일을 드리우고 종신 서원을 할 때 쓰는 화관이 그
예이다.

가터 훈장은 여성의 양말 끈으로부터 생겨났다

가터 훈장은 영국 최고 훈장으로서 영국 왕가에 속한 사람 이외에는 나이트(기사)의 직위를 수여받은 사람이나 소수의 외국 군주에게만 수여되었다. 이 훈장은 가터(양말 끈)나 목걸이 등으로 되어 있는데, 그 중에서 '가터'는 가장 특색 있는 부분으로서 청색 빌로드 포(布)에는 프랑스어로 '부정한 사람에게는 재앙이 있을 것이다'라는 자수가 새겨져 있다. 이 훈장은 1348년 당시의 영국 왕 에드워드 3세에 의해 제정되었다.

기에 창설된 영국 최고 훈장 중 하나인 '가터(Garter) 훈장'[2]의 문장에도 장미가 새겨져 있다.

더 읽어 볼 책

하마모토 타카시, 〈문장으로 보는 유럽사(2004)〉

송원옥, 〈에로스 세계사(2002)〉

---

[2] 가터 훈장을 받을 수 있는 기사의 수는 처음에 25명으로 제한되었다.

중국 여자에게 발은 생명보다 더 소중하다?

중국의 풍습 중에 빼놓을 수 없는 악습이 전족(纏足)이다. 전족이란 어렸을 때부터 여자의 발을 천으로 꽁꽁 묶어 더 이상 발이 커지지 않게 하는 해괴한 풍습으로, 오직 중국에서만 이런 관습이 있었다. 전족은 당나라와 송나라 사이, 5대 10국 시대라고 알려진 분열기에 시작되어 남송 시대에는 사회 전반에 퍼졌다.

흔히 알려지기로는 여인이 도망가지 못하게 한다거나, 여자들의 바깥출입을 제한하기 위해 전족을 강요했다고 하나 확실하게 알려진 바는 없다. 다만 전족이 성(性)적인 것과 매우 밀접한 관련이 있다는 점은 분명해 보인다. 전족으로 인해 이성 사이에 매력과 신비감이 성적 감흥을 더욱 불러일으키게 된다는 것이다. 이처럼 전족은 중국 남성들의 성적인 욕구와 여성들의 아름다워지고 싶은 욕망이 맞아떨어져 생겨난 기괴한 풍습이었다. 당시 올

바른 인격을 지닌 군자마저도 이런 전통 사상의 굴레에 얽매여 전족에 대해서는 언급을 회피하였다. 남성들은 그것에 완전히 매료되어 전족이 여성미 가운데 가장 중요한 요소가 되고 말았다. 심지어 '3치 금련(金蓮)'이 아닌 여성은 여성으로서 인정받지 못했다.[1]

이 때문에 중국 사회에서 여자의 발이 갖는 의미는 각별했다. 당연히 발은 그 어떤 신체보다 은밀한 곳으로 취급되었다. 남자들이 실수로 여자의 엉덩이나 가슴을 만지는 것은 용서가 되어도 발에 손을 대는 것은 절대로 용납되지 않았다. 사정이 이러하니 여자들이 목덜미나 가슴을 노출하는 일은 있어도 맨발을 남 앞에 노출하는 일은 있을 수 없었다.[2]

전족은 특히 한족에서만 성행했다. 청나라를 세우고 중국을 지배한 만주족은 전족을 아예 법으로 금지했다. 그들은 한족 문화를 대부분 수용하고 또 스스로 동화되어 갔어도 전족만은 탐탁하

---

1 3치 금련(여자의 아름다운 발을 뜻함)은 남성이 배우자를 선택하는 기준이었다. 전족하지 않은 여성은 예의를 중시하는 가문에서는 결코 청혼하려 하지 않았다. 가난한 집안까지도 발이 큰 여성을 신부로 맞는 것을 수치스러워했다.
2 중국의 옛 춘화를 보면 완전히 벌거벗은 여인이라 할지라도, 우스꽝스럽게도 신발과 각반만은 착용하고 있는 것을 볼 수 있다.

왜 전족이란 해괴한 풍습이 널리 퍼졌던 것일까?

오랜 기간에 걸쳐 많은 사람들이 끊임없이 전족을 부추겨 사회 전반에 확산되었다. 문인들이 문학 작품 속에 은근히 이를 조장하여 여성의 발이 가냘프고 작아야 아름답다는 사회 풍조를 만들어냈다. 또한 전족은 상류층에서만 하는 귀족들만의 신분 표시(하층민은 법으로 전족을 금지하였다)였는데, 이런 신분 상승을 노린 여성들이 스스로 부유한 계층을 닮고자 하여 평민 계층 등 사회 전반으로 확산되었다. 당시 이 악습은 동서남북을 가리지 않고 어느 지역에서나 존재했을 뿐만 아니라 빈부귀천을 가리지 않고 모든 계층에 퍼져 있었다.

게 여기지 않았다. 그러나 청 왕조의 금지 조치에도 불구하고 전족은 사라지지 않았다. 전족은 1천 년 이상 계속되다가 새로운 문화 운동을 기치로 내건 1919년 5·4운동 때 급격하게 쇠퇴하기 시작했다.

더 읽어 볼 책
도중만·박영종, 〈중국의 전족 이야기(2002)〉

점성술사
....

점성술사의 달력에는 예언이 담겨 있다

천문학이라는 어머니를 먹여 살리기 위해
점성술이란 딸이 빵을 벌어야 했다.
케플러 Johannes Kepler, 독일의 천문학자

점성술은 고대 바빌로니아에서 시작되어 로마 제국을 거쳐 중세 유럽에도 크게 성행했다. 17세기 점성술사들이 하는 일은 주로 예언과 개인의 운세를 봐 주는 일이었다. 점성술사들은 미래의 천체도를 예측함으로써 날씨와 죽음, 전염병, 전쟁에 관해 예언했다. 또한 천체도를 바탕으로 변화를 주기적으로 관찰하여 개인의 운세를 봐 주었다.

점성술사를 찾아오는 사람은 주로 결혼과 같은 중대사뿐만 아니라 약을 복용하는 시간, 목욕하는 시간 등도 점성술사와 상의한 뒤 결정했다. 이처럼 점성술사들이 개인의 일상사에 깊게 관여했기 때문에 대도시에는 20여 명이 활동할 정도로 많았으며, 작은 마을에도 반드시 한두 명의 점성술사가 있었다. 유명한 점성술사는 영주에게 특별히 고용되어 일정액의 급여를 받고 전속

으로 활동했다. 영주에게 전속으로 고용된 점성술사는 개인 일에 관여하지 않고 마을의 주요 관심사를 맡았는데, 추수 시기, 전쟁에 대한 예언 등 영주가 알고 싶은 일을 도맡았다.

그러나 당시 점성술사의 예언은 모호한 구석이 꽤 많았다. 가령 점성술사들은 다음 해에 중요한 정치가가 죽을 것이라고만 예언을 하지, 구체적으로 그가 누구인지는 밝히지 않았다. 이를테면 정치나 일상에서 벌어지는 일을 포괄적으로 예언을 하고 상세한 내용은 되도록 언급을 회피했다. 게다가 예언이 틀리면 별자리를 잘못 짚었다고 둘러대면 그만이었다. 그들은 고객에게 애매한 답변을 해줌으로써 자신의 처방이 틀릴 가능성을 줄였다.

17세기 점성술사들에게 중요한 업무 중의 하나는 달력을 만드는 일이었다. 점성술사의 수입이 늘어난 것은 출판물의 발달과 함께 점성술사들이 달력을 만들어 팔았기 때문이었다. 당시의 달

천문학자 케플러는 점성술사로 생계를 유지했다?

현대 천문학의 아버지라 불리는 케플러는 점성술의 신봉자였다. 그의 유명세는 당시 시대 상황에 맞물려 천문학자로서의 명성보다는 오히려 점성술사로 더 유명했다. 달력을 만드는 일은 케플러의 직위인 '지방 수학자'의 임무이기도 했는데, 해마다 다음 해를 위해 달력을 만들고 별자리를 보면서 자연 현상을 예측하는 것이었다. 케플러가 점성술사로 유명해진 것도 그의 정확한 예측이 있었기 때문이었다. 케플러는 몇십 년 만의 혹독한 추위가 닥쳐올 것이고 터키의 침략이 있을 것이라고 예언하였는데, 이게 정확히 맞아떨어졌다. 케플러뿐만 아니라 16세기 대부분의 천문학자는 점성술에도 능통했고, 또한 연금술에도 많은 관심을 가지고 있었다. 그래서 귀족들은 점성술사를 높은 보수로 고용해 자신의 정책 고문으로 삼았다.

력에는 일식과 월식 등의 천문학 자료를 기록했으며, 교회의 축제일, 그리고 그 해 중요한 사건에 대한 예언들이 적혀 있었다. 잘 만들어진 달력에는 매일 천체의 위치를 표시해 주는 표가 실려 있었다. 이 무렵에 발행된 달력은 성경 부수보다도 많이 팔렸다.

더 읽어 볼 책
리차드 모리스, 〈시간의 화살(2005)〉
야마모토 요시타카, 〈과학의 탄생(2005)〉

브라유 점자는 어린아이가 발명했다

> 나는 눈과 귀와 혀를 빼앗겼지만 내 영혼을 잃지 않았기에,
> 그 모든 것을 가진 것이나 마찬가지이다.
> **헬렌 켈러** Helen Keller, 미국의 맹농아 사회사업가

점자는 시각장애인이 지면에 볼록 튀어나온 점을 손가락 끝의 촉각으로 읽을 수 있도록 만든 독자적인 문자 체계이다. 이 특수 문자를 체계적으로 정리하고 모든 시각장애인이 자유롭게 사용할 수 있도록 한 인물은 1824년 당시 열다섯 살에 불과한 프랑스 어린아이였다.

현재 전 세계적으로 시각장애인이 쓰는 점자 체계를 브라유식이라고 하는데, 브라유는 발명자인 루이 브라유(Louis Braille)의 이름에서 따온 것이다.

브라유는 세 살 무렵 송곳을 가지고 놀다가 그만 눈을 다쳐 시각장애인이 되었다. 그 당시에는 제대로 된 점자 문자가 없었으며 그나마 사용된 방식은 프랑스 대위 바루비에가 1819년 야간에 군사 연락을 하기 위하여 발명했던 초기 점자 시스템이었다.

브라유는 12세가 되던 해 최초의 점자인 바루비에 점자를 접하게 되었지만 많은 불편을 느꼈다. 바루비에 점자는 읽고 쓰는 것이 동시에 이루어질 수 없고 체계가 잡혀 있지 않아 습득하기가 매우 불편했다. 브라유는 바루비에 시스템에서 영감을 얻어 12점자 배열을 6점자 식으로 대폭 줄이고, 63개의 문자 코드로 간단히 정리하여 올록볼록하게 튀어나온 각각 6점 행렬 안에 점들로 이루어진 점자 시스템을 발명했다.

그러나 맹아학교 당국은 브라유의 체계화된 점자의 사용을 금지하고 바루비에의 12점자 식을 학생들에게 강요했다. 그럼에도 불구하고 학생들은 몰래 브라유식 점자를 익혔고, 서로에게 보급하고 권장했다. 브라유식은 점의 수가 적어서 간편하고 체계가 잘 짜여 한 자를 알면 열 자를 알 수 있는 장점을 갖고 있었고, 시각장애인이 읽고 쓰는 것을 동시에 할 수 있었다.

고통과 좌절을 극복하고
시각장애인에게 광명을 선사하다
브라유는 자신이 만든 점자가 우수하다는 것을 증명하기 위한 실험을 공개적으로 실행했다. 실험이 성공적으로 끝나자 브라유 점자를 반대하던 맹아학교 당국도 브라유 점자 사용을 허락하게 되었다.

브라유는 1829년 그의 나이 스무 살 때 파리 맹아학교 교사로 일하면서 자신의 점자 체계를 책으로 펴냈다. 브라유가 세상을 떠난 후에도 많은 이들의 연구와 수정을 거쳐 1916년에는 비로소 통신 체계로서의 세계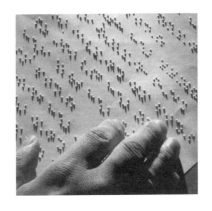
적 명성을 얻으며 호평을
받았다. 그 후 브라유의
기본 코드는 수정을 거듭
하여 다른 공통의 언어뿐
아니라 악보의 표시, 수
학적인 상징까지도 나타
낼 수 있게 됐다. 하지만
맹인들에게 광명을 선사
했던 루이 브라유는 생존할 당시 사람들로부터 홀대를 받았다.
그가 생을 마감하기 전에 얻은 자리라고는 고작 맹아학교의 말단
교사직이었다. 브라유는 살아생전 별다른 인정을 받지 못하다가
그의 탄생 150주년을 맞이하여 조국과 세계 각국의 시각장애인
에게로부터 존경과 추앙을 받아 그의 생가는 유적지로 보존되었
다. 또한 그의 모교에는 동상이 세워져 수많은 참배객들이 끊이
지 않고 있다.

더 읽어 볼 책
이대희, 〈1%의 가능성을 희망으로 바꾼 사람들(2004)〉
마가렛 데이비슨, 〈루이 브라유(1999)〉

19세기 유럽에는 남성용 정조대가 있었다

중세 유럽의 발명품 중에 정조대만큼 악명 높은 것은 없다. 그러나 여성의 순결을 강조하고 압박하던 정조대는 여성의 전유물이 아니었다. 영국 빅토리아 시대에는 처음으로 남성용 정조대가 소개되었는데, 이것은 여성용 정조대와는 달리 고통을 감내해야 했다.

19세기 영국에서는 꽤 광범위하게 정조대를 차고 생활하는 남자들이 있었다. 당시 영국의 분위기는 퇴폐와 향락이 만연하는 분위기였다. 겉으로는 깨끗하고 도덕적인 분위기가 유지되었지만, 지하에서는 퇴폐적인 성문화가 조성되어 특단의 조치가 필요했던 것이다.

남성용 정조대는 일종의 걸쇠 삽입으로 사춘기 소년의 포피를 잡아당겨서 귀두를 덮게 한 뒤 포피 끝을 한데 모아 네 개의 구멍을 뚫고 두 개의 잠금 고리를 끼워 채웠다. 이 잠금 장치는 자위행위를 예방하기 위한 것으로 만들어졌는데, 성적 흥분으로 음경이 팽창하면 도리어 고통을 느끼게 된다. 그래서 애초부터 성적 욕구는 사라지도록 고안되었다. 빅토리아 시대에는 남성이든 여성이든 자기 신체를 함부로 다루는 것이 가장 위험한 악행으로 여겼다. 그래서 독일의 바인홀트는

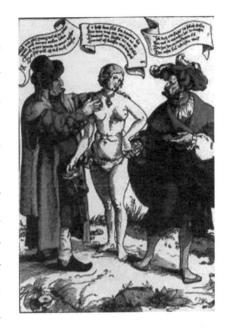

결혼할 수 없는 극빈 독신자들을 잡아들여 걸쇠를 삽입하자고 제안했다. 그는 정신병원에서 자위행위를 들킨 이들에게 간헐적으로 걸쇠를 삽입하면 참회하는 모습을 보인다면서 정조대 착용의 정당성을 주장하기까지 했다.

그러나 정조대가 착안자의 뜻대로 금욕 생활에 도움을 준 것은 아니다. 오히려 정조대가 성인 장난감으로 변모하여 그 기본 목적이 쾌락의 방지가 아니라 되레 쾌락을 제공하는 물건으로 바뀌기도 했다. 이런 예를 볼 때 정조대가 본래의 목적을 지키지 못한 것은 당연한 일이었다. 인간의 성욕과 식욕을 막을 수 있는 방

법이란 존재하지 않기 때문이다. 즉 정조대는 남자들이나 여자들에게 정신적인 위안을 위한 일시적인 소도구에 지나지 않았던 것이다.

더 읽어 볼 책

왕일가, 〈성과 문명(2001)〉

내 몸이 화형에 처해져도
나의 이론은 변함이 없다

움직일 수 있는 것은 모두 의심해 봐야 한다.
아리스토텔레스나 프톨레마이오스는 모두 거짓말쟁이다.
조르다노 브루노 Giordano Bruno, 이탈리아의 철학자

코페르니쿠스는 자신의 연구 결과인 지동설을 30년 이상이나 발표하지 않았다. 그는 겨우 사망하기 몇 개월 전에서야 비로소 연구 논문을 세상에 내놓았다. 갈릴레이는 이단 심판을 두려워해서 자신의 이론을 번복했다. 그러나 코페르니쿠스의 제자 중의 한 명인 조르다노 브루노(Giordano Bruno)는 끝까지 자신의 소신을 지키다가 이단으로 몰려 화형당했다.

브루노는 도미니크 수도회에 가입하여 수도사가 되었으나 신비로운 과학의 세계에 눈을 뜨면서 수도원을 뛰쳐나왔다. 그에게 지대한 영향을 끼친 것은 우연히 손에 넣었던 코페르니쿠스의 〈천체에 관하여〉였다. 이 책은 브루노의 세계관을 송두리째 바꿔놓았다. 그 후 그는 제네바, 파리, 옥스퍼드를 돌며 천체와 관련된 강의와 연설을 했다. 그러나 코페르니쿠스의 영향을 받은 그의

이론은 환영을 받지 못했다. 그는 베니치아의 한 귀족 청년의 초청으로 1591년에 이탈리아로 돌아갔으나, 부르노의 강의를 듣던 청년의 밀고로 종교재판소의 특별감옥에 투옥되었다. 교회는 브루노에게 '천체의 중심은 태양'이라는 그의 이론을 철회하면 석방시켜 주겠노라고 여러 차례 회유도 하고 협박도 했다. 급기야는 벨라르미노 추기경까지 나서 브루노로부터 포기를 받아내려고 애썼으나, 그는 끝까지 자신의 소신을 굽히지 않았다.

결국 그는 7년간 감옥에 갇혀 있다가 1600년 2월 '꽃의 광장'에서 공개적으로 화형에 처해졌다. 브루노가 7년이라는 오랜 기간 감옥 생활을 했던 것은 종교재판소가 그에게 공식적인 포기 각서와 '아담 이전의 인간'이라는 자아비판을 받아내려고 했기 때문이었다. 네 개 교단을 대표하는 일곱 명의 사제가 부르노의 전담반을 둘 정도로 그를 회유하기 위해서 갖은 방법이 동원되었다.

브루노가 주장한 내용은 코페르니쿠스의 학설에서 조금 더 진전된 것이다. 군이 차이점이 있다면 브루노에게 있어서 신이란 곧 자연이었다. 그는 자연과학적인 지동설을 주장했던 것이다. 교황청이 그를 이단으로 문제 삼는 것은 당연한 일이었다.

브루노가 화형당한 것은 신분 때문이었다

"우주는 무한하고, 거기에는 태양과 같은 별들이 무한히 존재한다. 이 태양들은 매우 멀리 떨어져 있기 때문에 우리는 별들로 보고 있다."

하늘이 단단한 물체가 아니라 무한의 공간이라고 주장한 브루노의 주장은 독창적인 것이 아니었다. 그보다 150년 전에 이미 알려진 니콜라스의 견해를 피력했던 것이다. 그런데 왜 브루노만이 이단으로 몰려 화형에 처해진 것일까? 당시 니콜라스는 추기경이었고, 브루노는 일개 수도사에 지나지 않았다. 더구나 브루노는 마녀사냥이 한창이던 사회 분위기를 생각하지 않고 교회의 권위에 도전했다.

더 읽어 볼 책

프레데릭 파제스, 〈유쾌한 철학자들(2005)〉

박원순, 〈내 목은 매우 짧으니 조심해서 자르게(2000)〉

좌파 · 우파라는 말은 어떻게 생겨났을까?

좌파는 현재를 미래의 시작으로 경험하고,
우파는 현재를 과거로부터 이어지는 최근의 상황으로 인식한다.
카를 만하임 Karl Mannheim, 독일의 사회학자

좌파 · 우파라는 말의 기원은 프랑스 혁명 시대로 거슬러 올라간다. 1789년 7월 14일 바스티유 감옥 습격 사건이 도화선이 되어 프랑스 혁명이 불붙었다. 1789년 이전의 프랑스는 절대 왕정 체제였지만, 이 사건을 계기로 시민이 주인인 새로운 정치 체제의 시금석을 마련했다.

바스티유 습격 사건이 발생하기 전에 소집된 신분제 의회인 삼부회는 스스로를 제헌의회로 선언하고 새로운 국가 건설에 착수했다. 이 의회는 당시 국왕인 루이 16세를 폐위시키지는 않았으며, 1791년 제정된 헌법에서도 국왕의 지위는 인정되었다.

그러나 1792년 프로이센과의 전쟁을 계기로 프랑스 민중들은 반혁명군의 승리 뒤에는 내부의 적이 있다고 생각하고 왕궁으로 쳐들어가 루이 16세와 왕비를 붙잡았고, 의회는 왕권의 정지를

선언했다. 곧이어 입법의회 대신 국민공회가 소집되어 공화정을 선포했다. 당시 국민공회는 크게 두 파로 갈라져 있었다. 지롱드 파(왕당파)와 자코뱅 파(공화파)가 그것이며 거기에 더해 중간에 유동적인 중도파들이 있었다. 그런데 국민공회 회의에서 지롱드 파는 오른쪽에 있는 좌석에 앉았고 자코뱅 파는 왼쪽에 앉았다. 따라서 그들을 각각 우파·좌파라고 부르기도 했다. 이들은 모두 공화주의자들이었으나, 지롱드 파는 부유한 부르주아를 대변했고 지방 분권과 경제적 자유주의를 주장했다. 한편 자코뱅 파는 부르주아 출신이기는 했지만 소시민층과 민중을 지지 기반으로 삼았으며 강력한 중앙집권을 주장했다. 또한 이들은 복지와 혁명전쟁의 승리를 위해서는 통제 경제도 불사해야 한다는 철저한 민주주의자들이었다. 이처럼 지롱드 파와 자코뱅 파가 앉았던 자리를 가리켜 우파와 좌파라는 말이 생겨났다. 이 말은 현대 정치에서도 이어져 좌파는 급진파 또는 진보파와 같은 뜻으로 쓰이고 있으며, 우파는 보수파 등으로 통용되고 있다.

더 읽어 볼 책
블뤼슈, 〈프랑스 혁명(1999)〉

7월은 왜 July가 되었을까?

나는 반역은 좋아하지만 반역자는 싫어한다.
카이사르 Julius Caesar, 로마 정치가

지중해 세계를 통일한 로마 제국의 율리우스 카이사르(Julius Caesar)는 지배 영역 내에서 사용되던 다양한 역(曆)을 통합할 필요성을 느꼈다. 그는 기원전 46년에 알렉산드리아의 천문학자 소시게네스의 조언으로 1년을 365일로 하는 새 달력을 만들었다. 이를 율리우스력이라고 하는데, 이 달력에서는 오늘날과 같이 한 달의 길이를 31일과 30일을 번갈아 넣었다. 평년을 365일로 하기 위해 2월에서 하루를 떼어 29일로 했으며, 윤년인 경우는 2월을 30일로 했다.

카이사르는 개력 이후부터 달력을 계절에 맞추기 위해 기존의 1월을 3월로 하고 그 앞에 새로 두 달을 넣었다. 이에 따라 모든 달이 두 달씩 미뤄져 당시에 5월을 의미하는 퀸틸리스(Quintilis)가 7월이 됐다. 카이사르의 생일은 7월이었다. 그는 자신의 권위를

310

세우기 위해 7월의 본래 명칭인
퀸틸리스를 자신의 생일 달의
의미를 지닌 율리(July)로 개칭했
다. 따라서 7월(July)의 영어 명칭
은 율리우스의 생일 달이라는
의미가 되었다. 그러나 카이사
르가 제정한 역은 3년에 한 번
윤년을 두었기 때문에 큰 혼란
이 생겼고, 초대 로마 황제 아우
구스투스(옥타비아누스) 시대가 되
자 4년에 한 번 윤년을 두도록 고쳤다.

　그때 아우구스투스는 트라키아와 아크림 전투에서 승리를 거
둔 것을 기념하기 위해 8월의 본래 명칭을 바꾸었다. 그의 생일
은 8월이었는데, 그가 8월의 명칭을 바꾼 것은 자신의 생일을 기
념하려는 의미도 있었다. 그는 이 달의 본래 명칭인 섹스틸리스
(Sextilis, 여섯 번째 달이라는 의미)를 아우구스투스라고 바꾸었다. 더욱
이 황제인 자신의 달이 다른 달보다 작으면 황제의 권위가 서지
않는다고 하여 2월에서 하루를 떼어 31일의 큰 달로 변경했다.
그러자 1월에서 7월까지는 홀수인 달이 큰 달이 되고, 7월과 8월
이 연속해서 큰 달이 됐다. 그 때문에 7, 8월이 연거푸 31일이 되
는 기묘한 상태가 된 것이다. 그리고 8월부터 12월까지는 짝수
달이 큰 달이 됐다. 이 때문에 2월이 다른 달에 비해 유난히 작아
져 버렸다. 양력은 태양의 운행에 따라 1년의 길이를 정했지만,

달의 길이는 임의대로 정해졌던 것이다.

그 후 악명이 높던 네로 황제는 이들을 본떠 4월을 자신의 달인 네로네우스(Neroneus)로 고쳤지만, 네로 황제의 사후에 다시 본래의 명칭으로 되돌아왔다.

더 읽어 볼 책

시오노 나나미, 〈로마인 이야기(1996)〉

율리우스 카이사르, 〈카이사르의 갈리아 전쟁기(2005)〉

12세기 유럽 대학에는
등록금 인하 투쟁이 있었다

이 지상에 대학만큼 아름다운 것은 없다.
그 곳은 무지를 증오하는 자가 지식을 탐구하는 장이며,
진리를 아는 자가 다른 이를 계몽하려는 장이기 때문이다.

존 메이스필드 John Masefield, 영국의 시인

중세 대학은 그리스 로마 문명 쇠퇴 후 지적 생활을 부활시키려는 최초의 시도였다. 대학(University)이라는 말은 길드란 뜻으로, 원래 '전체'라는 의미의 우니베르시타스(Universitas)에서 유래하였다. 실제로 교육을 위한 길드라고 볼 수 있다.

중세 전반기의 학문과 교육의 중심은 수도원이었다. 대학은 12세기 이후 수도원의 부속학교(Schola)로서 더욱 발전하였다. 당시 중세 대학의 교육 과정은 7개 자유 교과목으로,[1] 초기의 유명한 대학으로는 볼로냐 대학과 파리 대학을 꼽을 수 있다. 파리 대학은 교수 조합, 볼로냐 대학은 학생 조합으로 이루어져 다른 대학

---

1 중세 대학에서 교양 과목으로 가르치던 교과목으로는 문법, 수사학, 논리학 등의 소위 3학(trivium)과 산수, 기하학, 천문학, 화성학 등의 4과(quadrivium)가 있었다.

의 모범이 되었다. 특히 볼로냐 학생들은 고향에서 멀리 떨어진 사람이 많았기 때문에 생활의 안정과 협조를 위해 조합을 만들 필요가 있었다.

볼로냐 대학은 학생 조합이 교칙 및 학과목을 정하고 교사를 임명하였다. 그들은 교수들이 수업료만큼의 강의를 해주지 않는 다고 생각해 스스로를 방어하기 위하여 조직을 만들었고, 방세 및 식비를 제한하는 규정을 만들었다. 중세 대학으로 공부하러 온 학생들은 조합(길드)을 만들어 하숙비나 학비 인하를 학교측과

교섭하기도 했다. 그들은 교수가 마음에 들지 않을 때는 투쟁도 서슴지 않았다. 교수에 대한 학생들의 투쟁 수단은 집단적인 수업 포기, 곧 '등교 거부'였다. 당시의 대학에서 교수는 학생 집단이 내는 수업료에 전적으로 의지하고 있었기 때문에 학생들의 수업 거부는 교수의 생계를 위협하는 것이었다.

교수는 학생 허가 없이 휴강을 하지 말라!

당시 학생들의 요구 사항은 '교수는 학생의 허가 없이 휴강하지 말라', '교수는 수업 시간을 엄수하라', '교수는 강의를 어물쩍 넘기지 말라' 등이었다. 학생들은 이런 요구가 관철되지 않으면 수업 거부를 통해 교수들을 압박했다. 당시 중세 대학의 교수는 학생의 고용인에 지나지 않았다.

중세 대학은 결코 부자들에게만 독점되지 않았으며, 사회적 신분 상승의 통로로 이용되었다. 수업료는 자신의 처지에 따라 책정되었고, 수업료를 유예하는 것도 가능했다. 어떤 학생들은 자기들의 학문적인 관심사에 따라 함께 거주하였고, 이러한 집에는 한 사람의 교수가 배당되었다. 특히 중세 대학 초기에는 많은 시행착오가 있었다. 중세 대학의 학생들은 오늘날과 달리 나이가 많고 이미 사회 생활을 하는 사람이 대부분이었는데, 이들 중에는 유럽 대학을 여기저기 전전하는 방랑 학생도 많았다.[2] 교수들도 학생들과 처지가 별로 다르지 않았다. 노름과 음주가무가 그들의 일상 생활이었으며, 부모와 친지로부터 금전을 갈취하는 일로 머리를 짜내곤 했다.

중세 대학은 오늘날처럼 학문의 다양성은 없었다. 그래서 14세 이상이면 누구든지 입학할 수 있었고, 최초의 대학들은 학위가 없었다. 다양한 학위가 생긴 것은 후대에 서로 많은 대학들이 생기면서 서로 좋은 조건으로 학생들을 유치하기 위해 대학측이 자구책으로 학위 조건을 내세웠다. 입학시험은 항상 구두시험이었고, 강의는 라틴어로만 하였다.

더 읽어 볼 책
이장훈, 〈유럽의 문화 도시들(2001)〉
이석우, 〈대학의 역사(1998)〉

---

2 실제로 중세의 대학생 다수는 난폭하고 방탕한 삶을 살아가는 사람이었다. 심지어 범죄자들이 학생 신분을 취득하여 은신하고, 유사시 대학 재판권의 보호를 받는 일도 허다했다.

초기 유럽의 대학에서는
교수가 학생에게 충성 서약을 했다

중세 대학은 처음에 사제들에게 교회 기도문을 읽을 수 있을 정
도의 초보적인 교육을 실시했다.[1] 초기 대학의 도시 학교는 스승
한 명에 10~12명 정도의 제자로 구성된 아주 작은 규모였다. 12
세기에 이르러 학생 수와 규모가 엄청나게 성장해서 대도시에는
수백 명의 학생을 갖춘 학교가 생겨났다. 규모가 커지면서 학생
들은 특권과 법적 보호를 보장받기 위한 제도적 장치가 필요해졌
고, 이에 따라 상인과 수공업자 조합 조직을 본뜬 길드 조직이 만
들어졌다. 이에 대해 교수들도 학생들에 대응하기 위해 단체를
만들었다.

---

[1] 대학의 역사는 기원전 387년경에 플라톤이 설립한 아카데미아에서 기원을 찾
을 수 있으나 현대적 의미의 대학은 중세 말경에 유럽에서 시작되었다.

중세 대학의 교수는 요즘과는 한참 달랐다. 유명한 법학자나 신학자는 국가로부터 거액의 돈을 받고 초빙되었지만, 대개는 수입이 적고 지위도 불안정했다. 교수 채용은 시한을 정해 둔 임시 고용 형태였으므로 그들은 늘 방랑 생활을 해야만 했다. 더욱 곤란한 것은 학생들의 압박이었다. 학생들은 생활의 안정과 친목을 꾀하기 위해 출신 지역별로 단체를 결성해 권익을 보장받으려 했다. 학생들은 특히 무능한 교수와 어용 교수를 그대로 내버려두는 법이 없었다. 예를 들어 교수는 학생들의 허가 없이는 하루도 쉴 수 없었고, 여행 때는 반드시 돌아오겠다는 뜻으로 일정한 담보를 내놓아야 했다. 게다가 학생 길드의 대표가 학위 수여 요건 이외 모든 사안을 주도했다. 교수는 학생들의 대표에게 충성 서약을 하고, 이주할 때는 허가를 받고, 부실한 강의에 대해 벌금을 지불하는 등의 의무를 지었다. 그래서 교수들의 입지는 더욱 좁아졌고, 학생들의 눈치를 살피지 않으면 안 되었다.

교수들은 학생들의 단체에 대응하기 위해 일찍부터 조직, 곧 콜레지아(collegium)를 만들었다. 영어 칼리지(college)의 어원이 이 것이다.

교수의 월급은 학생이 정하고 임명권도 주었다

그러나 이 콜레지아에 가입하는 것도 쉬운 일이 아니었다. 교수들도 동업자의 수준을 높여야 지위가 안정될 수 있었기 때문에 이곳의 가입 심사는 매우 엄격했다. 이 심사가 곧 교수 자격의 유무를 뜻했고, 이것이 요즘 말로 '학위'가 되었다. 학위는 학생을 가르칠 면허증과 동일한 것이었다. 처음 교사에게 면허증을 주는 것은 대학이 자리 잡고 있는 도시의 교회 책임자 재량에 맡겨졌다. 교회의 관심은 종교적 정통성의 소유 여하에 따라 쉽게 판별되었다. 종교적 정통성에 대한 관심이 줄고 세속적인 관심이 증대하자, 국가가 교사의 자격 여부에 보다 많은 책임을 지게 되었다. 교수들은 이 콜레지아를 통해 학생들의 단체에 대응할 수 있었다. 12세기까지는 주로 학생들이 교수들의 봉급을 책정하고 주었지만, 13세기 말부터는 시 당국이 교수에게 봉급을 주는 제도로 바뀌었다. 그래도 교수를 임명하는 권한은 학생조합장이 쥐고 있었다.

더 읽어 볼 책
이석우, 〈대학의 역사(1998)〉

え

청바지의 유래
································

청바지는 텐트용 천막에서 시작되었다

이 세상에서 가장 질긴 옷을 만드는 것이 내 꿈이다.
리바이 스트라우스 Levi Strauss, '리바이스'의 창업자

19세기 중반, 미국 서부지역에 막대한 양의 황금이 묻혀 있다는 사실이 발견되었다. 사람들은 끊임없이 금을 찾아 서부로 몰려들었으며, 젊은 독일 이주민인 리바이 스트라우스(Levi Strauss)도 그 중 한 사람이었다. 당시 샌프란시스코에는 사람들이 너무 많이 몰려들어 주택난이 매우 심각할 정도였다. 이에 스트라우스는 황금을 캐러 온 사람들을 대상으로 뭔가 돈벌이를 할 게 없을까 궁리하던 참에 텐트 장사를 하기 위해 천을 짜는 공장을 세웠다. 스트라우스가 만든 제품은 질기고 튼튼해서 많은 사람들로부터 큰 인기를 얻었다.

　그러던 어느 날 한 상인이 찾아와 군부대에 납품할 텐트용 천을 주문했다. 그 상인이 주문한 천은 감당할 수 없을 만큼 엄청난 양이었다. 스트라우스는 큰돈을 벌 수 있다는 생각에 상인과 계

약을 맺고 오직 군납용 천만 만드는 데 전력을 쏟았다. 그런데 주문한 텐트를 다 만든 스트라우스에게 청천벽력 같은 소리가 떨어졌다. 텐트용 천의 견본품이 불합격이라는 통지를 받은 것이다. 상인이 주문한 색상은 녹색이었지만, 스트라우스는 염색을 잘못해 청색으로 만든 것이다. 스트라우스는 이 천을 어떻게든 팔려고 헐값에 내놓았지만, 아무도 사는 사람이 없었다.

실의의 나날을 보내던 스트라우스는 어느 날 술집에서 광부가 입고 있는 낡은 옷을 유심히 바라보았다. 광부가 입고 있는 옷은 더 이상 기울 곳이 없을 만큼 누덕누덕 낡아 있었다. 스트라우스는 문득 창고에 남아 있는 텐트용 천을 떠올렸다.

"저 가난한 광부들에게는 질긴 옷이 필요할 거야. 팬티 차림의 누더기 옷보다 내가 만든 질긴 천으로 옷을 만들면 어떨까?"

스트라우스는 창고에 쌓아둔 텐트용 천으로 간편한 작업복을 만들었다. 그 옷이 광부들에게 폭발적으로 인기를 끌었다. 스트라우스는 이 청색 작업복에 '블루 진(Blue Jeans)'이란 이름을 붙였다. 미국의 골드러시 시대에 금광에서 일하는 광부들의 작업복으로 입기 시작한 블루진이 점차 일반화되어 남녀 공용의 옷으로 널리 사랑받게 된 것은 1960년대부터이다.

더 읽어 볼 책
카트야 두벡, 〈Mr. 리바이(2005)〉

결혼을 앞둔 신부는
영주에게 '처녀'를 바쳐야 한다?

중세 유럽에는 계급 제도 때문에 서민들이 결혼할 때는 많은 대가를 치러야 했다. 그 중에는 젊은 부부의 첫날밤을 엉망으로 만드는 어처구니없는 풍습이 있었는데, 그게 바로 초야권(初夜權)이었다. '소작인이 결혼할 때 농지의 소유자인 영주는 그 신부와 하룻밤을 보낼 권리'가 있다는 것이다. 즉 영주나 사제가 신랑보다 앞서 신부의 '처녀'를 받을 권리가 인정되었다.

초야권이 행해진 나라는 스위스가 대표적이었으며, 이와 비슷한 제도가 독일이나 프랑스에서도 있었다. 그렇다면 결혼을 앞둔 신랑은 영주에게 자신의 신부를 넋 놓고 빼앗기는 것을 지켜만 보았을까?

신랑은 초야권으로부터 신부를 지켜내기 위해 여러 방법이 동원되었다. 그 중 가장 쉽게 해결할 수 있었던 것이 돈이었다.

1538년 취리히에서 발행한 공문서는 초야권에 대해 다음과 같이 서술하고 있다.

"농지를 소유하고 있는 지주는 자신의 영지내의 신부가 결혼할 때 이 신부와 초야를 지낼 수 있는 권리가 있다. 이것을 원하지 않는 신랑은 그 지주에게 4마르크 30페니히를 지불해야 한다."

이 공문서의 최후 문장은 초야권 거부에 대한 처벌 규정이었다. 그러나 점차로 이것은 사문화되고 금전을 지불하는 것으로 초야권 행사에 대한 지주의 권리 배제를 신랑 신부 쪽에서 제기할 수 있게 되었다. 돈 대신 지불하는 것으로는 신부의 엉덩이가 들어갈 만큼 큰 냄비, 신부의 엉덩이 무게만큼의 치즈 등을 영주에게 바쳐야 했다. 그러나 돈이나 물건 등을 지불하지 못했을 때는 신부는 첫날밤을 영주에게 바침으로써 가족의 부역을 경감시키고 포상도 받아냈다.

초야권은 중세 유럽의 영주가 거둬들이는 세금의 일종이었다. 여자 농노의 처녀를 남편을 대신해서 영주가 받는 것으로서, 말하자면 햇곡이나 어린 가축에 대한 영주의 소유권과 같은 것이었다. 그 기원은 '처녀'를 깨뜨릴 때의 부정(不淨)을 제거한다는 민속적 의미가 있었다. 이것은 훗날 농노의 결혼을 허가할 때 세금으로 변했다.

더 읽어 볼 책
이노미, 〈말하는 문화(2004)〉
윤선자, 〈이야기 프랑스사(2005)〉

최초의 병원은 순례자를 위한 숙박소였다

현대의 사회적 봉사와 복지 사업에 해당하는 중세 유럽의 기구는 병원이었다. 당시 병원은 병자만을 위한 것이 아니고 어려운 처지에 있는 모든 사람들을 위한 기구였다. 가난한 사람들을 사적으로 구제하는 것 이외에 교회는 그들의 구제를 위하여 영구적인 집들을 세우도록 장려하였다.

영어로 병원은 'hopital'이라고 적는데 이 단어는 동시에 '자선 시설'이라는 의미가 있다. 병원의 시초는 5세기에 세운 자선원 혹은 여객 숙소였다. 자선원은 나그네들이나 순례자, 병자에게 차별 없이 임시로 봉사했으며, 플릭스톤 자선원은 925년경에 순례자를 야생 짐승으로부터 보호하기 위해 설립되었다. 교회는 신도로부터 기부금을 모아 자선 사업을 시작해 7세기가 되면서 프랑스 파리에는 '오텔'이라는 시설이 등장했다. '오텔'은 환자, 고

아 등을 수용하는 시설인 동시에 순례자가 묵는 곳으로도 이용되었다. 이때까지 병원과 숙소는 분리되지 않고, 자선원에서 두 가지로 활용되었다.

더 읽어 볼 책
J.C. 완드, 〈교회사(1999)〉

최초의 세계대전

....

인류 최초의 세계대전은 카탈로니아 전투이다

훈족은 키가 작고 어깨가 넓으며,
말 타는 솜씨가 매우 뛰어나 언제라도 활을 쏠 준비가 되어 있다.
마르셀리누스 Marcellinus, 로마의 역사가

인류 최초의 세계대전은 위대한 정복자 아틸라가 이끄는 훈족과
서로마 제국이 싸웠던 카탈로니아 전투이다. 아틸라는 아시아 민
족으로서는 최초로 유럽을 정복한 훈족의 통치자다. 훈족은 알타
이 산맥 아래 평야 지대에서 전쟁을 하며 다른 민족을 정복하거
나 약탈하면서 살아온 호전적인 유목민이었다. 기원전 258년에
중국의 진시황제가 만리장성을 쌓은 이유도 이 훈족의 침입을 막
기 위해서였다.

　훈족은 당시 유럽 원정에 앞서 중앙아시아의 여러 민족들과 페
르시아를 정복했다. 훈족은 현재 헝가리 일대의 '판노니아'를 거
점으로 동로마 제국(이후의 비잔틴 제국)에 쳐들어갔고 순식간에 그
리스와 발칸의 도시들을 점령했다. 이윽고 역사상 한 번도 점령
된 적이 없는 최강의 요새이자 동로마 제국의 수도였던 콘스탄티

노플이 훈족에게 점령되는 일이 발생했다. 441년 동로마 제국의 테오도시우스 2세와 수차례의 전쟁을 치러 승리를 거둔 아틸라의 다음 목표는 서로마 제국이었다.

훈족과 서로마 제국과의 전쟁은 '청혼서 사건'이 발단이 되었다. 서로마 제국의 발렌티니아누스 3세에게는 호노리아라는 여동생이 있었다. 답답한 왕궁 생활을 이기지 못한 호노리아는 아틸라에게 청혼서를 보냈고, 그녀의 집요한 요청에 결국 아틸라는 결혼을 승낙하였다. 그런데 아틸라는 결혼식의 지참금으로 발렌티니아누스 3세에게 갈리아를 요구했다. 갈리아는 현재의 프랑스, 스위스, 독일의 일부에 해당하는 지역으로 광대한 영토였고 서로마 제국 영토의 절반 이상을 차지하는 곳이었다. 아틸라의 제안은 거부되었고, 마침내 인류 최초의 세계대전이 벌어졌다.

유럽을 최초로 정복한
아시아 민족은 훈족이다

훈족은 그들의 충성스러운 게르만 부족, 고트족과 연합하여 갈리아로 쳐들어갔고, 최후의 거점인 프랑스 남부 오를레앙에 도착했다. 이때 로마의 명장 아이티우스 장군이 이끄는 대규모 최정예 군대가 그들 앞에 나타났다. 아이티우스 장군 옆에는 서고트족을 지휘하는 테오도리쿠스 왕과 알란족 병사들이 지키고 있었다. 이것이 최초의 세계대전이라 할 수 있는 '카탈로니아 전투'이다.

유럽 각지에서 모여든 고트족, 게르만족, 프랑크족, 로마, 훈족 등의 연합군이 로마와 훈족의 두 편으로 나누어 싸운 이 전투에서 15만에서 최대 50만에 이르는 병사가 전사했다. 이 전투는 며칠간에 걸쳐 밤낮으로 계속된 치열한 전쟁이었다. 로마 편에 가담했던 서고트족의 테오도리쿠스 왕이 전사하자 서고트족은 퇴각했으나, 그 후 어느 쪽도 승기를 잡지 못하고 싸움은 계속되었다. 결국 이 전투는 훈족의 주술사가 점으로 전쟁을 마치기로 결정하고 피비린내는 전쟁은 마침내 종지부를 찍었다. 훗날 훈족의 편에 섰던 게르만족이 대이동을 하면서 로마 제국은 멸망하였다. 바로 게르만족을 로마 제국으로 이동하게 한 인물이 훈족의 왕, 아틸라였다.

위대한 정복자 아틸라는 결혼 첫날밤에 목숨을 잃었다

아틸라는 마케도니아의 알렉산드로스 대왕보다 더 큰 제국을 건설한 5세기의 영웅이었다. 아틸라가 살아 있을 때, 유럽인들에게 훈족은 공포의 대상이었다. 그의 전설적인 영웅담은 12세기에 만들어진 〈니벨룽겐의 노래〉에 잘 나타나 있다. 아틸라는 동로마 제국을 정복하기 위한 전쟁을 앞두고 결혼을 하였다. 그의 결혼 상대는 서로마 제국 발렌티니아누스 3세 황제의 여동생 호노리아가 아닌, 아틸라와 동맹을 맺은 게르만족의 여인 에데코였다. 그 날 결혼식을 마친 아틸라는 술을 많이 마신 채 신부와 첫날밤을 보내다가 그만 신부의 배 위에서 숨지고 말았다. 훗날 역사가들은 아틸라의 죽음을 놓고 에데코라는 여인이 독살한 것이라고 주장하기도 했으나, 확실한 사인은 밝혀지지 않았다.

더 읽어 볼 책

패트릭 하워스, 〈훈족의 왕 아틸라(2002)〉

리처드 루드글리, 〈바바리안(2004)〉

7대 불가사의
....

고대 '7대 불가사의'는 어떻게 선정되었을까?

고대 7대 불가사의 건축물로 거론되는 것은 쿠푸 왕의 대피라미드, 바빌론의 공중 정원, 올림피아의 제우스 상, 에페수스의 아르테미 신전, 할리카르낫소스의 마우솔루스 왕 능묘, 로도스의 거상, 알렉산드리아의 파로스 등대이다. 이 중 현존하는 것은 쿠푸 왕의 대피라미드뿐이다. 그런데 이 건축물은 어떻게 선정된 것일까?

고대 불가사의한 기념물에는 선정 기준에 따라 각각 차이가 있다. 일곱 개의 한정된 숫자를 말할 때, 지역과 시기에 따라 기념물이 첨가되기도 하고 또는 삭제되기도 한다. 오늘날 7대 불가사의 기념물을 체계적으로 정리한 사람은 로마 제정기에 필로(Philo)로, 그의 〈세계의 7개 경관〉을 발견한 뒤부터이다. 이는 기원전 330년경 알렉산드로스의 동방원정 이후 그리스인 여행자

들에게 관광 대상이 된 일곱 가지 건축물을 가리키며, 이것이 일반적으로 회자되어 세계 7대 불가사의로 자리를 잡은 것이다. 필로는 많은 책을 저술한 작가로서 언어학의 대가로 알려졌지만, 원래는 기계 기술자로 더 잘 알려져 있는 사람이다.

7대 불가사의 건축물은 알렉산드로스와 관련이 있다

고대로부터 현재에 이르기까지 세계 7대 불가사의가 확정된 것은 아니다. 기원전 2세기부터 현재까지 7대 불가사의로 불리는 기념물이 수없이 많았기 때문이다. 하지만 이를 가장 먼저 거론한 저자로는 '역사의 아버지'라 불린 그리스의 헤로도토스이다.

그는 이미 기원전 5세기 이집트의 피라미드와 바빌론의 공중

정원에 대해 매우 정확하게 기술했다. 시인으로 유명한 칼리마크도 불가사의에 대해 거론했는데, 그는 불가사의에 포함되려면 기념물이 아름답다는 것만으로는 충분하지 않다고 설명하면서 기념물이 위치한 주변, 즉 자연과 환경과도 조화를 이뤄야 한다고 강조했다. 이밖에 그리스의 역사학자인 시실리의 디오도르, 로마의 건축가 비트뤼브, 등이 세계 7대 불가사의에 대해 기술했다.

이 일곱 개의 고대 건축물을 살펴보면, 알렉산드로스 대왕과 모두 밀접한 관련이 있다. 이집트의 피라미드는 알렉산드로스 이전에 건설된 것이지만, 그가 점령한 지역이며, 바빌론의 공중정원도 그가 정복한 지역이다. 나머지 다섯 개는 그가 태어난 그리스(마케도니아 포함)와 관련된다.

알렉산드로스가 사망한 후인 기원전 290년에 건설된 알렉산드리아의 파로스 등대, 로도스의 거상이 불가사의에 포함된 것을 감안하면 알렉산드로스를 기리기 위해 불가사의 목록이 조정됐다는 일부 속설도 그럴 듯하다. 세계 7대 불가사의의 목록은 르네상스 시대에 확정됐다. 이 목록에는 바빌론의 성벽 대신 알렉산드리아의 파로스 등대가 포함되었다. 파로스 등대는 가장 나중에 삽입됐지만 1백 미터로 추정되는 거대 건물의 건축 기술에 대한 경이로움 때문에 7대 불가사의 중 가장 중요한 유적으로 평가됐다.

왜 하필이면 7을 불가사의의 숫자로 정했을까?

불가사의한 고대 유물을 7개로 한정한 것은 7이라는 숫자가 피타고라스가 거론한 완벽한 숫자이기 때문이다. 이미 기원전 6세기부터 7은 신성한 숫자로 여겨졌다. 1개의 항성(태양)과 6개의 행성(수성, 금성, 지구, 화성, 목성, 토성)을 합한 숫자와도 같으므로 7은 당시의 우주를 표현하는 숫자이기도 했다. 특히 달은 바빌론에서 가장 중요시하던 숫자였는데 이유는 달이 7일의 4배로 운행하기 때문이다.

세계 7대 불가사의의 진정한 의미는 시대를 초월해 실물을 직접 본 사람들은 물론 상상으로 생각하는 사람들로 하여금 불가사의를 만든 주인공들에 대한 존경심과 외경심을 저절로 자아내게 했다는 것이다.

더 읽어 볼 책

이종호, 〈신화와 역사로 읽는 세계 7대 불가사의(2001)〉

모리노 다쿠미, 〈고대유적(2001)〉

피터 데피로, 〈즐거운 숫자 문명사전(2003)〉

ㅋ

로마 교황이 커피에게 세례를 내리다

앞으로 이 커피라는 음료에 세례를 내려
오늘부터 기독교도의 음료로 하라.
클레멘트 8세 Pope Clement VIII, 로마 교황

커피의 기원에 관해 여러 가지 설이 전해지고 있지만, 그 중에도
양치기 소년이 발견한 커피 이야기가 가장 널리 알려져 있다.[1]
약 7세기경 아프리카 에티오피아에 있는 이슬람 사원의 한 양치
기 소년이 양들이 저녁이 되어도 잠도 자지 않고 날뛰고 우는 것
을 발견했다. 그 동안 아무 말썽 없이 얌전했던 양들이 갑작스레
흥분하는 모습을 본 소년은 그 뒤로 양들의 행동을 주의 깊게 관
찰하기 시작했다. 그 결과 양들이 인근 숲에 있는 콩처럼 생긴 빨

---

[1] 커피(coffee)라는 말의 뿌리는 에티오피아의 카파(kaffa)라는 말에서 찾을 수 있
다. 카파란 '힘'을 뜻하는 아랍어로, 에티오피아에서 커피나무가 야생하는 곳
의 지명이기도 하다. 영국에서는 커피가 처음에 '아라비아의 와인(Wine of
Arabia)'이라 불리다가 1650년 블런트 경이 coffee라 부른 것이 계기가 되어 지
금에 이르렀다.

간 열매를 따먹었을 때 이러한 현상이 일어난다는 것을 알게 되었다. 그 열매를 직접 먹어 본 양치기 소년도 기분이 상쾌해짐을 느낄 수 있었다.

양치기 소년은 이러한 사실을 이슬람 사원 수도사에게 알렸고, 수도사는 여러 가지 실험을 거쳐 그 빨간 열매에 잠을 쫓는 효과가 있다는 것을 발견하였다. 수도사는 잠을 줄여 주는 이 열매가 밤새워 기도해야 하는 수도사들에게는 매우 유익한 열매라고 판단했다. 수도사는 이 열매를 먹기 편리하게 물에다 끓여 마시는 방법을 만들어냈다. 그 뒤로 커피는 곧 여러 이슬람 사원을 거쳐 아라비아 지역에 빠르게 퍼져나갔다.[2]

11세기까지만 해도 커피의 재배는 아라비아 지역에만 한정되었고, 다른 지역으로 커피의 종자가 나가지 못하도록 이슬람교 세력의 보호를 받았다. 그러던 중 12~13세기에 걸쳐 십자군이 이슬람 지역에 들어오면서부터 커피가 유럽에도 소개되었다. 그

---

[2] 커피를 처음 발견했을 당시 이슬람교도들은 커피를 '졸음을 쫓고 영혼을 맑게 하며, 신비로운 영감을 느끼게 하는 성스러운 것' '신이 내린 소중한 약'으로 불렀다.

러나 유럽인들은 커피를 이교도의 음료로 생각하고 있었기 때문에 자유롭게 마실 수는 없었다. 커피가 이교도 음료의 딱지를 뗀 것은 르네상스 시대였다.

커피를 유럽 문화에 정착시킨 것은 르네상스의 지식인이었다

르네상스 시대의 지식인들은 정신을 속박하는 모든 권위, 종교, 도덕의 구속에서 벗어나고자 했다. 이들은 종교의 교리에 묶여 '이교도의 음료'로 낙인 찍혀 있던 커피에 대해서도 관대했을 뿐만 아니라 오히려 커피를 마시며 금단의 열매를 따먹은 이브와 같은 기분마저 느낄 수 있었다. 르네상스 초반기까지만 해도 커피는 밀무역을 통해 유럽에 수입되었지만, 예술가들을 중심으로 이탈리아 전역으로 퍼져갔다.

그러나 중세 교회 문화의 기득권 계층들은 르네상스 시대의 지식인을 곱게 보지 않았다. 그들은 더 이상 종교적인 교리를 내세워 세상을 다스릴 수 없게 되자, 로마 교황인 클레멘트 8세(Pope Clement VIII)의 힘을 빌리기로 하였다. "커피는 사탄의 음료이니 먹지 못하도록 금지하여 주십시오"라고 간청하였던 것이다. 본격적인 조사에 들어간 클레멘트 8세는 직접 커피를 마셔보고는 그 독특하고 신비로운 음료에 금방 매료되었다. 클레멘트 8세는 "이렇게 맛있는 커피를 이교도의 음료라 하여 금기하는 것은 너무 아까운 일이다. 이 음료에 세례를 내려 오늘부터 기독교도의 음료로 하라."

클레멘트 8세가 커피를 이처럼 판결함으로써 커피를 둘러싼 시비는 막을 내렸다. 교황이 판결을 내린 1650년부터 비로소 일반 기독교인까지도 공공연히 커피를 마실 수 있게 되었고, 그와 더불어 곳곳에 자리 잡은 커피하우스가 커피의 수요를 더욱 부추겼다.

17세기에 이르러 비로소 기독교인들도 마음 놓고 커피를 마실 수 있게 되자, 1625년 이탈리아 로마에 커피하우스가 생겼다. 그리고 영국에서는 1650년경 에인젤이라는 이름의 커피 하우스가 옥스퍼드에서 문을 열었다.

더 읽어 볼 책
김준, 〈커피(2004)〉

커피하우스
....

보험회사는 커피하우스에서 탄생했다

커피하우스에서 당신은 모든 것을 볼 수 있으며,
커피 한 잔 값으로 자신을 위해 천 가지 이야기도 풀어낼 수 있다.
헤밍웨이 Ernest Hemingway, 미국의 소설가

1650년 옥스퍼드에서 영국 최초의 커피하우스가 문을 열었다. 그 후 런던에는 수많은 커피하우스가 등장했으며, 로이드(Lloyd)가 운영하는 커피하우스도 그 중 하나였다.[1]

런던 강변에 위치한 로이드의 커피하우스는 특히 선원들과 상인들에게 인기 있는 장소로 24시간 내내 손님들로 붐볐다. 로이드는 손님들의 편의를 위하여 화물선의 출발 및 도착 날짜를 다른 유용한 정보와 함께 칠판에 적어놓았다. 그는 커피하우스를 찾는 선원들이 주고받는 대화를 통해 항해에 관한 많은 정보를 얻을 수 있었고, 이를 체계적으로 정리해 '로이드 목록'이라는 자

---

1 17세기 후반 유럽에서는 커피를 마시는 풍습이 크게 유행하여 1708년에는 런던에만 3천여 곳이 넘는 커피하우스가 있었다.

료를 발표하기도 했다. 이처럼 항해와 관련된 일들이 이곳에서 많이 발생하였고, 당시는 신세계를 상대로 한 무역이 성황이었기에 커피하우스에서 보험업자들과 무역업자들의 대화의 장이 자연스레 마련되었다. 이것이 오늘날 현대적인 의미의 보험업이 시작되었다.

로이드 커피하우스가 문을 연 지 100년이 지난 1771년, 그 곳 주변에서 활동하던 개인 보험업자들이 'The Society of Lloyd's'란 조직을 결성했고 이 조직이 현재 보험업계의 대명사인 로이드의 기원이 되었다. 오늘날 런던의 로이드 사는 영화배우의 다리, 가라앉지 않는 타이타닉 호, 우주의 인공위성같이 보험에 들기 어려운 것들을 보험 상품으로 취급하는 것으로 유명하다. 로이드는 보험과는 아무 관련이 없는데도 불구하고 현대 보험의 대명사가 되었는데, 이는 그가 설립한 커피하우스의 커피 한 잔에서 시작된 것이었다.

영국의 시민 정치는 커피하우스에서 시작되었다

커피하우스가 유행하기 시작한 17세기 후반 영국은 청교도 혁명 이후 정치 변혁의 열기가 식지 않은 상태였다. 따라서 커피하우스에 모여든 시민들의 화제는 당시 정국이나 권력에 대한 비판이 주요 이슈였다.

초기의 커피하우스는 신분의 높고 낮음에 관계없이 누구든 입장료 1페니만 내면 들어갈 수 있었다. 커피하우스 안의 테이블에는 다양한 신문이나 잡지 등이 마련되어 있었다. 특별히 단체 손님용으로 마련된 큰 테이블은 여러 가지 화제에 대한 논의의 장이 되었다. 이와 같이 커피하우스는 다양한 부류의 사람들의 사교나 정보 교환의 터전이 되었고, 거기서 오고가는 대화를 통해 사회의 단면을 읽을 수 있었다. 그러자 정부는 시민들이 점점 권력에 대해 비판 수위를 높이자, 커피하우스의 번성을 경계하며 다양한 이유를 들어 단속했다. 실제로 찰스 2세는 1676년 커피하우스를 폐쇄하는 포고를 발표하기도 했다. 당시 찰스 2세는 커피하우스를 가리켜 '게으름뱅이와 불평분자들의 유흥장'이라고 부르며 불만을 표시했다. 그러나 이 포고는 영국 시민들의 맹렬한 반대에 부딪쳐 포고를 발표한 지 불과 11일 만에 철회되었다. 영국 정부는 커피하우스의 영업을 재개하는 대신 커피하우스에

우리나라의 보험상품 제1호는 '소'였다

우리나라는 전통적으로 보험과 유사한 형태로 신라의 창(倉), 고려의 보(寶), 조선의 계(契)라는 상호부조제도가 있었다. 또 조선시대에는 향촌의 자치규약인 '향약'이 있어 사람이 사망하거나 불이 났을 경우 모두가 분담금을 나눠 고통을 분담했다.

우리나라에 근대적 보험이 도입된 것은 1887년 강화도조약 이후다. 인천·부산 등 항구 개항에 따라 일본 영국 등 외국 보험사가 해상보험을 판매하기 시작했다. 순수 우리 자본에 의한 최초의 보험회사는 1922년 10월 설립된 조선화재보험이다. 당시 농업사회였던 우리나라에서 가장 인기 있는 보험대상은 소와 가옥, 농토 등이었다. 특히 소는 1897년 우리나라 보험계약 제1호의 주인공이 됐다.

스파이를 잠입시켜 정보를 수집하거나 때로는 거짓된 정보를 고의로 흘려 여론을 조작하는 등 반란이나 음모의 싹을 찾아내기 위해 커피하우스를 교묘하게 이용하기도 했다.

18세기 초 앤 여왕이 즉위하면서 정치가 안정되자 커피하우스는 정치 논의의 장이라는 본래의 성격을 잃기 시작했다. 게다가 커피는 훨씬 더 인기가 높은 음료에게 자리를 내주었는데, 그것은 중국에서 수입된 차였다.

더 읽어 볼 책
볼프강 융거, 〈카페하우스의 문화사(2002)〉

코페르니쿠스
....

코페르니쿠스의
지동설은 찻잔 속의 태풍이었다?

모든 것의 중앙에 태양이 놓여 있다.
그 휘황찬란한 신전 안에, 누가 그런 빛 덩어리를 놓아둔 것일까.
코페르니쿠스 Nicolaus Copernicus, 폴란드의 천문학자

지구가 둥글다고 주장하는 코페르니쿠스의 지동설이 발표되었을 때 아무도 그의 이론을 주목하지 않았다. 코페르니쿠스가 활동하던 시기는 갈릴레이가 가톨릭 교회와 맞서고 있을 때와는 상황이 달랐다. 즉 코페르니쿠스를 괴롭힌 사람은 아무도 없었던 것이다. 가톨릭 교회도, 교황이나 추기경도 그의 이론을 문제 삼지 않았다. 그의 이론에는 증명이나 실험이 포함되어 있지 않았지만, 갈릴레이와 같이 박해를 두려워해서 출판을 꺼려한 것은 아니었다. 오히려 바티칸의 추기경은 그가 지향하는 이론을 책으로 펴내도록 권장할 정도였다.

그런데도 코페르니쿠스는 죽기 직전까지 자신의 의견을 대중 앞에 내놓길 꺼려했다. 그렇다면 코페르니쿠스는 왜 자신의 이론을 내세우지 않았던 것일까?

코페르니쿠스의 이론은 너무도 황당해서 사람들에게 큰 관심을 끌지 못했을 뿐만 아니라 그런 주장이 가톨릭 교회에 상당한 반응을 일으킬 정도의 사건이 되지 못했다. 더군다나 코페르니쿠스의 지동설은 너무 어렵고 계산이 많았으며 표현이 까다로웠다. 고대 그리스의 아리스타르코스와 마찬가지로 그의 생각을 받아들일 만한 사회적 기반도 조성되

어 있지 않았다. 그러나 이런 이유는 겉으로 드러난 것일 뿐 실제로는 다른 이유가 있었다. 그것은 코페르니쿠스의 소심한 성격 때문이었다. 도량이 좁고 겁이 많은 그는 주위 사람들의 따가운 시선을 두려워했던 것이다. 코페르니쿠스는 무엇보다 자신에게 쏟아질 과대망상증 환자라는 소리를 듣고 싶어 하지 않았다. 당시 사람들은 코페르니쿠스를 명예욕에 사로잡힌 사람이나, 엉뚱하고 바보 같은 생각을 해낸 이상한 사람으로 여겼다. 종교개혁가인 루터는 한 강론에서 코페르니쿠스를 '저능아'로 취급할 정도였다.[1]

코페르니쿠스의 고민거리는 자신의 소심하고 경계적인 성격, 자기 학설이 출판되어서 논쟁의 대상이 되지나 않을까 하는 두려움을 가지고 있었다. 이런 이유 때문에 코페르니쿠스는 자신의 이론을 완성하고도 몇 년 동안 개론서를 서랍 속에 처박아 두었다.

주위 사람의 권고에 따라 겨우 그가 원고의 첫 인쇄본을 전달받았던 1543년 5월, 코페르니쿠스는 뇌출혈로 죽어가고 있었고, 마침내 5월 24일 인쇄본을 다 읽어 보기도 전에 그는 숨을 거두었다.[2] 그나마 코페르니쿠스라는 이름이 후대에 알려진 것은 다음 세기에 그의 이론을 재발견한 천문학자 케플러 덕분이었다.

더 읽어 볼 책
남경태, 〈종횡무진 서양사(1999)〉
하인리히 찬클, 〈과학의 사기꾼(2006)〉

---

[1] 루터는 코페르니쿠스가 천문학의 모든 것을 뒤집어 놓으려 하고 있다면서, '성경이 우리에게 움직이지 말라고 명한 것은 태양이지 지구가 아니다'라고 코페르니쿠스를 비난했다.

[2] 코페르니쿠스는 자신의 이름은 거명하지 않는다는 조건을 내세워 겨우 출판을 허락했다. 당시 그가 내세운 이름은 '토룬의 니콜라우스 박사'였다.

최초로 지동설을 주장한 사람은 그리스의
아리스타르코스였다

코페르니쿠스보다 1,700여 년이나 앞서 지동설을 주장한 사람은 고대 그리스 시대의 천문학자였던 아리스타르코스였다. 그는 우주의 중심은 태양으로, 태양 주위를 지구와 별, 행성들이 돌고 있다고 주장했다. 또 지구는 하루에 한 번씩 자전을 한다고 믿었다. 그는 오늘날 우리가 알고 있는 태양계의 구조를 거의 그대로 받아들이고 있었다. 코페르니쿠스의 이론은 바로 이런 고대 그리스 천문학자로부터 영향을 받은 것이다. 실제로 코페르니쿠스는 이탈리아의 파도바 대학 의학부에 유학한 일이 있는데, 그 당시 파도바 대학에서는 고대 그리스와 로마 시대에 쓰인 교과서가 있었다. 그 내용 안에는 아리스타르코스의 지동설도 있었다. 코페르니쿠스는 자신의 책의 원고 속에는 아리스타르코스가 지동설을 먼저 주창했던 일을 쓰고 있지만, 책으로 인쇄할 때는 그 부분을 삭제했다.

클레오파트라는
문학과 외국어에도 뛰어난 만능 탤런트였다

클레오파트라의 혀는 마치 각기 다른 음을 내는 여러 개의 악기와도 같다.
그녀는 통역사도 없이 여러 나라 말을 완벽하게 구사했다.
플루타르코스 Plutarchos, 로마의 역사가

고대 로마인들은 클레오파트라를 '나일 강의 마녀'라 불렀다. 그
들은 로마의 실력자, 카이사르와 안토니우스를 유혹한 그녀를 곱
게 보지 않았다.[1] 그래서 그들 사이에 수많은 이야기를 만들어냈
는데, 대부분이 클레오파트라를 비하하는 내용들이었다. 즉 클
레오파트라는 자신만의 성적 테크닉을 가지고 있어서 안토니우
스를 유혹한 것이라고 했고, 섹스에 대해서 특수 훈련을 받았다
는 말까지 지어냈다. 이런 성적 비하 때문에 클레오파트라의 진
면목이 가려져 있다.

클레오파트라는 지성을 갖춘 뛰어난 인텔리였다. 그녀는 문학

---

[1] 고대 로마인들이 클레오파트라를 싫어했던 이유 중의 하나는 그녀가 마케도니
아 알렉산드로스의 혈통을 이어받은 그리스인이었기 때문이었다.

과 철학 그리고 역사학 등 다방면에 걸쳐 해박한 지식을 갖고 있었다. 특히 그녀의 비범한 말솜씨와 재치는 많은 남성들의 마음을 사로잡기에 충분했다.

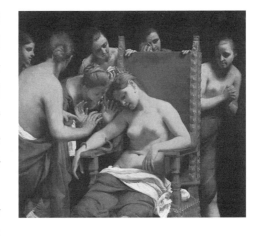

이집트에서는 아들과 딸이 공동으로 왕위에 오르기 때문에 그녀 역시 어렸을 때부터 제왕학 교육을 받았다. 그리스 문화의 전통을 이은 이집트 왕가였기에, 그녀는 호메로스의 서사시, 유리피데스의 비극, 메난드로스의 희극, 헤로도토스와 투키디데스의 역사서 등 그리스 문학 전반을 배웠다. 과학 교육으로는 대수와 기하, 천문학과 의학 수업을 받았고, 예능 교육으로 그림 그리는 법, 노래하는 법, 현악기 연주법에 승마까지 배웠다. 유명한 기하학 전문가인 포틴은 자신의 저서 제목을 〈클레오파트라 법전〉이라고 붙일 정도였다.

그녀의 학문적 재능 중 특기할 만한 것은 외국어 구사 능력이었다. 클레오파트라는 라지드 왕가에서 최초로 이집트 민중의 언어인 이집트어를 할 줄 아는 최초이자 최후의 통치자였다. 그녀가 구사할 수 있는 외국어는 에티오피아어, 아랍어, 히브리어, 라틴어, 시리아어, 파르티아어 등 이루 헤아릴 수 없을 정도로 많았

클레오파트라는 절세의 미인이었다?

클레오파트라는 예나 지금이나 미인의 대명사로 불린다. 고대 역사학자인 카시우스는 클레오파트라를 '역사상 최고의 미인'으로 손꼽는데 주저하지 않았다. 그러나 로마의 역사학자인 플루타르코스는 "사람들이 말하듯 처음 보는 순간 시선을 확 끌 정도로 비할 데 없이 아름다운 여인은 아니었다"고 적고 있다.

당시 안토니우스가 클레오파트라를 위해 발행했던 동전을 보면 그녀는 매부리코에 큰 입을 하고 있으며 살이 오른 통통한 얼굴이었다. 2007년 2월 영국의 뉴캐슬대학 연구팀이 로마 시대 은화(銀貨)를 연구한 결과 클레오파트라는 좁은 이마에 뾰족한 턱, 얇은 입술, 날카로운 코를 가진, 미인형과는 거리가 있는 모습이었다고 밝혔다. 이 은화는 기원전 32년에 제작된 것으로, 동전이나 화폐는 그 시대 지배자의 얼굴 특징을 가장 잘 보여 주고 있기 때문에 역사학자들은 이 동전에 매우 큰 의미를 부여하고 있다.

다. 클레오파트라는 재위 기간 중 탁월한 외교 능력을 발휘했는데, 이런 외국어 실력이 밑거름이 되었다.

더 읽어 볼 책
벳시 프리올뢰, 〈유혹의 기술 2(2004)〉
미하엘 그레고르, 〈역사의 비밀(2000)〉

ㅌ

타지마할은
최고의 건축가가 참여한 글로벌 프로젝트이다

눈물은 영원히 마르지 않을 것이며,
시간이 흐를수록 더욱 더 맑고 투명하게 빛나리라. 그것이 타지마할이라네.
타고르 Rabiidranath Tagore, 인도의 시인

타지마할은 인도의 건축물 중에서 가장 뛰어난 건축물로 평가받고 있다. 인도를 여행하는 대부분의 사람들이 찾는 명소 중 하나가 아그라 교외에 있는 타지마할이다. 중앙의 돔과 이웃한 첨탑들과의 절묘한 구성, 어떤 방향에서 보아도 균형 잡힌 아름다움, 시간과 공간에 따라 모습을 달리 하는 마술적 자태는 왜 이 궁전이 세계 7대 불가사의로 불리는지를 쉽게 헤아릴 수 있다.

타지마할 전면에 펼쳐진 화원은 코란에 나오는 듯한 낙원의 모습으로 갖가지 향기를 뿜는 꽃과 유실수로 꾸며져 있다. 타지마할은 거대한 성채 속의 묘지공원이고 세계 최고의 대리석 건축물이다. 과연 이 세기적인 건축물에 참가한 기술자들은 누구였을까?

타지마할은 세계 각국의 최고 건축가가 합작한 거대한 국제 프

로젝트이다. 이 능묘를 설계한 사람은 이탈리아인 제로니모 베로네오(Geronimo Veroneo) 또는 프랑스인 오스틴 보르독스(Austin De Bordeaux)로 알려져 있다.[1] 당시 이슬람 사원의 최고 설계자인 이란의 우스타드를 비롯해 터키와 중국의 일류 기술자들도 초빙했다. 즉 돔의 설계, 벽체의 설계, 대리석의 조각, 모자이크 문양의 설계, 금은 세공 장식의 설계 등 각 분야에서 최고의 기술자들이 참여했다. 샤자한은 22년 동안 타지마할 건축에 모든 정성과 국력을 쏟아 부었는데, 하루 3만 명의 인부와 1천여 마리의 코끼리

---

[1] 1930년대에 발견된 타지마할 공사에 관한 필사본 문서에는 이탈리아, 이란, 프랑스를 비롯한 외국 기술자들과 무굴 제국의 전문기술자들이 참여했다고 기록하고 있다.

를 동원하여 전국 각지의 대리석을 운반해 왔다. 건축가들뿐만 아니라 타지마할에 쓰인 재료들도 가히 국제적이었다. 붉은 사암은 현지 석산에서, 백색의 대리석은 남쪽으로 16킬로미터 떨어진 자이푸르 남방 마크라나의 대리석 광산에서 조달되었다. 운반을 효율적으로 수행하기 위해 남부 석산에서 아그라의 현장까지 코끼리와 소가 끄는 수레가 동원되었다.

그 외에 궁전의 내부를 장식한 보석들은 중앙아시아의 투르키스탄으로부터는 연옥, 티베트에서는 수정, 터키옥은 미얀마 북부, 그리고 진주, 사파이어, 다이아몬드 등이 아프간과 이집트로부터 조달되었다. 세상에서 가장 아름다운 묘를 지으려 했던 샤자한 황제는 타지마할의 건설을 국제적 프로젝트로 만들었다. 타지마할은 인도의 전통 건축물이라기보다는 당시 세계적인 디자인과 기술이 총동원된 국제적 프로젝트였다.

더 읽어 볼 책
마르코 카타네오, 〈유네스코 세계문화유산(2004)〉
자와할랄 네루, 〈인도의 발견(2003)〉

타지마할은 누구를 위해 만들어졌을까?

무굴 제국은 16세기 초부터 18세기 중반까지 인도를 통치했던 이슬람 왕조
이다. 이 제국의 전성기를 구가했던 샤자한 황제는 왕비 뭄타즈 마할을 끔
찍이 사랑했다. 황제는 변방을 정벌하러 가는 원정길에까지 아내와 동행할
정도였다. 그토록 사랑하던 아내가 14번째의 아기를 낳다가 그만 숨을 거두
었다. 급작스런 왕비의 죽음에 황제의 충격이 얼마나 컸던지, 하루 사이에
황제의 머리카락이 백발로 변해 버렸다.

아내의 갑작스런 죽음 이후 황제는 아내의 영혼을 위한 궁전을 무려 22년
에 걸쳐 짓도록 했는데 이것이 바로 인류 역사에 길이 남아 있는 타지마할
이다. 또한 황제는 이 궁전을 완성한 후 다시는 이처럼 아름다운 건축물이
지어지지 못하도록 건설에 참여했던 장인들의 손목을 모두 잘라 버렸다. 그
러나 타지마할이 완성된 수년 뒤 샤자한은 친왕자인 아우랑그제브에 의해
근처 성채에 유배되어 7년 동안 아내가 잠든 묘를 매일 바라보며 쓸쓸한 말
년을 보냈다.

통조림
....

통조림은
나폴레옹이 현상 공모한 발명품이다

1퍼센트의 가능성, 그것이 나의 길이다.
나폴레옹 Napoleon Bonaparte, 프랑스 황제

통조림의 역사는 전쟁에서부터 시작되었고, 전쟁을 통해 비약적인 발전이 이루어졌다. 19세기 최초로 등장한 통조림은 군대의 막대한 식량 확보를 가능하게 했으며, 식품 보존의 혁명적인 변화를 가져왔다.

나폴레옹의 군대는 전쟁을 치르는 동안 무척이나 분주했다. 이탈리아와 스페인, 프로이센과 오스트리아 등 유럽은 물론 이집트 원정까지 가야 했기 때문이었다. 나폴레옹 군대의 최대 고민은 식품을 장기간 보존하고 수송하는 일이었다. 많은 병사들이 전선에서 신선한 음식을 공급받지 못해 영양실조나 괴혈병으로 죽어갔다. 나폴레옹 자신도 전선에서 굶주렸던 적이 한두 번이 아니었다.

1800년 쿠데타로 집권한 나폴레옹이 가장 먼저 내건 포고문

중 하나가 음식물 저장 방법에 대한 현
상 공모였다. 당시 나폴레옹은 누구든
지 자신의 군대에 변질되지 않는 음식
을 공급하는 자에게 포상을 내리겠노
라고 선전하였다. 군용 식량으로서 사
용할 장기 보존용 식품 저장법을 공모
한 것이다. 수많은 과학자와 식당업자
들이 응모했지만 대상을 차지한 주인
공은 샴페인 병 제조업자인 니콜라스
아페르였다. 그는 나폴레옹의 현상 공고문을 보고 연구에 박차를
가해 병조림을 발명했다. 아페르는 음식을 가열하여 박테리아를
죽인 후, 밀폐된 용기에 담아 음식을 보관하면 장기적으로 보관
할 수 있다는 것을 밝혀냈다. 그가 만들어낸 것은 촛농과 코르크
마개로 밀봉하는 병조림으로, 아페르는 현상금 1만 2천 프랑을
받아 대량 생산 공장을 세웠다.

그러나 병조림으로 식량 문제를 해결한 이후 나폴레옹 군이 거
둔 성적은 좋지 않았다. 더군다나 병조림은 라이벌인 영국으로
건너가 식품 보존 기간이 더욱 오래 지속되는 통조림으로 발전했
다. 통조림은 1810년 영국인 듀랜드가 양철로 만든 밀봉 용기 깡
통을 개발하여 특허를 얻었다. 그 후 2년이 더 지나 양철로 만든
밀봉 용기에 담긴 식품, 요즘과 같은 통조림 식품이 최초로 등장
했다. 영국의 통조림 기술은 19세기 전반 미국으로 전파되고,
1817년에 영국에서 미국 보스턴으로 이주한 윌리엄 언더우드는

1820년 미국 최초의 통조림 산업을 기업화시켰다. 통조림이 본격적으로 확산된 것은 미국 남북전쟁 때인데, 당시 연간 1천만 캔씩 뿌려졌다.

더 읽어 볼 책

브라운, 〈발명의 역사(2000)〉

파나마 운하가
건설된 것은 한 장의 우표 때문이었다

우표에서 얻은 것이 학교에서 배운 것보다 많다.
프랭클린 루스벨트 Franklin Roosevelt, 미국의 정치가

19세기 미국이 대서양에서 서해 태평양으로 항해하려면 남미의 혼 곳을 돌아 1만 3천 킬로미터의 긴 항해가 필요했다. 따라서 미국은 항해를 단축하기 위해 중남미에 운하 건설을 계획하고 있었다. 그런데 운하가 건설되기도 전에 주변 국가들의 이익과 사업가들의 이권 다툼이 복잡하게 얽혀 있었다.

미국이 내세운 가장 유력한 운하 후보지로 추진되던 곳이 니카라과였다. 그러나 파나마에 운하를 추진하고 있는 프랑스 건설업자의 노력도 만만치 않았다. 1880년대 수에즈 운하를 완공하여 공학기술상 개가를 올린 프랑스인들은 그 당시 콜롬비아령인 파나마 지역에 수로를 파려고 시도하였으나 실패로 끝나고 말았다. 10년의 작업과 14억 프랑이라는 거액을 투자하고 2만 명의 희생자를 낸 뒤 계획을 포기하고 말았다. 파나마 지역에 이권을 갖고

있던 사업가들은 파나마에 운하가 건설되기를 바랐으며, 파산한 프랑스의 운하회사 주주들도 파나마에 있는 자산을 팔아 보상받기를 기대하고 있었다.

당시 미국은 한시라도 빨리 북남미 대륙을 가로지르는 운하를 만드는 것이 급선무였다. 무엇보다 샌프란시스코의 군함을 스페인과 미국 간의 전쟁터에 긴급히 보내야 하는데 남미를 돌아 카리브해까지 도달하는 데는 무려 69일이라는 항해 기간이 소요되었기 때문이었다. 미국 의회 내에서는 1899년까지도 이 운하 건설에 대한 결정을 보류하고 있었고, 운하 예정지도 파나마가 아닌 니카라과였다.

니카라과의 화산 폭발 우표가
운하의 기로를 바꾸었다

이러한 상황은 파나마 운하 사업에 참여했던 프랑스 공학자 뷔노 바빌라에게는 최악의 상황이었다. 그런데 그때 니카라과에서 천재지변이 일어났다. 1902년 5월 마르티크 섬의 펠레 산이 폭발하여 3만 명이 목숨을 잃은 것이다. 설상가상으로 약 1개월 후 니카라과 모모톰보가 또 폭발하였다.

미국 상원에서 운하의 통과에 대한 투표가 예정된 3일 전, 바빌라는 모모톰보의 화산 폭발 장면이 담겨 있는 우표를 떠올리고 이를 우표 수집상으로부터 대량 구매했다. 그는 이 우표를 상원의원 전원에게 우송하였다. 이런 천재지변이 자주 발생하는 곳에 운하를 건설하기보다는 보다 안전한 파나마가 더 나으리라는 속셈이었다. 투표 결과 상원의원들은 8표 차로 파나마 운하의 건설을 승인하였다. 이 우표로 인해 상원의원 중 상당수가 운하 통과 예정지에 활화산이 있다는 것을 크게 염려하여 마음을 바꾼 것이다. 결국 바빌라의 노력은 미국 의회에 받아들여졌고, 1904년 미국 의회는 파나마를 운하 건설지로 선택하게 되었다.

더 읽어 볼 책
헨리 페트로스키, 〈이 세상을 다시 만들자(1998)〉

파르테논 신전에는 직선이 없다

파르테논 신전은 그리스 아테네의 아크로폴리스에 있는 신전으로 기원전 438년에 세워졌다. 조각가 페디아스(Phedias)가 건축한 대표적인 도리스식 건축물인 이 신전은 웅장하고 조화로운 그리스 문화의 일면을 보여 주고 있다.

이 건축물에서 가장 눈여겨보아야 할 것은, 놀랍게도 직선은 하나도 사용되지 않았다는 점이다. 즉 인간의 착시 현상을 고려해 건축했다는 것이다. 얼핏 보기에 동일한 굵기의 기둥이 동일한 간격으로 배치된 직사각형의 반듯한 건물로 보인다. 그러나 실제로 지어진 건물은 이와 매우 다르다. 우선 가장자리 기둥은 가운데 있는 기둥보다 좁은 간격으로 세워져 있다.(가장자리는 6피트, 가운데는 8피트 간격) 이와 같이 불균형하게 건설한 것은 동일한 굵기로 만든 기둥을 동일한 간격으로 세웠다면, 건물의 모양은

직사각형이 아니라 위나 옆으로 퍼져 보이기 때문이다. 대들보의
가운데도 위로 볼록하게 휘어져 있으며, 가장자리의 기둥은 안쪽
으로 약간 휘어져 있다. 기둥은 위로 갈수록 가늘어진다. 수치적
으로 정확하게 그려진 수평선은 실제로는 중앙 부분이 처진 듯이
보이기 때문에 그리스인들은 거대한 돌들을 맞춰 나가면서 중앙
부를 약간 들어올렸다. 기둥은 위로 갈수록 가늘어지는데 바닥
부분의 지름은 6피트 2인치이지만 꼭대기의 지름은 4피트 10인
치밖에 안 된다.

인간의 착시 현상을 이용한 고도의 건축물이다

그리스 건축은 완벽하고 이상적인 건축 형태의 표현을 위해 착시 현상을 이용하였다. 고대 그리스인은 어떻게 이런 건축 기법을 도입했던 것일까? 이러한 그리스의 신전들은 그 이전의 목조 건물에서 발전된 것으로 보인다. 목조 건물은 쉽게 수정할 수 있기 때문에 시행착오를 거치면서 보기 좋게 수정되었을 것이라고 상상할 수 있다. 그것들을 돌로 만들게 되었을 때 군이 착시에 대한 이론이 필요하지 않았을 것이다.

파르테논 신전의 기단부를 지탱하는 땅은 완전 평면이 아니다. 실제로는 땅이 가운데로 갈수록 볼록하게 튀어 올라와 있다. 바로 이 점이 파르테논 신전의 미스터리이다. 이는 착시 현상을 이

우리나라에도 배흘림 건축 기법이 발달하였다

배흘림(Entasis)이란 건축물 기둥의 중간이 굵게 되고 위 아래로 가면서 점차 가늘게 된 기둥의 형태를 말한다. 기둥 높이의 3분의 1지점이 제일 굵고 위는 아래보다 더 가늘게 하는 것이 보통이다. 기둥에 배흘림을 두는 것은 구조상의 안정과 착시현상을 교정하기 위한 심미적인 착상에서 나온 수법이다. 배흘림기둥은 우리나라는 물론 중국이나 일본의 건축에서도 고대에는 흔히 사용하였다. 그러나 배흘림기둥을 꾸준히 사용해 온 것은 한국 건축물이다. 한국에서는 고구려의 고분 벽화에 이미 기둥의 배흘림이 뚜렷이 나타나며 고려 시대의 대표적 건물인 부석사 무량수전을 비롯하여 조선 시대의 많은 건물, 즉 무위사 극락전, 화엄사 대웅전 등에서 쉽게 볼 수 있다.

용해 어떠한 날씨나 햇빛의 각도에서도 땅이 평면으로 보이게 하려는 그리스인들의 지혜였던 것이다. 이런 기술은 근대 후반에 오기 전까지도 몰랐던 기술이었기에 현대 건축에서도 여전히 불가사의로 남아 있다. 이처럼 고대 그리스인은 정밀하게 계산해 만든 계획에 의해 사람들이 알아차리지 못하는 곡선과 경사를 건물에도 적용시켜 균형과 조화를 이룬 뛰어난 건축물을 만들어냈던 것이다.

더 읽어 볼 책
김봉철, 〈영원한 문화도시, 아테네(2002)〉

파스퇴르와의 의리를 위해 자살을 선택하다

과학은 조국을 갖지 않지만 과학자는 조국을 갖는다
파스퇴르 Louis Pasteur, 프랑스의 과학자

파스퇴르의 삶은 시종 세균과의 전쟁이었다. 그는 각종 질병이나 부패 현상이 저절로 생기는 것이 아니라 특정한 세균이나 박테리아에 의해 발생한다는 사실을 밝혀냈다. 지금 생각하면 너무나 당연하지만 당시로서는 혁명적인 발견이었다. 그는 효모나 발효에 관한 연구에서도 독보적이었다. 알코올의 발효가 효모균에 의한 것이라는 사실을 확인한 사람도 파스퇴르였다. 광견병을 퇴치하는 데도 그의 공헌은 절대적이었다.

1885년 7월 6일, 프랑스 파리에 있는 세균학자 파스퇴르의 연구실로 긴급 소식이 들어왔다. 며칠 전 미친개에게 물린 조제프 메스테르라는 아홉 살짜리 소년이 광견병에 걸린 것으로 확인됐다는 내용이었다. 이 소년은 미친개에게 전신을 열네 군데나 물려 도저히 살아날 가망이 없다는 진단을 받았다. 소년의 부모는

어차피 죽을지 모르니 파스퇴르가 그 동안 연구한 백신을 실험해 달라고 요청했다. 광견병의 경우는 실험 대상이 광견병에 걸린 환자여야 하기 때문에 파스퇴르는 좀처럼 실험 대상을 찾기가 힘들었다. 파스퇴르는 당시만 해도 이 백신을 동물 실험엔 성공했지만 사람에게 주사할 기회를 찾지 못하던 상황이었다. 그는 즉각 소년에게 백신을 주사했다. 결과는 성공적이었고 소년은 귀중한 생명을 건졌다. 인간에게 가장 치명적인 질병 하나를 물리치는 순간이었다. 그리고 세균학자 파스퇴르의 명성이 절정에 달하는 순간이기도 했다. 그의 연구를 곱지 않은 시선으로 바라보던 당시 프랑스의 의학계와 언론계도 찬사를 보내지 않을 수 없었다.[1]

그 후 파스퇴르는 '파스퇴르 연구소'를 설립하여 광견병 치료를 체계화시켰다. 파스퇴르는 평소에도 자신이 치료한 환자들까지도 돌보는 세심함을 보였는데, 특히 그는 자신의 실험에 처음으로 참여해 준 사람의 은혜를 잊지 않았다. 직장을 찾던 환자에

---

1 메스테르의 치료부터 1895년 파스퇴르가 사망하기까지 약 2만 명의 환자가 백신 치료를 받았는데 그 중에서 사망한 사람은 불과 1백 명에 지나지 않았다. 파스퇴르에 의해 광견병 치료도 어렵지 않다는 것이 확인되었다.

게는 일자리를 알아봐 주기도 했다. 광견병의 첫 실험 대상인 메스테르도 그 중 한 명이었다. 메스테르는 파스퇴르가 사망한 후에도 이 연구소에서 수위로 재직하고 있었다.

그런데 1940년 뜻밖의 일이 벌어졌다. 평소 파스퇴르의 연구를 눈여겨보았던 독일 점령군 나치가 파스퇴르 연구소를 급습한 것이었다. 나치는 파스퇴르 연구소 지하 묘실에 세균전에 사용할 수 있는 그 무엇인가 있을 것이라고 생각하고 연구소에 들이닥친 것이었다. 그러나 메스테르는 이들의 명령에 따르지 않았다. 파스퇴르의 인연을 소중히 간직하고 있던 그는 자신의 손으로 연구소의 문을 열어 주느니 차라리 죽음을 선택해 파스퇴르의 은혜를 끝까지 지켰다.

더 읽어 볼 책

로버트 멀케히, 〈세균과의 전쟁, 질병(2002)〉
자크 르고프 외, 〈고통 받는 몸의 역사(2000)〉

프랑스의 상징은 왜 닭이 되었을까?

아무 힘도 없는 닭 같은 동물이 프랑스의 이미지가 될 수 없다.
나는 차라리 독수리로 하겠다.

나폴레옹 Napoleon Bonaparte, 프랑스 황제

프랑스 축구 국가대표팀의 유니폼에는 닭이 그려져 있다. 닭은
곧 프랑스를 상징하는 동물인데, 왜 하필 프랑스는 닭을 상징으
로 삼았을까?

어둠을 뚫고 새벽을 알리는 닭은 페르시아, 그리스와 로마에서
도 신을 섬기는 중요한 새로 대접받았다. 서양뿐만 아니라 중국
에서도 닭은 어둠을 몰아내고 태양을 불러내는 새로 여겼다.

기독교에서도 닭은 '현명함'의 상징이며, 교회의 종루 끝에는
닭 모양의 장식이 자리 잡고 있다.[1] '탈무드'에서도 닭의 울음소
리는 신이나 천사의 강림을 알리며, 예언자의 말을 전하는 존재

---

1 기독교에서 닭은 신에게서 오는 은총의 상징이다. 메시아처럼 밤에 뒤이은 아
침의 도래를 알리기 때문이다. 교회나 성당의 첨탑에 닭의 형상을 만들어 놓은
것은 이런 이유 때문이다.

로 등장한다. 그러나 닭이 반드
시 좋은 이미지만 있는 것은 아
니다. 닭을 '마녀'와 연결하는 경
우도 종종 있었는데, 악마가 닭
의 모습을 하고 마녀 집회에 참
가한다는 설도 있다.

닭이 프랑스의 상징으로 자리
잡게 된 것은 17세기 이후부터
였다. 닭은 고대 시절부터 이미
갈리아족(프랑스인)의 화폐에 등장하였다. 라틴어 '갈루스(gallus)'가
닭과 갈리아족을 동시에 의미하고 있다는 이유로 닭은 갈리아와
갈리아족의 상징이 되었다. 중세 전기에는 사라졌던 닭의 이미지
는 14세기 독일에서 프랑스를 환기시키는 이미지로 사용되었다.
16세기부터는 조판이나 주화 등에서 때로 프랑스의 왕과 함께
등장하는 닭을 찾아볼 수 있다. 프랑스 혁명은 이를 가장 크게 전
파시키는 계기가 되었는데, 특히 혁명 정부의 내각에서 사용한
식기와 국새에는 닭이 새겨져 있다.

나폴레옹은 닭 대신 독수리를
상징으로 삼았다
그러나 나폴레옹은 국가고문위
원회에 의해 제안된 닭의 이미
지가 '아무 힘도 없는 동물로 프랑스와 같은 제국의 이미지가 될
수 없다'는 이유를 들어 닭 대신 독수리를 상징으로 삼았다.

그 후 1830년부터 다시 환영받기 시작한 갈리아의 닭은 1830년 7월 30일 의복 단추에 새겨지게 되었으며, 동시에 국민병의 깃발 위에 자리 잡게 되었다. 나폴레옹 3세 때 다시 멸시당하던 닭은 제3공화국에 이르러 거의 공식적인 상징으로 여겨지게 되었다. 그로 인해 19세기 말에 건설된 엘리제궁의 철책에 닭이 새겨졌고 1899년 주조된 금화에도 역시 닭이 등장하였다. 프랑스 공화국이 오늘날 닭에 비해 마리안의 상징을 보다 선호하기는 하나 제2공화국부터 내려온 국새 위에는 여전히 닭이 장식된 지휘봉을 들고 있는 모습이 구현되어 있다.

더 읽어 볼 책

최내경, 〈프랑스 문화 읽기(2002)〉

이상률, 〈경제학의 유혹(2005)〉

프린스 오브 웨일스

영국의 황태자를
왜 '프린스 오브 웨일스'라고 할까?

영국의 왕위 계승자인 황태자에게는 '프린스 오브 웨일스(Prince of Wales)'라는 칭호를 붙여 준다. 이 칭호가 생기게 된 것은 웨일스 지방을 정복한 에드워드 1세로부터 비롯되었다.

13세기 말 통일에 나선 잉글랜드 왕 에드워드 1세는 켈트인이 사는 서방의 웨일스를 무력으로 점령했다. 그러나 웨일스의 귀족들은 좀처럼 잉글랜드에게 굴복하지 않았다. 마침내 이들은 복종의 조건으로 웨일스 왕을 내세우게 된다. 자신들의 왕이 되는 사람으로는 웨일스에서 출생하고, 영어나 프랑스어가 아닌 웨일스어를 해야 하며, 비리가 없는 인물이라면 왕으로 섬기겠다는 것이었다. 잉글랜드 왕실에는 그런 인물이 없었기 때문에 웨일스 귀족들은 일부러 어려운 조건을 세워 불복종을 표시한 것이었다.

1285년 에드워드 1세는 왕비와 함께 웨일스에 머물다가 그 곳의 카나본 성에서 왕자를 낳았다. 에드워드 1세는 새로 태어난 왕자의 유모로 웨일스 사람을 두었다. 그리고 에드워드 1세는 웨일스의 귀족을 모두 모아 놓고 그들 앞에 왕자를 데리고 나타나 이렇게 말했다.

"이 아기는 웨일스에서 태어났고 영어나 프랑스어도 하지 못한다. 이 아기가 가장 먼저 하게 될 말은 웨일스어일 것이다. 그리고 그대들의 요구대로 어떠한 비리도 없을 것이다."

이에 웨일스의 귀족들은 크게 만족하였다. 왕은 웨일스인에 대한 배려로 그 아기를 웨일스인 유모의 손에 키워졌다. 훗날 이 아기가 에드워드 2세로, '프린스 오브 웨일스'의 칭호를 받았다. 이때의 칭호가 유래가 되어 '프린스 오브 웨일스'는 대대로 영국 황태자의 공식 칭호가 되었다.

더 읽어 볼 책
모리타 지미, 〈요정과 전설의 섬 브리튼으로의 여행(2002)〉

플라톤의 꿈은 레슬링 선수였다?

> 야만인과 그리스인의 한 가지 차이는,
> 그리스인은 나체로 레슬링 경기하는 것을
> 부끄러워하지 않는다는 점이다.
>
> **플라톤** Platon, 그리스 철학자

고대 그리스 철학자 플라톤의 젊은 시절의 꿈은 최고의 레슬링 선수였다. 그의 이런 꿈은 이름에서도 잘 드러나 있다. '플라톤'이라는 이름은 레슬링 경기장에서 불린 이름인데, 그리스말로 넓다, 또는 평평하다는 뜻이다. 플라톤의 떡 벌어진 어깨와 넓은 이마를 가리켜 붙여진 이름이다. 그러나 플라톤은 올림픽 경기에서 여러 차례 레슬링 선수로 참가했지만 한 번도 우승하지 못했다. 그러자 그는 레슬링 선수의 꿈을 접고 이번에는 위대한 비극 시인이 되려고 노력했다. 하지만 결과는 마찬가지로 실패였다. 플라톤이 마지막으로 택한 분야가 바로 철학이었다. 그는 소크라테스의 강의가 유명하다는 말을 듣고 그를 찾아가 수업을 받은 후 소크라테스의 제자가 되었다.

고대 그리스에서 가장 인기 있는 스포츠는 레슬링 경기였다. 레

슬링 경기가 시작되기 전에는 반드시 철학 강의가 있었는데, 플라톤은 자신이 이루지 못한 꿈을 레슬링 선수에게 설파하면서 여전히 레슬링 경기와 가깝게 지냈다. 이처럼 플라톤이 하고 싶은 일을 마음대로 할 수 있었던 것은 그의 유복한 가정환경 때문에 가능했다. 플라톤은 그리스 아테네의 막강한 권력 가문에서 태어났다. 아버지 아리스톤은 아테네 마지막 왕의 자손이었고 어머니는 당시 위대한 입법자 솔론 집안 출신이었다.

플라톤은 왜 평생 독신으로 살았을까?

80세의 나이로 죽은 플라톤은 평생 독신이었다. 그가 아내를 두었다는 것은 어떤 문헌의 기록에도 남아 있지 않다. 영어에서 '플라토닉 러브(Platonic love)' 하면 '관능적이고 육체적인 것을 배제한 남녀 간의 정신적 사랑'을 의미한다. 플라토닉 러브는 플라톤의 이름을 형용화해서 만든 단어이다.

플라톤의 〈향연(Symposion)〉에는 시인 아리스토파네스의 말이 소개되어 있다. 그는 사랑 가운데 가장 본능적이면서 남성적인 것은 동성애라고 밝히고 있다. 고대 그리스에서는 남성들 간의 동성애가 흔한 일이었다. 고대 그리스의 젊은 남성들은 오랜 기간 병영 생활을 한 탓에 동성애자가 많았으며, 그리스 테베에서는 동성애자로 구성된 특수 부대가 있을 정도였다. 플라톤 역시 동성애자였다. 그는 〈대화〉에서 미소년에 대한 연애 감정을 언급하고 있다.

기원전 387년 플라톤은 34세의 나이에 디오니시우스 1세의 초대로 시칠리아에 들어가 그 곳에서 디온을 만나 깊은 친교를 나눴다. 그 당시 디온에 대한 연모의 마음이 얼마나 절실했는지는 그가 20년 뒤에 다시 시칠리아를 찾아가 디온을 만난 것만 보아도 미루어 짐작할 수 있다. 66세의 나이 때도 그는 디온을 만나기 위해 시칠리아로 향했다.

당시 그리스 청소년은 특정한 성적 학대로부터 법적인 보호를 받을 수 있는 제도가 있었다. 그들이 성인 남자들의 성적인 요구를 받아들일 의무는 없었지만, 설령 그러한 요구를 받는다고 해도 이를 치욕적으로 생각하지 않았다. 플라톤 역시 그의 스승 소크라테스와도 그런 사이였다고 알려져 있다. 그 당시에 동성애는 퇴폐적이고 이질적인 것이 아니었고 하나의 문화로 받아들인 것이다. 그들의 사랑 방식은 나이 많은 어른(소크라테스 당시 70대)과 미소년(플라톤 10대)이 정신적 지혜를 대화를 통해서 탐구하는 것이었다.

더 읽어 볼 책
권오선, 〈그리스 격투 스포츠(2003)〉
고트프리트 마르틴, 〈플라톤(2004)〉

피라미드
....

피라미드는 왜 정사각뿔로 만들어졌을까?

기자의 대피라미드를 건설하기 위해
총 10만 명의 인부들이 20년에 걸쳐 건조했을 것이다.
헤로도토스 Herodotos, 그리스 역사가

일반적으로 피라미드는 고대 이집트 왕의 불사(不死)를 상징한다고 알려져 있다. 피라미드는 불사의 희망 아래 건립된 왕의 무덤이라는 것이다. 그런데 왜 하필 모양이 4각형의 밑변에 피라미드의 골격을 이루는 측면은 3각형을 이루는 정사각뿔 모양일까?

pyramid의 pyr는 그리스어의 pyro에서 파생된 말로 이 말은 '불(火) 또는 열(熱)'을 의미한다. amid라는 말도 그리스어 mesos에서 파생된 말로 존재(存在) 또는 중심(中心)을 나타낸다. 따라서 피라미드라는 말을 조합하면 '중심에서 타는 불' 또는 '타오르는 불의 중심'이라는 뜻이 된다. 그래서 피라미드의 모양은 맨 위에 중심이 생길 수 있는 뿔 모양이며, 측면은 가장 안전하다는 삼각형으로 하여 지금 피라미드 모양인 정사각뿔 모양이 되었다. 더욱 신비로운 것은 이 정사각뿔의 피라미드 높이를 한 변으로 하

여 정사각형의 넓이를 계산하면 피라미드 옆면의 삼각형 한 개의 넓이와 같다. 또한 밑변의 네 변의 합을 높이의 두 배로 나누면 3.1416이 된다. 이것은 오늘날 원주율과 일치한다.

피라미드의 원동력은
양파와 마늘이다?

이집트 제4왕조의 제2대 왕인 쿠푸는 기자에 최대의 피라미드를 남겼다. 그는 피라미드 건설에 종사하는 사람들에게 양파와 마늘을 식량으로 지급했다. 그리스 역사학자 헤로도토스는 노동자의 식량으로 쓰인 래디시, 양파, 마늘 등의 대금이 은으로 1,600달란트(약 40톤)에 이르렀다고 기록하고 있다. 또한 당시 마늘은 토목 공사 인부들의 체력 보강을 위한 음식으로 널리 이용되기도 했다.

1922년 11월 영국의 고고학자 하워드 카터가 발굴한 투탕카멘 왕의 묘에서도 여섯 개의 건조 마늘이 출토되었다.[1] 마늘에는 살균, 구충 성분이 있는데 투탕카멘 왕이 평소 마늘을 좋아했기 때문에 묘에 넣은 것으로 알려져 있다. 나중에 이집트에서는 양파가 눈물을 흘리게 하고 공복감을 강화시킨다는 이유에서 신성한 야채로 숭배되어 식용이 금지되었다.

더 읽어 볼 책
요시무라 사쿠지, 〈고고학자와 함께 하는 이집트 역사기행(2002)〉
임석재, 〈서양건축사(2003)〉

---

1 투탕카멘 무덤은 1922년 영국의 고고학자 카터와 카나본이 '왕들의 계곡'에서 완전에 가까운 형태로 발굴되었다. 황금 마스크와 3,400여 점의 호화로운 유물은 세계 고고학적 발굴 중에서 가장 위대한 발굴의 하나로 알려지게 되었다.

학사모는 왜 사각으로 만들었을까?

대학 졸업생들은 검정색의 단정한 학위복과 네모진 학사모를 쓰고 졸업을 맞는다. 대학 졸업식 때마다 관행적으로 입는 이 학위복은 누가 언제부터 입기 시작한 것일까?

졸업식과 각종 학위 수여식 때 입는 학위복은 중세 수도사들의 예복에서 비롯되었다. 12세기경 성당 학교로부터 비롯된 중세 대학에서는 성직자들의 외출복으로 쓰이던 카파 클라우사(Cappa clause)를 교복으로 입었다. 이는 15, 16세기 동안 당시 시대를 반영하면서 조금씩 그 모양을 달리해 왔다. 이때 종교개혁이 1백여 년간이나 지속되면서 대학은 과거 어느 때보다도 외부의 영향에 의해 개방되어 엄격했던 생활 규범이 변화를 맞이했다. 이후 대학 교복에 대한 법령이 점점 줄어들어 결국 공식적인 경우를 제외하고는 교복을 착용하지 않게 되었다.

유럽의 영향을 받은 미국의 학위복은 1893년 프린스턴 대학 이사인 존 제임스가 만든 규약에 따르고 있다. 당시 그는 군인 생활에서 얻은 경험을 토대로 유럽 대학 학위복을 연구하였다. 그 결과 그가 만든 학사복 규정은 몇 번의 수정을 거쳐 현재까지 사용되고 있다. 이 규약은 가운과 후드 및 모자의 디자인에서부터 옷감, 색, 장식물의 유무에 대한 규칙을 정해 놓고 있다.

더 읽어 볼 책
이석우, 〈대학의 역사(1998)〉

우리나라의 학위복은 언제부터 시작되었나

우리나라는 1899년 최초의 현대식 고등교육 기관이자 의(醫)학교인 제중원이 설립되어 1908년 제1회 졸업식을 시행하였는데, 이때 처음으로 학위복을 입었다. 당시 미국으로 유학을 떠났었던 유학생들의 경험을 토대로 만들어진 이 형태는 흰 바지와 저고리에 흰 두루마기를 입어 정장 차림을 한 뒤그 위에 검은 가운을 입은 것이다. 머리에는 검은색 술이 달린 검은 사각모를 썼다고 한다. 이후 1914년 이화학당 제1회 졸업식 때 이 학교 양장과 학생들이 손수 만들었을 것으로 추측되는 학위복으로 그 형태가 정립하게 되었다.

탈리오 법칙의 원조는 함무라비 법전이다

'눈에는 눈으로'란 옛 법을 따르면 우리는 모두 장님이 되고 말 것이다.
마틴 루터 킹 Martin Luther King, 미국의 흑인해방운동가

'생명에는 생명으로, 눈에는 눈으로, 이에는 이로써.'

탈리오 법칙이란 피해자가 입은 피해와 같은 정도의 손해를 가해자에게 가한다는 보복의 법칙이다. 응보(應報) 원칙의 가장 소박한 형태로, 원시 미개 사회규범 중에서 볼 수 있는 정의의 원시적 표현이다. 인류의 가장 오래된 금언인 이 말은 히브리 사람들의 율법으로 구약 성경에 나오는 말로 알려져 있다. 하지만 이러한 보복 사상이 최초로 표현된 것은 함무라비 왕의 법전에서였다.

함무라비 법전은 모두 282개조로 되어 있는데 토지제도, 재산, 결혼, 상속, 범죄에 대한 형벌 등 여러 규정을 담고 있다. 이 법전의 원칙은 중형주의와 보복주의이다. 도둑질을 했을 경우 훔친 것의 10배, 20배, 30배를 물어내거나 사형에 처해졌다. 하지만 모든 사람이 동등하게 법의 적용을 받은 것은 아니었다. 동등한

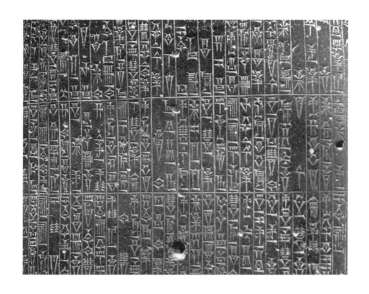

보복은 귀족들 사이의 사건에 한정되었다. 그러나 평민의 범죄는 귀족의 범죄보다 더 중형에 처해졌다. 함무라비 법전은 메소포타미아 지방의 가장 완전한 첫 성문 법전으로 당시 사회를 비교적 소상히 전해 주는 중요한 유물이다.

더 읽어 볼 책
주경철, 〈문화로 읽는 세계사(2005)〉

함무라비 법전은 어떻게 발견되었나?

1901년 프랑스의 드모르간이 이끄는 페르시아 탐험대가 커다란 돌기둥 하나를 발견하였다. 세 토막으로 끊어져 있긴 했지만 이어 보니 완전한 모습이었다. 높이 2.5미터, 둘레 1.8미터인 이 돌기둥의 윗부분에는 함무라비 왕이 태양신으로부터 법전을 받는 모습이 조각되어 있다. 함무라비 왕이 지상의 백성을 통치하는 권한을 신으로부터 위임받는다는 뜻이다. 돌기둥의 아랫부분에는 설형문자가 촘촘하게 새겨져 있었는데, 이 문자를 해독한 결과 법률 조문임을 알아낼 수 있었다. 함무라비 법전이 새겨져 있는 돌기둥은 현재 프랑스 루브르 박물관에 보존되어 있다.

중세 유럽인은 왜 향신료에 열광했을까?

향신료가 지닌 고귀함이 사라지는 순간부터
사치와 부유함의 표시도 함께 사라진다.
페르낭 브로델 Fernand Braudel, 프랑스 역사학자

향신료(香辛料)는 우리의 식생활에 맛과 향기를 더해 주는 조미료
로서, 대표적인 것으로는 후추와 계피 등이 있다.[1] 그러나 이런
향신료는 조미료 이상의 중요성을 가지고 있었다. 콜럼버스의 아
메리카 대륙 발견, 마젤란의 세계 일주 등의 목적 중의 하나는 향
신료를 구하기 위한 것이었다. 그리고 이것을 계기로 유럽인들의
세계 식민지화가 본격적으로 전개되었다.

유럽인들이 향신료를 사용하기 시작한 것은 로마가 이집트를
정복한 후부터였다. 그 당시 귀중하게 생각되었던 향신료는 인도
산(産)의 후추와 계피였다. 중세에 들어와서 중동의 이슬람교도

---

[1] 향신료는 영어로 스파이스(spice)라고 하며, 스파이스라는 말의 어원은 후기 라
틴어로 '약품'이라는 뜻이다.

가 강력하게 팽창한 후부터는 유럽이 원하는 향신료는 모두 아랍 상인의 손을 경유하지 않으면 구할 수 없게 되었다. 따라서 향신료의 가격이 오르고, 아랍 상인의 수중에 있었으므로 과대한 관세를 지출하지 않으면 안 되었다. 후추는 은과 같은 가격으로서 화폐로서 통용된 때도 있었다.

그렇다면 유럽인들은 왜 비싼 향신료에 열광했던 것일까? 첫째로 당시 유럽의 음식은 맛이 없기 때문에 향신료가 절대적으로 필요했다. 교통이 불편하고 냉장 시설이 없었던 시대라 소금에 절인 저장육이 주식이었고, 그 외에는 북해에서 잡은 생선을 절여 건조시킨 것 정도였다. 따라서 향신료를 사용하여 맛을 돋우지 않으면 대부분의 음식을 먹기가 어려웠다. 유럽 사람들은 특히 강렬하고 매운 맛을 좋아했다. 후추나 시나몬, 육두구 등 동방에서 들여온 향신료는 중세 사회에서 국왕이나 귀족만이 손에 넣을 수 있는 귀중품이었다.

향신료는 은과 교환될 만큼 고가품이었다

귀한 음식을 마음껏 낭비하는 일은 소수 지배 계층이 자신의 우월성을 표시하는 상징이었다. 의복에서 나타나는 것과 마찬가지로 음식은 계급의 상징이었다. 향신료는 상위 계층의 사회적 우월성을 분명하게 나타내 줌으로써 자신들의 정체성을 확인시켜 주는 역할을 했다.

둘째, 향신료는 약품으로서도 사용되었다. 당시 서양 의학에서는 모든 병이 악풍(惡風)에 의하여 발생한다고 믿고 있었다. 악풍이란 악취, 즉 썩은 냄새로서 이 냄새를 없애려면 반드시 향신료를 사용해야 한다고 믿었다.[2] 사실 향신료에는 어느 정도 약효도 있을 뿐만 아니라 소독 효과도 있어 오늘날에도 한방약으로 사용되는 것도 있다. 또한 향신료는 악마 또는 귀신을 쫓는 약으로도 많이 사용되었다.

---

2 런던에 콜레라가 유행했을 때 환자가 발생한 집에 후추를 태워서 소독했다고 전해진다.

당시 유럽에서는 페스트 창궐로 인구 감소와 함께 상대적으로 시민의 생활 수준이 향상되어 향신료 소비가 늘고 있었다. 그러나 아시아에서 들여오는 향신료는 고가품이었을 뿐만 아니라 공급량도 매우 적었다. 유럽에 수입된 향신료 중에서 후추가 차지하는 비율이 가장 높아 양으로는 70%에 이르렀다. 당시 후추는 남인도나 자바 섬에서 생산되었는데, 이것이 유럽에 도착할 때는 무려 5백 배로 가격이 뛸 만큼 많은 이윤을 남기는 장사였다. 이런 이유 때문에 유럽 각국의 왕들은 향신료를 손에 넣기 위해 노력했고, 그것이 '대항해 시대'를 연 계기가 되었다. 15세기 유럽의 여러 국가들이 향신료의 나라 인도와의 직접적인 교역을 위해 새로운 동방 항로를 찾아 나선 것도 향신료 무역을 독점하기 위해서였다.

더 읽어 볼 책
하이드룬 메르클레, 〈식탁 위의 쾌락(2005)〉
정한진, 〈향신료 이야기(2006)〉

허니문은
신부를 훔쳐 도망치는 약탈혼에서 시작되었다

결혼을 한다는 것은 권리를 반감시키고 의무를 배가시키는 것이다.
쇼펜하우어 Arthur Schopenhaur, 독일의 철학자

허니문(Honeymoon)은 신부를 약탈한 데서 그 유래가 시작되었다. 고대 북유럽 지역에서는 총각이 처녀를 이웃마을에서 훔쳐온 경우가 많았다. 처녀를 훔쳐온 신랑은 그녀를 데리고 은밀한 곳에서 처녀의 부모가 찾기를 포기할 때까지 숨어 지냈다. 즉 허니문은 '은신'을 뜻하고 여기서 신혼여행이 시작되었다. 이런 풍습은 훗날 전 유럽에 퍼졌고, 오늘날에 와서도 '허니문'은 신혼부부들이 결혼 생활을 하기 전에 반드시 거치는 한 과정이 되었다.

결혼식에서 신랑이 신부의 오른쪽에 서는 관습은 게르만족의 풍습에서 유래했다. 게르만족 역시 동네 처녀들이 부족할 경우 다른 동네에서 처녀를 납치해 왔다. 신랑은 싸움에 뛰어난 친구의 도움을 받아 처녀를 번쩍 들어 납치했는데, 여기서 오늘날 신랑이 신부를 번쩍 안고 자신들이 살 집으로 들어가는 풍습이 유

래하였다. 그 후로도 신랑과 친구들은 처녀를 빼앗기지 않기 위해서 경계를 늦추지 않았다. 신랑 친구들은 무장한 채 결혼식이 끝날 때까지 그들을 지키고 있었으며, 신랑도 언제든지 무기를 자유롭게 쓰기 위해서 신부의 오른쪽에 섰다.

결혼식이 끝나고 부케를 던지는 것은 농경사회에서 결혼식 날 밀을 뿌려 주는 관습에서 나왔다. 밀은 풍요와 다산(多産)을 상징하는 것으로, 고대 로마인들은 밀로 케이크를 만들어 먹었다. 여기서 결혼식 케이크가 유래했다.

오늘날 결혼식장에서 빠짐없이 등장하는 〈결혼행진곡〉은 1858년 영국의 빅토리아 공주와 프러시아의 윌리엄 왕자가 결혼할 때 처음 연주되었다. 빅토리아 공주는 멘델스존을 좋아했고 바그너의 열렬한 팬으로, 그녀가 직접 이 곡을 결혼식 노래로 선택했다. 신부가 입장할 때 나오는 이 곡은 바그너의 작품으로, 1848년 〈로엔그린〉에 사용된 〈신부합창〉이라는 곡이다. 결혼식을 마친 신랑과 신부가 행진할 때 연주되는 곡은 멘델스존이 1826년 작곡한 〈한여름 밤의 꿈〉이다.

더 읽어 볼 책
마이클 이, 〈세계의 축제 문화기행(2003)〉

중국의 지배는
헤어스타일에 따라 좌우되었다

〈황비홍〉이라는 영화에 나오는 주인공의 머리를 살펴보면 기존의 중국인과는 다른 스타일을 발견할 수 있다. 머리 둘레를 깎고 정수리 부분만을 남겨 길게 땋은 스타일의 머리다. 이를 '변발(辮髮)'이라고 한다. 황비홍이 등장하던 시대는 바로 중국의 청나라이다. 청나라는 여진족이 세운 나라로, 이들은 중국을 정복한 뒤에 가장 먼저 변발 정책을 폈다. 변발은 청나라뿐만 아니라 요, 금, 원 등의 나라를 세운 만주족, 몽골족, 여진족 등 북방 유목 민족의 공통된 풍속이었다. 따라서 중국이 북방 민족에게 정복당했을 때는 머리 스타일부터 바꿔야 했다.

중국인들은 북방 유목 민족을 오랑캐라 부르며 멸시했지만, 북방 민족의 입장에서 본다면 그들 역시 민족의 전통 풍습을 중시여겼고, 자기 문화에 대한 자부심이 결코 중국인 못지않았다. 그러나 힘에 의해 정복당했을 때는 어쩔 수 없이 북방 민족의 풍습을 따라야 했는데, 중국인들은 이 변발 스타일을 가장 치욕스럽게 여겼다. 여진족의 정복에는 얌전하게 굴복했던 중국인들은 여진족이 변발 정책을 강요하자, 이에 대해서는 무기를 들고 항쟁에 나설 정도로 반발이 심했다. 결국에는 여진족의 힘에 굴복하고 중국인도 20세기 초에는 변발을 하게 되었다. 그러나 중국인들은 그들 고유의 머리 스타일인 속발을 포기하지 않았다. 14세기 원나라에 맞서 일어선 명의 태조는 변발 폐지와 속발 부활을 주요 슬로건으로 내세웠고, 청나라에 맞선 19세기 태평천국 운동에서도 그들의 속발의 부활을 최우선의 과제로 내세웠다.

이는 곧 단순한 머리 스타일에 대한 차이가 아니었다. 머리 스타일에는 자신의 나라와 민족에 대한 자긍심이 배어 있어서 민족 감정으로까지 이어지고 있었다. 문화가 사장된다는 것은 곧 민족이 사라지는 것과 다름이 없었다. 다만 중국인들은 머리 스타일에 대해 더욱 예민해져 있었고, 머리 스타일을 바꾸는 것이 민족이 사라진다는 위기감으로 여기고 있던 것이다. 그것은 우리나라 역시 마찬가지였다. 일제 강점기 단발령을 극구 반대했던 유림들이 그 단적인 예이다.

더 읽어 볼 책
남경태, 〈종횡무진 동양사(1999)〉

미국 독립운동의 씨앗은 '홍차'였다

아메리카 대륙에 '차 마시기' 습관을 들여온 것은 네덜란드인이었다. 이들이 1626년 맨해튼 섬을 사들였을 때부터 차 마시는 습관이 유행하고 있었다. 네덜란드인의 정착지인 뉴암스테르담이 영국에 점령당했을 때도 차 마시는 습관은 영국인들에게 전해져 미 대륙 전체에 널리 확산되었다. 영국은 북미 식민지에서 홍차의 수요가 높다는 데 착안하여 동인도회사를 통해 식민지로 들어가는 홍차의 수출을 독점하고 홍차에 높은 세금을 매기는 정책을 취했다. 그러나 식민지 사람들이 주로 마신 홍차는 네덜란드 등 영국 이외의 나라에서 밀수로 들어온 것이었다. 따라서 영국 동인도회사의 매출은 생각처럼 증가하지 않았고, 결국에는 대량의 재고를 떠안게 되었다.

영국 정부는 이러한 상황을 타개하기 위해 1773년 미국 식민

지의 상인에 의한 차의 밀무역을 금지시키고 이를 동인도회사에게 독점권을 부여하는 관세법을 성립시켰다. 이는 식민지인 미국 입장에서 본다면 차에 대한 세금은 억압의 상징이었다. 식민지 자치에 대한 지나친 간섭에 격분한 보스턴 시민, 특히 반(反)영국 급진파가 중심이 된 그들은 인디언으로 분장하고 항구 안에 정박 중인 동인도회사의 선박 두 척을 습격하여 342개의 차 상자를 깨뜨리고 그 안의 차를 모조리 바다로 던졌다. 영국 정부는 이 사건으로 식민지 탄압을 더욱 강화하였으며, 보스턴 항 법안을 제출하고 군대를 주둔시켜 손해배상을 요구하였다. 그러나 보스턴 시민들은 이를 거절하고 더욱 단결하여 대항하였으며 매사추세츠 의회 하원도 이에 동조하여 '혁명정부'의 모체를 구축하였다. '자유의 처녀들'이라는 여성 정치결사에서는 영국의 홍차를 마시는 남자와는 결혼하지 않겠다는 슬로건을 내걸 정도였다.

'보스턴 차 사건'으로 불리는 이 사건은 무력 충돌의 도화선이 되었고 결국 미국 독립혁명의 직접적인 발단이 되었다. 전쟁이 시작되자 홍차 수입이 힘들어지는 바람에 식민지민들은 브라질에서 수입된 커피를 많이 마시게 되었다. 본국에 대한 분노가 차에 대한 분노로 폭발했고, 이 사건이 미국인들이 차를 마시지 않고 대신 커피를 즐기게 된 역사적 뿌리가 되었다.

오늘날 보스턴 항구에는 당시의 배를 재현한 배가 정박해 있으며, 관광객들은 돈을 내고 차 상자를 바다에 던지기도 한다. 독립전쟁 당시와 차이가 있다면 차 상자 안은 비어 있으며 나중에 그물로 건져 올린다는 점이다.

더 읽어 볼 책
레이 라파엘, 〈미국의 탄생(2005)〉
이구한, 〈이야기 미국사(2003)〉

환관은 출세의 지름길이었다?

힘이 있으면 거짓도 통하게 만들어라!

조고 趙高, 중국 한나라의 환관

왕이나 귀족을 섬기며 거세된 남자를 '환관(宦官)'이라고 한다. 그 역사는 매우 길어 중국에서는 은(殷)나라 때 이미 환관이 있었다는 기록이 갑골문자로 확인되고 있다. 환관은 정치적으로도 활약을 하였는데 그들 중 일부는 군주를 살해하거나 태자를 참살하기도 하여 일찍이 재앙의 장본인으로 지목되기도 했다. 중국의 환관제도는 오랜 시간 유지되어 온 군주 전제 정치 하에서 만들어졌다. 그리고 군주권이 막강해짐에 따라 환관도 발전했고 군주권이 사라지면서 이들의 권한도 함께 사라졌다.

환관은 원래 포로나 이민족이 대부분이었다. 거세된 전쟁 포로를 환관으로 썼던 상황은 명나라까지 계속되었다. 그 다음은 죄인 혹은 죄인의 가족이 궁형(宮刑)을 당한 것으로, 이 경우는 주나라 이후 전쟁 포로가 감소되었고 수나라 이전까지 궁형이 여전히 시행되었던 상황에서 환관 의 주요 공급원이었다. 그러 던 것이 자궁(子宮)을 하여 환관이 되려는 자들로 넘쳐 났다. 자궁은 자신이 스스로 거세한 뒤에 여러 경로를 통 해 궁중에 들어온 것을 지칭 하는 것으로, 수나라 이후 환관의 주요 공급원이었다.

명나라 때부터 자진해서 거세 수술을 받고 환관을 지원하는 사람이 늘어났다.

1621년에 결원 3천 명을 모집하는데 스스로 거세한 남성이 2만 명이나 몰렸다고 한다. 왜 이들은 스스로 거세하면서 환관을 지원했던 것일까?

명나라는 자궁한 사람을 받아들이는 것을 금지시켰다.[1] 자궁 한 자와 그와 관계 있는 사람에 대한 처분도 갈수록 엄격해졌다. 하지만 환관의 권세가 커지면서 그들의 부귀를 부러워하는 사람 으로 인해 자궁하는 자는 갈수록 많아졌다. 명나라 정부는 빈민 구제 차원에서 이들을 채용하지 않을 수 없었다. 이같이 환관이

---

[1] 명나라는 비록 여러 차례 자궁 금지령을 내렸으나 권세가의 힘을 빌려 궁중에 들어오는 것을 금했을 뿐, 정부에서 정식으로 그들을 받아들인다는 공문을 내 게 되면 합법적으로 궁중에 들어올 수 있도록 했다.

인기가 있었던 이유는 신분 상승을 기대할 수 없었던 하층민이 군주 측근에 있으며, 부귀를 누릴 수 있는 가장 빠른 방법이었기 때문이다.

중국 환관의 거세 수술은 고환뿐만 아니라 음경이 끝부분까지 잘라내 버렸다. 수술은 공인된 전문가가 하는데 수술하기 전에는 반드시 몇 번씩 '후회하지 않겠는가?' 하고 물어보고 조금이라도 불안한 기색이 있으면 손을 대지 않았다.

더 읽어 볼 책
르언훙, 〈중국 고대의 환관(2009)〉

흑사병을
물리치기 위해 기발한 방법이 동원되었다

언젠가는 인간들에게 교훈을 일러 주기 위해서 또다시
저 쥐들이 행복한 도시로 몰려들어 인간을 죽게 할 날이 올 것이다.

카뮈 Albert Camus, 소설 〈페스트〉 중에서

돌림병이 역사를 크게 바꾼 사례는 여러 차례 있었지만, 중세 유
럽을 강타한 흑사병만큼 그 위력이 대단했던 돌림병은 일찍이 없
었다.[1]

현대에도 에이즈라는 죽음의 전염병이 있기는 하나 그것은 세
계 전체를 뒤바꿀 만큼 무시무시한 것은 아니다. 1348년에서
1350년 사이에 흑사병으로 세상을 떠난 사람은 대략 2,500만 명
에서 3,500만 명에 달했다. 이것은 당시 전체 유럽 인구의 3분의
1에 해당할 만큼 많은 수이다.

1347년 가을 이탈리아를 강타한 흑사병은 같은 해 말에는 마

---

[1] 흑사병은 1334년, 중앙아시아에서 처음 시작된 것으로 알려져 있다. 그것이
본격적으로 유럽에까지 퍼지게 된 까닭은 1346년경의 카파 성(오늘날 러시아
남부의 페오도이야) 전투 때문이었다.

르세유와 아비뇽을 전염시켰고, 1348년에는 프랑스 전체를 휩쓸었다. 1349년에는 도버 해협을 건너 영국에도 상륙하여 이듬해에는 영국 전체를 공포로 몰아넣었고, 영국은 거의 절반의 인구를 잃었다. 흑사병 환자가 발생한 집에는 병균이 나오지 못하게 문을 걸고 못질을 하거나 불을 질렀기 때문에 산 채로 불타 죽는 환자도 많았다.

이 무렵 흑사병을 퇴치하기 위한 기발한 방법이 총동원되었다. 벌거벗은 채찍질을 가해 죄를 자책하면서 하느님의 분노가 풀리기를 기대하는가 하면, 죽은 지 10년이나 되는 뱀을 회쳐 먹기도 했다.

후추가 흑사병을 퇴치할 수 있다고 믿어 마을에 후추를 뿌리기도 했으며, 전속력으로 멀리 달아났다가 느릿느릿 걸어오기도 했다. 또는 사람의 소변으로 목욕을 하는 사람도 있었는데, 소변의 지독한 악취가 흑사병을 퇴치할 수 있다고 믿었기 때문이었다. 하지만 이런 방법을 사용했을 때는 환자에게 또 다른 질병을 안겨 주는 경우가 많았다. 독성이 강한 비소를 먹는 경우가 있었는데, 이 역시 치료는커녕 환자를 죽이는 결과를 낳았다. 설사 흑사병이 낫더라도 결국은 비소 중독으로 사망하게 되었다.

흑사병은 왜 폴란드와 러시아에는 퍼지지 않았을까?

흑사병이 창궐했을 때 폴란드와 러시아, 스칸디나비아 지역은 흑사병의 피해가 적었다. 그 이유는 낮은 인구 밀도와 발달되지 못한 교역로 때문이었다. 이 지역은 중세만 하더라도 매우 인구 밀도가 낮았는데, 특히 러시아는 몽골군의 대학살로 인구 밀도가 더욱 낮아진 형편이었다.

두 번째 이유로는 발달하지 못한 교역로를 들 수 있다. 흑사병은 주요 교역로를 따라 전 유럽에 퍼져나갔다. 흑사병의 피해가 가장 심했던 지역은 일찍부터 도로가 발달해 사람의 이동이 많았던 이탈리아 남부 지역과 프랑스 등 교역로가 발달된 지역들이었다. 교역로가 발달하면 사람의 왕래가 많고, 사람의 왕래가 많으면 전염병을 옮길 가능성도 더 커졌다. 반면에 폴란드, 러시아 등은 교역로가 없는 것은 아니지만, 서유럽만큼 활발하지 않았다.

폴란드와 러시아 지역 이외에 몽골 제국도 흑사병이 미치지 못한 곳으로 알려져 있다. 당시 아시아에서 발생한 흑사병은 이미

진정 국면으로 접어들고 있었던 시기였다. 몽골 제국에 흑사병이 퍼지지 않은 이유는 몽골인의 생활 방식에 있었다. 유럽은 농사를 지으며 살아가는 정착 민족이라 집안이나 창고에 곡식이 가득 쌓여 있었다. 그래서 쥐들이 많이 모여들어 흑사병의 전염을 빠르게 확산시켰다. 반면 몽골은 초원을 주기적으로 움직여가며 활동하기 때문에 흑사병의 피해가 크지 않았다.

흑사병으로 인해 평소 증오의 대상이나 집단에 대한 복수가 행해졌고, 속죄를 부르짖는 신비주의 성향의 이단파들도 발생하였다. 흑사병이 유행하던 1493년 2월 14일, 독일에서는 2천 명의 유대인들이 우물에 독을 넣었다는 이유로 화형에 처해졌다. 유독 유대인만이 사는 곳에는 병에 전염되지도 않고 죽는 사람도 많지 않아서 그들에 대한 유럽인들의 의심은 한층 더 심해졌다. 유대인들이 이렇게 당하게 된 것은 기독교인들이 평소에 미워해 온 그들이 이교도들이었다는 점과 유대인들의 상술이 뛰어나서 돈을 잘 벌었기 때문이었다.

그러면 왜 흑사병이 유독 유대인에게는 그 위력을 떨치지 못했을까? 그 이유는 유대인은 율법에 따라 몸을 자주 씻어 예방력을 키웠고, 전염병 환자는 격리시킴으로써 병이 퍼지는 것을 방지하는 방법을 알고 있었기 때문이다.

더 읽어 볼 책
아노 카렌, 〈전염병의 문화사(2001)〉
필립 지글러, 〈흑사병(2003)〉

희망봉의 원래 이름은 '폭풍의 곳'이었다

15, 16세기에 걸쳐 스페인과 포르투갈이 주축이 된 유럽의 탐험가들은 미지의 땅을 찾으려고 나섰다. 이들의 탐험 근본 목적은 미지의 땅에서 황금을 찾으려는 것이었다. 유럽의 왕들은 이런 탐험가들의 항해를 격려하고 때로는 물질적으로 지원했다. 그들은 실제로 새로운 대륙과 바다, 그리고 섬을 발견했다. 이때 발견된 대륙이나 땅, 그리고 바다에는 발견자의 이름을 붙였고, 이들의 지명은 현재까지도 쓰이고 있다. 아프리카의 남단 '희망봉'도 그 중 하나였다. 희망봉을 최초로 발견한 사람은 1488년, 포르투갈의 탐험가 바르톨로뮤 디아스(Bartholomeu Dias)였다.

디아스에 앞서 대항해 시대의 막을 연 것은 엔리케(Henrique) 왕자였다. 그는 아프리카 서해안을 남하하여 인도에 이르는 새로운 항로를 탐험하기 시작했다. 하지만 그는 인도에 이르는 길을 발

견하지 못한 채 죽었다. 그 후 국왕 조안 2세의 후원으로 탐험이 재개되었고 디아스는 인도로 가는 항로를 찾아 나섰다. 그러나 그의 배는 아프리카의 남서부 앞바다에서 심한 폭풍우를 만나 남쪽으로 한참 흘러 내려가 약 2주간 육지를 보지 못했다. 폭풍우가 가라앉았을 무렵 그는 아프리카 대륙을 따라 기수를 돌려 북진을 감행해 마침내 육지를 발견하였다. 그는 이 앞바다에서 푹풍우를 만났기 때문에 그 곳의 이름을 '폭풍의 곳'이라고 지었다.

1498년 바스코 다 가마는 이 '폭풍의 곳'을 통과하여 인도로 가는 항로를 개척했다. 포르투갈 왕 조안 2세는 '폭풍의 곳' 때문에 인도를 발견하게 되었다면서 몹시 좋아했다. 그리고 그는 곧 '폭풍의 곳'이라는 이름이 부적합하다고 여기고 '희망의 곳'이라고 개칭했다. 그것이 지금의 '희망봉'이 된 것이다. 이들이 이곳

을 희망봉이라고 불린 것은 아프리카 최남단이라는 확신 때문이
기도 했는데, 최남단은 이곳에서 160킬로미터 동남쪽에 있는
'아굴라스 곶'이다.

더 읽어 볼 책
양승윤, 〈바다의 실크로드(2003)〉

찾아보기

ㄱ

가터 훈장 292
갈릴레이 16, 305, 348
감자 20, 170
갑골문자 23, 402
검투사 79
게릴라 26
게마트리아 56
골프 32
공자 36
공중정원 336
과거 시험 40
괴테 20, 116, 120
구텐베르크 131
궁형 187, 188, 402
그레고리력 44, 45, 126, 127
그레고리우스 13세 44, 45
그린란드 165
금석문 25
기요틴 70, 71

ㄴ

나폴레옹 26, 27, 59, 103, 150, 177,
　178, 216, 360, 361, 375, 376
낙하산 52
남북전쟁 143, 145, 151, 362
네로 55, 79, 312

　

넬슨 59
노스트라다무스 61
노예제도 143~145
노턴 황제 149~151
뉴턴 63, 226

ㄷ

다리우스 1세 211
단두대 68, 115, 116
단테 72
대당서역기 191
돈키호테 74
돔 구장 78
동방견문록 81
동성애 85, 221, 380, 381
디오게네스 89
디오니소스 253, 260

ㄹ

라마단 94
라이프니츠 63~66, 212
러시아 정교회 97
런던탑 100
레오나르도 다빈치 16, 52, 135~137
레판토 해전 76
로도스의 거상 334, 336
로제타석 103

루스티켈로 83, 84
루이 레아드 183~184
루이 14세 106, 171, 212
루이 16세 114, 115, 308
루이스 워터맨 120~122
루터 109, 133, 349
리바이 스트라우스 322~324
리처드 3세 100
리페르세이 19
린드버그 122
링컨 151

ㅁ

마르코 폴로 82~84
마리 앙투아네트 114
마술피리 117
마오쩌둥 28, 123
마우솔루스 왕 능묘 334
마추피추 284, 286
마키아벨리 16
마호메트 94, 98, 282
만년필 120
만리장성 84, 123, 330
만우절 126
망원경 17, 19
맨해튼 섬 128, 399
메디치 가(家) 16~18
메리 194, 196, 247
메이든 68
메카 96
면죄부 131
모나리자 135

모세상의 뿔 138
모차르트 117~119
모헨조다로 140
목화 조면기 143
문어 146
묵적 36, 249
미라 153
미적분 63, 66
미켈란젤로 16, 138, 228
밀로의 비너스 156
밀턴 226, 228

ㅂ

바벨탑 160~164
바빌로니아 48, 49, 140, 161, 163, 164, 296
바사리 36
바이킹 165
반덴베르크 58
발레 106, 108
번지점프 168
베라차노 128
베르사유 106, 107, 121, 171
베살리우스 174
베아트리체 73
베토벤 177
변발 397, 398
보스턴 차 사건 400
보이콧 180
브라유 점자 299, 300
블라디미르 97~99
비키니 183

ㅅ

사기 38, 186, 188
사마천 186
살라리움 202, 203
삼위일체설 72
삼장법사 189
상형문자 103~105, 217
샤를 9세 61, 127
샹폴리옹 104, 105
샐러리 203
서유기 189
성공회 194
성유물 199
세르반테스 74~76
세토스 118
셰익스피어 77
소금 202, 392
소년 십자군 205
소크라테스 207, 379, 381
솔저 203
수에즈 운하 210, 364
수염세 213
수태고지 197
송시열 39
스키타이 232, 233
스파르타 85
스핑크스의 코 216
신곡 72, 73
신분 증명제 219
신성대 85
실낙원 226, 228
실루엣 215

십자군 199, 200, 205, 221, 341

ㅇ

아담의 사과 226
아라비안나이트 229
아르테미 신전 334
아마조네스 232~234
아마존 232
아우구스투스 203, 311
아틸라 330~332
알라딘과 이상한 램프 231
알렉산드로스 89, 163, 164, 235, 239, 334, 336
알렉산드리아 43, 163, 206, 238, 310, 334, 336
알리바바와 40인의 도둑 231
에디슨 241~243
에펠탑 168, 244
엘리자베스 여왕 141, 246
연 249
앤 불린 100
에티켓 172
앨리스 274
엘리자베스 1세 194, 196, 246
엘리 휘트니 143~145
연금술 65, 298
영웅교향곡 177, 178
오케스트라 252
올가 여왕 97
올림픽 29, 255, 379
용병 220, 221, 257
와인 260

왕의영 225
외과의사 76, 262
외치 155
우파 308
우편 181, 265
월스트리트 129, 130
율리우스력 43~45, 126, 310
이반 4세 271
이발사 262, 264
이익 132, 242, 364
이황 39
일리아스 29
일부다처제 281
잉카 제국 82, 153, 234, 284

ㅈ

자유의 여신상 288
자코뱅 파 309
장미 문장 290
장송행진곡 179
전구 241~243
전족 84, 293
점성술사 296
점자 299
정조대 302
제우스 상 334
조르다노 브루노 305
존 헤링턴 141
종교재판 18, 70, 306
좌파 308
줄리 140
중세 대학 313, 317, 386

지구라트 161
지동설 305, 306, 348, 349
지롱드 파 309
지팡구 82
진시황 123, 330

ㅊ

찰스 2세 100, 101, 130, 346
창문세 215
천일야화 230
청바지 322
초야권 325
츠이완 34

ㅋ

카탈로니아 전투 330, 332
카이사르 43, 56, 261, 310, 311, 352
카타리나 폰 보라 110
칼리지 318
커피 340
커피하우스 343, 344
케인스 65
케플러 296, 297, 350
코페르니쿠스 305, 306, 348
콘트라포스토 158
콜데바이 160
콜럼버스 20, 81, 165, 391
콜로세움 78~80
쿠베르탱 256
크산티페 208
클레오파트라 203, 352

ㅌ

타미리스 46
타시스 우편 266
타지마할 356
타키투스 57
탈리오 법칙 388
테베 85, 86, 381
통조림 360
토마스 아퀴나스 199, 200
투탕카멘 왕 48, 384
튜더 왕조 291

ㅍ

파가니카 32
파나마 운하 364
파로스 등대 334, 336
파르테논 신전 157, 367
파스퇴르 371
포틴 353
표음문자 105
표의문자 105
표트르 대제 213, 214
프랑스 혁명 68, 70, 114, 115, 244,
　308, 375
프리메이슨 117~119, 279, 280
프린키피아 65
프랭클린 279, 280
프리랜서 257
프린스 오브 웨일스 377
프톨레마이오스 103, 238~240
플라톤 379
플라토닉 러브 380

플루타르코스 48
피라미드 202, 216, 278, 334~336,
　382
피뢰침 251
피사로 20, 284, 285
피카소 137

ㅎ

학사모 386
함무라비 법전 388
한무제 187
향신료 391
햄버그 269
허니문 395
허드슨 128
헤로도토스 153, 164, 233, 234, 335,
　353, 383
헨리 8세 16, 100, 194~196, 246,
　247
현장 189~191, 358
호메로스 46, 353
홍차 399
환관 187, 402
흑사병 220, 255, 405
희망봉 409